Matthias Franz / André Karger (Hg.)

Neue Männer – muss das sein?

Risiken und Perspektiven der heutigen Männerrolle

Mit 2 Abbildungen und 20 Tabellen

Vandenhoeck & Ruprecht

Bibliografische Informationen der Deutschen Nationalbibliothek

Die Deutsche Nationalbibliothek verzeichnet diese Publikation
in der Deutschen Nationalbibliografie;
detaillierte bibliografische Daten sind im Internet
über ‹http://dnb.d-nb.de› abrufbar.

ISBN 978-3-525-40440-9
ISBN 978-3-647-40440-0 (E-Book)

Inhalt

Vorwort der Herausgeber 7

Elmar Brähler und Lena Spangenberg
Der kranke Mann – warum Männer früher sterben 19

Walter Hollstein
Der entwertete Mann 35

Gerhard Amendt
Der verlassene Mann oder: Ich habe mich nicht von
meinen Kindern scheiden lassen 55

Matthias Franz
Der vaterlose Mann. Die Folgen kriegsbedingter und
heutiger Vaterlosigkeit 113

Mathias Hirsch
Pseudo-ödipales Dreieck – ein häufiges Muster
männlicher Sozialisation 172

Klaus Hurrelmann
Leistungsdefizite junger Männer – was sind die Ursachen
und Hintergründe? 191

Rainer Krause
Affektentwicklung – männliche Stile der Affektregulation .. 208

Karl Grammer, Elisabeth Oberzaucher und Iris Holzleitner
Die Evolution des männlichen Verhaltens 229

Martin Dinges
Hoffnungen für den »neuen Mann«? – Alternativen aus
der Geschichte? 245

Die Autorinnen und Autoren 269

Vorwort der Herausgeber

Neue Männer – muss das sein? Die Autoren dieses Buches beschäftigen sich als Wissenschaftler mit zentralen Fragen und aktuellen Problemen der Männerrolle und mit den damit verbundenen Risiken. Dies ist angesichts der empirischen Befundlage überfällig. Denn in der Tat – der Mann ist in der Krise. Das Image der traditionellen Männerrolle und die Gesundheit sind schlecht und es droht nun auch noch der Abstieg in Bildung und Beruf. Und schließlich das Problem der Identität. Man beugt sich über den Problemfall: Wie wird der Mann zum Mann – wie darf, wie soll er denn sein? Und kann er das überhaupt? Vom Wollen einmal gar nicht zu reden. Die Verunsicherung vieler Männer ist groß. Wissenschaftliche Bestandsaufnahme, Orientierung und Reflexion der Männerrolle sind notwendig, bevor problembehaftete individuelle, aber auch kollektive Muster erkannt und geändert werden und aus männlicher Sicht politische Forderungen nach Geschlechtergerechtigkeit erhoben werden können. Dies ist das Anliegen unseres Buches. Es hat mit dem in diesen Zusammenhängen schnell erhobenen Vorwurf verschleiernder Larmoyanz nichts zu tun, wenn hier auch von dem schwachen Mann, dem kranken, dem verlassenen oder dem vaterlosen Mann die Rede sein wird.

Ärzte und Psychotherapeuten sind schon viele Jahrzehnte mit einem paradoxen Phänomen konfrontiert: Es fällt – vielleicht besonders in Deutschland nach drei oder vier zum Teil verheerenden Generationen patriarchalischer, soldatischer, toter und schließlich abwesender Väter – Männern im Gegensatz zu Frauen heute schwer, Schwächen zu zeigen oder sich hilfesuchend rechtzeitig in Abhängigkeit zu begeben: beispielsweise beim Auftreten von Herzbeschwerden oder Depressionen einen Arzt oder Psychotherapeuten zu konsultieren. Dies geschieht sicher aus individuellen Abwehrmotiven und aufgrund destruktiver Rollenbilder. Aber es fehlt auch an politisch gewollten Angeboten und Programmen, die mit wahrnehmbarer Wertschätzung männerspezifische Motivations- und Bedarfslagen aufgreifen.

Denn Männer sind keinesfalls gesünder als Frauen. Die gesundheitliche Lage für Männer sieht düster aus. Kurz und prägnant: Frauen leiden, Männer sterben. Männer rauchen mehr, sterben fünfmal häufiger als Frauen den frühen Herztod. Sie bringen sich dreimal häufiger um, gehen seltener zur Krebsvorsorge – es gibt allerdings auch hier keine vergleichbaren Präventionsprogramme wie für Frauen. Männer sterben häufiger an Unfällen und Gewaltfolgen. Ihre Lebenserwartung ist deshalb im Vergleich zu Frauen um sechs Jahre reduziert (s. Tabelle 1).

Tabelle 1: Männergesundheit in Deutschland

	Männer	**Frauen**
Rauchen	37 %	28 %
»früher Herztod« (40–54 J.)	3-4	1
Tod durch Lungenkrebs	3	1
Lebenserwartung	77 Jahre	82 Jahre
Suizide/Jahr	7.200	2.500
Früherkennungsprogramm	Prostatakrebs: nein	Brustkrebs: ja
tödliche Unfälle	60 %	40 %
Gewalt		
Opfer (~600.000/Jahr)	64 %	36 %
Täter	83 %	17 %

Quellen: *Rauchen*: Lampert, 2010. – *Herzinfarkt*: MONICA/KORA Herzinfarktregister, 2000/02 – *Lungenkrebs*: Hammerschmidt und Wirtz, 2009. – *Lebenserwartung*: Statistisches Bundesamt Deutschland, 2011. – *Suizide*: Rübenach, 2007. – *Prävention*: Stefan, 2007. – *Arbeitsunfälle*: Cornelißen, 2005, S. 516; Statistisches Bundesamt, 2008. – *Gewalt*: Polizeiliche Kriminalstatistik, 2008.

Allein diese erschreckende Befundlage würde ein Großprogramm des Bundesgesundheits- oder Bundesfamilienministeriums zur Verbesserung der Männergesundheit rechtfertigen. Es geht immerhin auch um Leben und Tod. Allerdings kommt im Kürzel des Bundesfamilienministeriums das M für Männer erst gar nicht vor. Der – bezeichnenderweise nicht von einem Bundesministerium herausgegebene – erste Männergesundheitsbericht für Deutschland belegt den bedenklichen Befund und die Bedarfslagen in diesem Bereich (Bardehle u. Stiehler, 2010).

Ein weiteres und wachsendes Problem: Seit etwa 20 Jahren verschlechtern sich die Bildungserfolge unserer Jungen. Mittlerweile sind etwa zwei Drittel der Schulabbrecher, Sonderschüler oder Sitzenbleiber Jungen. Dafür überwiegen die Mädchen bei den Gymnasialempfehlungen, beim Abitur und beim Studienabschluss. Was sind die Ursachen? Sicher waren Mädchen früher benachteiligt – aber sind sie heute schlauer? Wir haben zu fragen, ob unsere weiblich dominierten frühen Sozialisationsräume und die hier vermittelten impliziten weiblichen Edukationsziele den Entwicklungs- und Lernbedürfnissen von Jungen wirklich gerecht werden und was außer der massenhaften Verabreichung von Ritalin® oder anderen Methylphenidatpräparaten an Jungen vielleicht noch Intelligenteres geschehen kann, um hier die Weichen neu zu stellen.

So besteht ein Förderbedarf nicht nur gegenüber Frauen in den späteren Berufsjahren. Es besteht ein mindestens ebenso großer strategischer Unterstützungsbedarf bei den Jungen in den frühen Bildungsetappen. Der männlichen Funktionselite steht heute das Erziehungsmatriarchat gegenüber. Beides ist für Jungen und Männer sehr wahrscheinlich ungesund. Das Eine kann nicht budgetschonend gegen das Andere ausgespielt werden, wie dies auch aus der Politik noch immer zu hören ist: Solange das Karriere-Ungleichgewicht zwischen Männern und Frauen bestehe, brauche man keine Jungenförderung.

Dies wirft schließlich auch die Frage nach den sozialen und entwicklungspsychologischen Voraussetzungen der Entwicklung einer gesunden, konflikt- und beziehungsfähigen männlichen Identität auf. Die frühkindliche Entwicklung der männlichen Identität ist komplizierter und störungsanfälliger als die des Mädchens. Dies liegt auch daran, dass beim Mädchen die primäre Bindungsperson und das sexuelle Rollenvorbild in der Regel identisch sind. Das heißt Urvertrauen, Bindungssicherheit und sexuelle Sicherheit erfährt das Mädchen sozusagen aus einer Hand, idealerweise von einer liebevollen Mutter in einer liebevollen Beziehung zu ihrem Partner.

Dies stellt sich für den Jungen anders dar. Und hier wird es

wirklich brisant, dass unseren Jungen in den Kindertagesstätten,
in den Grundschulen und viel zu oft auch zu Hause in den Familien die männlichen Vorbilder, die emotional präsenten Väter
fehlen. Es fehlen die Männer, die den Jungen den männlichen Weg
nach außen in die Welt, aber auch nach innen in die Welt ihrer
Gefühle und den sozialverträglichen Umgang mit ihren aggressiven Impulsen zeigen und vorleben. Viele unserer Jungen sind
durch das Überwiegen weiblicher Einflüsse in den ersten zehn
Lebensjahren auf der Suche nach Bestätigung und Festigung in ihrer männlichen Identitätssuche verunsichert und einsam. Viel zu
oft unverstanden, verschließen sie sich emotional und entwickeln
sich in wenig authentische Rollenstereotype hinein. Aber auch für
Männer ist der Zugang zur eigenen Gefühlswelt zentral wichtig
für ein gesundes und erfülltes Leben. Wird dieser Zugang durch
eine unsensible Erziehung und Rollenanforderungen versperrt,
entsteht die Unfähigkeit, Schwäche und Passivität in Beziehungen
angstfrei zuzulassen und Abhängigkeit als hilfreich nutzen zu
können.

Sehen sich heranwachsende Jungen im Gegensatz zu den Mädchen und Frauen dann noch in medialen Inszenierungen, Werbe-
spots oder Fernsehserien der Dauerentwertung des Problemge-
schlechts Mann – wie Walter Hollstein feststellt – als eitler Gockel,
zwanghafter Trottel, emotionaler Ignorant, desolater Macho oder
Gewalttäter ausgesetzt, wird es ihnen noch schwerer fallen, sich zu
orientieren und mit der Männerrolle auch positive Eigenschaften
zu verbinden.

Dabei ist das Spektrum der Anforderungen riesengroß. Gesucht ist der neue Mann, der empathische Partner (bei Bedarf aber
mit starker Schulter ausgestattet) und kooperative Vater – aber
auch der kompetitive, beruflich erfolgreiche Mann oder, nun auch
wieder neu etabliert, der soldatische Krieger, der beispielsweise am
Hindukusch angeblich in unserem Interesse unsere sog. Feinde
tötet – oder tapfer stirbt. Wo und wie findet der Mann heute da
seinen gesunden Platz in sich und in seiner Gesellschaft?

Wenn wir diese Fragen nicht wirklich ernsthaft und aufrichtig
angehen, werden wir den Preis dafür zahlen. Wenn der Anteil früh
verunsicherter und wenig selbstbewusster Männer weiter steigt,
werden unseren starken Frauen nicht nur die passenden Partner

ausgehen. Sie sind jetzt schon Mangelware. Diese Männer werden sich nicht emotional kompetent und angstfrei in Paarbeziehungen begeben und sich als liebevolle Familienväter bewähren. Der Kinderwunsch der Männer sinkt seit Jahren kontinuierlich. Bei Männern, die eine sichere Arbeit haben und in stabilen Paarbeziehungen leben, steigt der Kinderwunsch. Derzeit wächst der Anteil kinderloser, allein lebender und kinderlos bleibender Männer in Deutschland jedoch. Diese demographischen Negativeffekte werden auch durch demokratische Risiken weiter beschwert, da von früh an erfahrene Entwertung, Entmutigung und Einsamkeit keine guten Demokraten wachsen lassen. Vor dieser Problemlage wollen die Autoren dieses Buches, das auf den Ergebnissen des Düsseldorfer Männerkongresses 2010 (www.maennerkongress2010.de) basiert, aus Sicht ihrer wissenschaftlichen Expertise Befundlagen und Perspektiven darstellen, die den immer wieder auch machtpolitisch und ideologisch eingeengten Diskurs in der Geschlechterfrage um die männliche Sichtweise und unzureichend wahrgenommene Fakten erweitern.

Elmar Brähler und Lena Spangenberg widmen sich in ihrem Beitrag zur Männergesundheit der deutlich geringeren Lebenserwartung und den erhöhten Erkrankungsraten der Männer. Die Fakten und möglichen Hintergründe werden anhand aktueller Studien – übrigens auch anhand der originellen »Klosterstudie« – besonders hinsichtlich der sozial vermittelten Risiken dargestellt und diskutiert.

Walter Hollstein schildert aus soziologischer Sicht und anhand eindrucksvoller Beispiele den vielschichtigen (Selbst-)Entwertungsprozess des Männlichen. Im Gegensatz zur Frauenbewegung, die sich berechtigterweise mit den bis heute noch persistierenden Entwertungen des Weiblichen intensiv auseinandergesetzt hat, ist dies, bezogen auf die vielfältigen Diskriminierungen des Männlichen, durch Männer noch nicht in diesem Umfang geleistet worden. Dieses Desiderat greift Hollstein auf, indem er zunächst darlegt, wie sich seit den 1970er Jahren, initiiert von der misandrischen Variante des ideologischen Feminismus, die Entwertung des Männlichen auf zahlreichen Ebenen normativ des gesellschaftlichen Diskurses und der sozialen Praxis bemächtigt hat. Die diffamatorische Rollenzuteilung in (männliche) Täter und (weibliche)

Opfer sind das hierfür konstitutive Realitätsarrangement mit Auswirkungen bis hinein in politische Programme, welche die spezifischen Gesundheits- und Entwicklungsbedürfnisse von Jungen
und Männern diskriminieren. Hollstein zeigt aber auch die groß-
formatigen gesellschaftlichen Ver- und Entwertungsprozesse auf,
durch die der patriarchalische Mann passend zugerichtet wurde,
aber auch positive männliche Eigenschaften demontiert worden
sind: Der technische Fortschritt in einer kompetitiven Leistungsgesellschaft, die mit der industriellen Arbeitsteilung erforderliche
Disziplinierung und die administrative Entsubjektivierung des
Männlichen werden vom Autor in ihren Wirkungslinien nachge-
zeichnet.

Gerhard Amendt nimmt auf der Basis seiner Bremer Scheidungsväterstudie Stellung zur Lage des verlassen(d)en Mannes. Er
sieht in der Monopolisierung ökonomischer Betrachtungsweisen
auch von Partnertrennungen eine Entwicklung fort von einem
eigentlich angemessenen psychodynamischen Konfliktverständnis
hin zu einem ideologischen Konstrukt von Macht und Schuld.
Dieses Konstrukt etabliert – trotz Überwindung des Schuldprinzips als Regulativ von Scheidungsprozessen – in einseitiger Weise
das Stereotyp des (männlichen) Täters und des (weiblichen) Op-
fers. Mit dem Stereotyp geht nach Amendt das Tabu einher, das
emotionale Leiden aller Trennungsbeteiligten (der Väter und auch
der Kinder) und die Beteiligung an der Gewalt von Trennungspro-
zessen auch der Frauen oder Mütter angemessen wahrzunehmen.
Amendt präsentiert hierzu in seinem von einigen als Provokation,
von anderen als aufklärend empfundenen Beitrag eindrucksvolle
empirische Befunde.

Mit Gewaltausübung wie auch Gewalterleiden von Männern
und Frauen beschäftigt sich, neben zahlreichen anderen Aspekten
männlicher Existenz, auch die 2009 erschienene Untersuchung
»Männer in Bewegung« von Paul M. Zulehner und Rainer Volz.
In einer Voruntersuchung von 2004 über Frauen und Gewalt im
Auftrag des Bundesfamilienministeriums (BMFSFJ, 2004) war
ausschließlich die Frauen von Männern angetane Gewalt im
Fokus. Gewalt gegen Männer wurde nur in einer begleitenden
Pilotstudie (BMFSFJ, 2006) erhoben. Die neuen Ergebnisse von
Volz und Zulehner bestätigen die Studie von 2004, erweitern die

Befunde jedoch durch Einbeziehung beider Geschlechter. Wie in internationalen Meta-Analysen (vgl. Archer, 2000) zeigt sich, dass es unterschiedliche Schwerpunkte im geschlechtsspezifischen Gewalthandeln und den jeweiligen Kontexten, in denen Gewalt geschieht, gibt. Die stereotype Sicht von Männern als Gewalttäter und Frauen als Gewaltopfer hält differenzierten empirischen Befunden nicht stand. Gewalt gegen Männer ist dabei auch ein für Männer hochrelevantes und in Teilen häufig vorkommendes Thema.

Matthias Franz zeigt die Bedeutung des Vaters für die kindliche Entwicklung und Identitätsbildung des Jungen. Ausgehend von Befunden der 1975 begonnenen Mannheimer Kohortenstudie untersuchte er die Kriegskinder der Geburtsjahrgänge 1935 und 1945 mehrfach über einen langen Zeitraum hinweg. Dabei zeigten sich bei den ehemaligen Kriegskindern bis heute bestehende Langzeitfolgen einer kriegsbedingten Vaterlosigkeit. Diese Befunde konnten auch in anderen Untersuchungen bestätigt werden. Vor dem Hintergrund aktueller entwicklungspsychologischer/ psychoanalytischer Konzepte zur Bedeutung des Vaters werden Ursachen und Folgen der heutigen, trennungsbedingten Vaterlosigkeit dargestellt. Auch hier zeigt sich eine erhöhte psychosoziale Belastung alleinerziehender Mütter und ihrer Kinder, besonders der Jungen – mit erheblichen Langzeitfolgen. Abschließend wird mit PALME (www.palme-elterntraining.de) ein bindungsorientiertes präventives Elterntraining für alleinerziehende Mütter mit (vaterlosen) Kindern im Vor- und Grundschulalter vorgestellt, das eine deutliche Besserung der maternalen Depression und auch kindlicher Verhaltensauffälligkeiten bewirkt.

Mathias Hirsch stellt aus dezidiert psychoanalytischer Perspektive die pseudoödipale Entwicklungsarretierung vieler Jungen bzw. Männer dar. Hirsch zufolge kommt es vor dem Hintergrund einer beispielsweise narzisstisch bedürftigen Mutter und/oder eines von dieser entwerteten abwesenden Vaters zu einer idolisierenden Enteignung der kindlichen Sexualität des Jungen durch die Mutter. Der Junge und insbesondere dessen Penis als Symbol der Schon-Getrenntheit des Jungen werden für diesen solange von der Mutter enteignend idealisiert, wie sich der Junge nicht aus der Mutterbeziehung herausentwickeln möchte. Hirsch sieht in der

hierdurch beeinträchtigten Triangulierung eine wesentliche Ursache instabiler männlicher Identität und daraus folgender späterer
Idealisierungen, die auf Männer bezogen der Abwehr von Kast-
rations- und Beschämungsängsten und auf Frauen bezogen der
Abwehr von dyadischen Fusionsängsten dienen. Der Autor zeigt
diese Dynamik in klinischen Fallbeispielen auf.

Klaus Hurrelmann beschäftigt sich vor dem Hintergrund empirischer Untersuchungen mit den dysfunktionalen Aspekten der
Männerrolle, die zu den zunehmenden Bildungs- und Leistungs-
defiziten und einem mangelnden Gesundheitsbewusstsein von
Jungen und Männern beitragen. Die Ursachen sieht der Autor
in einer Verschiebung der Chancen zugunsten der Mädchen, die
identitätssichernden Entwicklungsaufgaben der Kindheit und
Jugend erfolgreich zu durchlaufen. Er fordert in Analogie zur
Stärkung von Mädchen und Frauen in den letzten 30 Jahren eine
gezielte Jungen- und Männerförderung und eine wertschätzende
Stärkung »typisch männlicher« Kompetenzen, verbunden aber
auch mit einer stärkeren Sensibilisierung für soziale, gesundheitliche und körperliche Bedürfnisse.

Ein gängiges Geschlechterstereotyp, welches dem Mann
früher zur Ehre, heute zum Spott gereicht, ist seine emotionale
Kühl- oder vielmehr Blindheit. In seinem Beitrag relativiert der
Emotionspsychologe Rainer Krause mit Blick auf die Empirie
diese Annahme, dass Männer mehr rational und introvertiert
und weniger emotional und expressiv als Frauen seien. Aus
der Darstellung der emotionspsychologischen Befunde zu den
geschlechtsspezifischen Unterschieden bei den Affekten geht
hervor, dass es empirisch keinen Hinweis auf eine primäre geschlechtsspezifische Ausdrucksgeneigtheit oder geschlechtsspezifische Unterschiede der Intensität der Affekte im Erleben
gibt, sondern die sog. emotionale Kargheit der Männer situationsspezifisch und vom Geschlecht des Partners abhängig ist.
Es sind vielmehr die Ausdrucks- und Wahrnehmungsregeln
(»Gefühlsnormen«) von Affekten, die solche geschlechtsspezifischen Unterschiede bedingen. In einer geschlechtersensiblen
Betrachtungsweise ist es also auch hier sinnvoller, die Dimension
und Ausprägung von Gefühlen in der Relationalität und dem
jeweiligen historisch-genealogischen Kontext zu betrachten, als

sie als Kategorien einem bestimmten Geschlecht naturalisierend zuzuschreiben.

Karl Grammers, Elisabeth Oberzauchers und Iris Holzleitners Beitrag ist auf der Grundlage evolutionsbiologischer Studien zur Verhaltenspsychologie des Mannes verfasst. Er beschreibt Selektionsdruck und Anpassung als wesentliche Kräfte der Sexualität, der Entstehung der Geschlechter und deren fundamentaler transkulturell nachweisbarer Verhaltensstrategien zur Sicherung des Fortpflanzungserfolges. Die humanethologische Perspektive ergänzt diejenigen Beiträge in diesem Buch, in welchen die Bedeutung der sozialen Prägung und gesellschaftlicher Prozesse für die Etablierung eines bestimmten Männerbildes hervorgehoben werden.

Martin Dinges beschäftigt sich aus historischer Sicht mit der Genese negativer Aspekte aktueller Männerbilder. Seine Dekonstruktion des männlichen Gesundheitsidioten und des emotionsarmen Maschinenmannes basiert auf einer eindrucksvollen Quellenanalyse. Er verweist auf die gesellschaftlichen Hintergründe und sozialen Zwänge, die das rezente männliche Rollenstereotyp etabliert haben, und zeigt in differenzierender Betrachtung die hiervon abweichenden historischen Vorbilder des altruistischen, fürsorglichen und auch gesundheitsbewussten Mannes früherer Epochen. Aus dieser Variabilität kritisiert er die heutigen Festlegungen des Männerbildes in ihrer angeblichen Destruktivität als zu statisch und ahistorisch und zieht Schlussfolgerungen für mögliche weitere Entwicklungen.

Vielleicht zeigt dies auch im Allgemeinen den Entwurfshorizont auf, an dem sich der neue Mann abzeichnet: Jenseits der gängigen Zuschreibungen der dichotomen Kategorien von Täter oder Opfer ist der neue Mann einer, der sich reflexiv zu seiner gewordenen historischen Täterrolle verhält und diese auf seine primäre Opferhaftigkeit zu beziehen vermag. Im vorgängigen Riss der Existenz finden die Geschlechter ihren gemeinsamen spannungsreichen Nicht-Grund und entdecken ihre je eigene Verantwortung.

Natürlich lösen die zum Teil pointierten Beiträge dieses Buches Reaktanzen und Widerspruch aus – nicht nur von feministischer Seite. Männer, die auf problematische Benachteiligungen von Männern hinweisen oder vielleicht sogar das männliche Monopol auf Gewalttätigkeit in Frage stellen, müssen mit ausgesprochen heftigen Abwehrreaktionen rechnen.[1]

Männer wollen sich aber heute in den Geschlechterdiskurs offensiver und selbstbewusster einbringen und die Benachteiligungen, die nicht nur mit der Frauen-, sondern auch mit der Männerrolle assoziiert sind, ansprechen und politische Lösungen einfordern. Elemente einer um Männerbelange ergänzten politischen Strategie zur Geschlechtergerechtigkeit können sein:

– Gleichstellung und Gendergerechtigkeit auch für Jungen und Männer,
– männliche Gleichstellungsbeauftragte,
– strategische Politikkonzepte und Referate in den Bereichen
  • Bildung für Jungen (BMBF, BMFSFJ),
  • Gesundheit für Männer (BMG).
– Präventionsprogramme und Kampagnen für Männer zur
  • Senkung der hohen Suizidrate,
  • Verringerung des frühen Herztodes,
  • verbesserte Früherkennung des Prostatakrebses.
– Gleichberechtigte Umgangsrechte für ledige/geschiedene Väter (BMJ),

---

1 Diese nehmen zuweilen auch unsachlichen oder denunziativen Charakter an. Ein markantes Beispiel hierfür liefert der Publizist Thomas Gesterkamp. Im Auftrag der Friedrich-Ebert-Stiftung unternimmt er den erstaunlichen Versuch, die enttabuisierende Öffnung des Geschlechterdiskurses aus männlicher Sicht – also auch unter Benennung von Benachteiligungen von Männern – als rechts-restauratives Roll-back zu diffamieren. Dies geschieht auch gegenüber einigen Autoren dieses Buches mittels nicht recherchierter, suggestiver Andeutungen und interessanterweise auch durch die Unterstellung von Homophobie und Frauenfeindlichkeit. Dieses Anathema hat in Deutschland immer noch einen terminierenden Charakter. Es kann als ultimativer Vorwurf völlig belegfrei jede weitere Diskussion zum Thema devaluieren. Ein solches Vorgehen lässt eigentlich nur auf tieferliegende politische oder auch persönliche Motivlagen schließen, die bewusst oder unbewusst diesen spannungsreichen und häufig durch Eigenbetroffenheit gekennzeichneten Diskurs immer auch mitbestimmen. So wird zum Beispiel die empirische Sicht Gerhard Amendts auf das bislang zumeist verleugnete weibliche Gewaltpotenzial vielleicht als so bedrohlicher Tabubruch erlebt, dass auch erwachsene Söhne noch in einem loyalen Mutterschutzreflex die Beendigung der Debatte durch schrille Brandmarkungen (»Geschlechterkampf von rechts«) herbeizuführen versuchen.

- gezielte Einstellung von Männern in KiTas und Grundschulen,
- bessere Ausbildung und Bezahlung von Erziehern/-innen und Grundschullehrern/-innen,
- jungensensitive Edukationsziele und Bildung,
- wertschätzende Stärkung der Jungen und Väter in ihren spezifischen Bedarfslagen,
- Unterstützungsprogramme und Elterntrainings nach Trennung und Scheidung auch für Männer,
- stärkere Förderung entsprechender Forschungsprojekte, Etablierung der Männerforschung an den Universitäten.

Hierzu will dieses Buch auf dem Boden empirischer Fakten einen Beitrag liefern.

Dafür, dass dieses Buch möglich wurde, bedanken wir uns in erster Linie bei den Autoren und Autorinnen dieses Buches, bei Günter Presting und Ulrike Kamp vom Verlag Vandenhoeck & Ruprecht, der unser Projekt von Anfang an begrüßt und unterstützt hat, und bei Dirk Rampoldt für seinen unermüdlichen organisatorischen Einsatz.

Matthias Franz und André Karger

Literatur

Archer, J. (2000). Sex differences in aggression between heterosexual partners: A meta-analytic review (pp. 651-680). Psychological Bulletin, 126, 5.

Bardehle, D., Stiehler M. (Hrsg.) (2010). Erster Deutscher Männergesundheitsbericht – Ein Pilotbericht. München: W. Zuckschwerdt Verlag.

BMFSFJ (Hrsg.) (2004). Lebenssituation, Sicherheit und Gesundheit von Frauen in Deutschland. Eine repräsentative Untersuchung von Gewalt gegen Frauen in Deutschland. Berlin: Nomos.

BMFSFJ (Hrsg.) (2006). Gewalt gegen Männer. Personale Gewaltwiderfahrnisse von Männern in Deutschland. Ergebnisse der Pilotstudie. Rostock: Publikationsversand der Bundesregierung.

Cornelißen, W. (Hrsg.) (2005). Gender-Datenreport. 1. Datenreport zur Gleichstellung von Frauen und Männern in der Bundesrepublik Deutschland. Bundesministerium für Familie, Senioren, Frauen und Jugend (alte Zahlen von 1996).

Döge, P. (2011). Männer – die ewigen Gewalttäter? Gewalt von und gegen Männer in Deutschland. Wiesbaden: VS-Verlag.

Hammerschmidt, S., Wirtz, H. (2009). Lungenkarzinom – aktuelle Diagnostik und Therapie. Deutsches Ärzteblatt International, 106 (49), 809–20; DOI: 10.3238/arztebl.2009.0809

Lampert, T. (2010). Tabakkonsum, sportliche Inaktivität und Adipositas: Assoziationen mit dem sozialen Status. Deutsches Ärzteblatt International, 107 (1–2), 1–7.

MONICA/KORA Herzinfarktregister Augsburg 2000/02. Zugriff am 02.03.2011 unter http://www.gbe-bund.de/gbe10/owards.prc_show_pdf?p_id=10403&p_sprache=D

Polizeiliche Kriminalstatistik 2008 beim BKA. Zugriff am 02.03.2011 unter http://www.bka.de/pks/pks2008/index2.html

Rübenach, S. P. (2007). Todesursache Suizid. Statistisches Bundesamt. Wirtschaft und Statistik 10/2007. Zugriff am 02.03.2011 unter http://www.destatis.de/jetspeed/portal/cms/Sites/destatis/Internet/DE/Content/Publikationen/Querschnittsveroeffentlichungen/WirtschaftStatistik/Gesundheitswesen/AktuellSuizid,property=file.pdf

Statistisches Bundesamt Deutschland. Lebenserwartung in Deutschland. Zugriff am 02.03.2011 unter http://www.destatis.de/jetspeed/portal/cms/Sites/destatis/Internet/DE/Content/Statistiken/Bevoelkerung/GeburtenSterbefaelle/Tabellen/Content50/LebenserwartungDeutschland,templateId=renderPrint.psml.

Statistisches Bundesamt (2008): 2.5.1. Todesursachen. Fachserie 12, Reihe 4 (neue Zahlen).

Stefan, B. (2007). Gesundheitsverhalten und Gesundheitsförderung bei Männern. In M. Stiehler, Th. Klotz (Hrsg.), Männerleben und Gesundheit (S. 75–89). Weinheim: Juventa.

Volz, R., Zulehner, P. M. (2009). Männer in Bewegung – Zehn Jahre Männerentwicklung in Deutschland. Berlin: Nomos.

Elmar Brähler und Lena Spangenberg

Der kranke Mann – warum Männer früher sterben

Den ersten Frauengesundheitsbericht gab es in Deutschland 2001. Obwohl es um die Gesundheit der Männer schlechter bestellt ist und sie ca. fünf Jahre früher sterben, liegt bislang kein offizieller Männergesundheitsbericht der Bundesregierung vor. Deshalb wurde in der Gesundheitsforschung auch eine männliche Perspektive eingeführt. Die so entstandene Männergesundheitsforschung beschäftigt sich seither mit den Schwächen des starken Geschlechts. Dieser Beitrag berichtet neben epidemiologischen Daten zur Mortalität von Männern auch mögliche Ursachen. Dabei werden insbesondere soziokulturelle Einflüsse thematisiert.

Geschlechtsunterschiede in Bevölkerungsstruktur und Lebenserwartung

Betrachtet man die Bevölkerungspyramide Deutschlands (siehe Abbildung 1), wird deutlich, dass in den älteren Jahrgängen ein Frauenüberhang existiert. Während der Anteil der Männer über alle Altersgruppen 49,0 % beträgt, nimmt der Anteil mit steigendem Alter stark ab: 70- bis 80-Jährige 44,2 %, 80- bis 90-Jährige 30,2 %, über 90-Jährige 24,1 % (Statistisches Bundesamt, 2009b). Dieser Frauenüberschuss ist nicht allein darauf zurückzuführen, dass Frauen länger leben, sondern ist auch durch historische Ereignisse mitbestimmt. So sind viele Männer im Zweiten Weltkrieg verstorben. Sind bislang Pflege bei Demenz und anderen Erkrankungen eher »weibliche« Themen gewesen, wird sich die Situation im Laufe der nächsten 20 Jahre deutlich verändern.

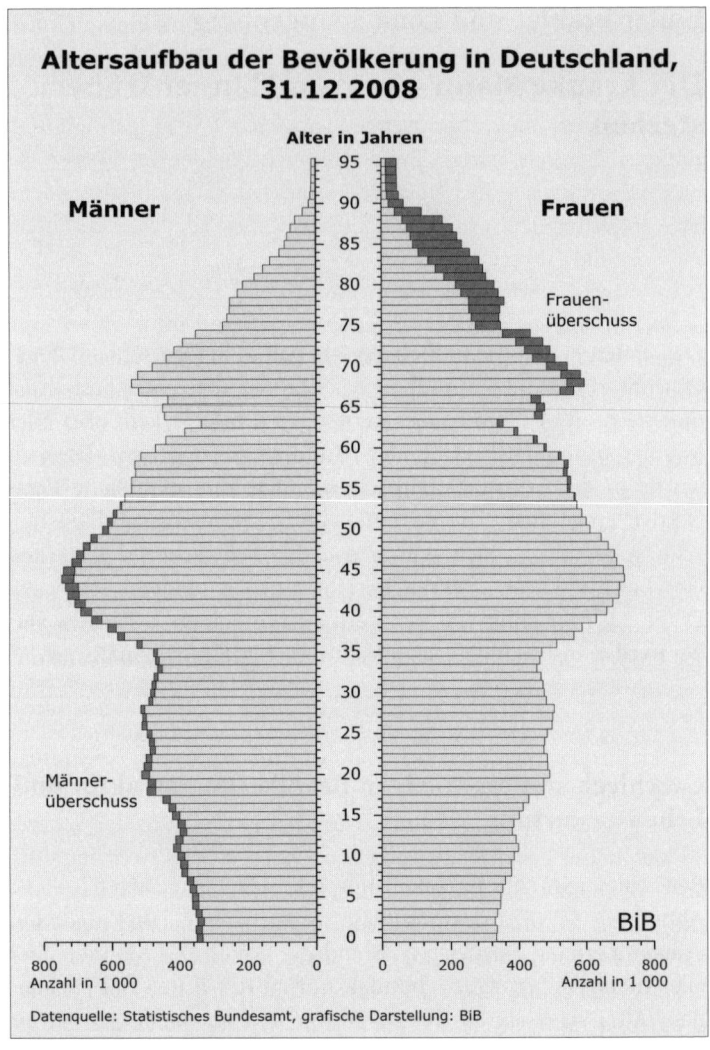

Abbildung 1: Bevölkerungspyramide Deutschland 2008 (Statistisches Bundesamt, 2009a)

Krankenhäuser und Pflegeeinrichtungen werden sich darauf einrichten müssen, dass es in Zukunft insgesamt mehr und vor allem mehr männliche Patienten geben wird. In den jüngeren

Generationen hingegen überwiegen die Männer, mit einem Gipfel bei ungefähr 45 Jahren. In Anbetracht der über die Lebensspanne durchweg höheren Mortalität von Jungen und Männern ist dies auf den ersten Blick überraschend, obgleich 105 Jungen auf 100 Mädchen geboren werden. Bei der Betrachtung der Bevölkerungspyramide müssen jedoch viele Phänomene berücksichtigt werden. Eine Erklärung liefert in diesem Fall der Umstand, dass Migranten überwiegend jüngere Männer sind.

In Tabelle 1 wird die Entwicklung der Lebenserwartung bei Geburt in den letzten fünf Jahrzehnten getrennt für Männer und Frauen in West- und Ostdeutschland dargestellt (Bundesministerium für Gesundheit, 1997, 1999, 2001; Statistisches Bundesamt 2009c). Es zeigt sich, dass die Lebenserwartung der Männer durchgängig niedriger als die der Frauen liegt. Insgesamt ist bereits seit Mitte des 19. Jahrhunderts eine Zunahme der Lebenserwartung zu verzeichnen. Wie gesellschaftliche Bedingungen sich auf die jetzige Lebenswartung auswirken können, zeigt der Zeitraum zwischen 1970 und 1990: In der DDR stieg die Lebenserwartung der Männer innerhalb dieser Zeitspanne lediglich um ein Jahr, die der Frauen um 2,5 Jahre, während in der Bundesrepublik sowohl bei Männer als auch bei Frauen ein Anstieg um 5,5 bzw. 5,6 Jahre zu verzeichnen war. Zwischen 1990 und 2008 erhöhte sich die Lebenserwartung im Osten bei Männern um 6,1 Jahre, bei Frauen um 6,0 Jahre. Im Westen hingegen gab es bei Männern einen Anstieg um 4,8 Jahre, bei Frauen um 3,5 Jahre. Nach der Schere, die sich in der Lebenserwartung von 1970 seit 1990 zwischen Ost- und Westdeutschland ergeben hat, lässt sich seit der Wiedervereinigung eine allmähliche Schließung beobachten. Während sich bei den Männern noch eine im Vergleich zum Westen geringere Lebenswartung im Osten zeigt, lassen Unterschiede in der Lebenserwartung mittlerweile vor allem einen Nord-Süd-Effekt erkennen. In den Speckgürteln im südlichen Teil der Bundesrepublik leben die Menschen länger. Als ein Grund wird die wirtschaftliche Lage diskutiert. So zeigt sich zwischen dem Armutsrisiko und der mittleren Lebenserwartung ein deutlicher Zusammenhang, so dass Mecklenburg-Vorpommern die geringste und Baden-Württemberg und Bayern die höchste Lebenserwartung aufweisen. Zusätzlich zeigen sich neben einem allgemeinen Nord-Süd-Gefälle noch spezifische regionale Unterschiede (Robert-Koch-Institut, 2006; Leibniz-Institut für Länderkunde, 2008).

Tabelle 1: Lebenserwartung bei Geburt in Jahren

	1949/1951		1970/1972		1988/1990		2006/2008	
West	M	64,6	M	67,4	M	72,6	M	77,4
	W	68,5	W	73,8	W	79,0	W	82,5
	1952/1953		1970		1988/1989		2006/2008	
Ost	M	65,1	M	69,0	M	70,0	M	76,1
	W	69,1	W	73,7	W	76,2	W	82,2

M = männlich, W = weiblich (Bundesministerium für Gesundheit, 1997, 1999, 2001; Statistisches Bundesamt, 2009c)

Dass bestimmte gesellschaftliche Bedingungen sich auf die Lebenserwartung auswirken, zeigt sich ebenfalls im internationalen Vergleich. Nach dem Zerfall der Sowjetunion sank die Lebenserwartung der Männer in Russland beispielsweise um fast zehn Jahre und die Unterschiede zwischen den Geschlechtern nahmen zu. 1995 lag die Lebenserwartung bei Männern mit 58,3 Jahren 13,4 Jahre unter der der Frauen (Bundesinstitut für Bevölkerungsforschung, 2000). Aktuell beträgt die Lebenserwartung 60,3 Jahre, die Differenz noch 12,8 Jahre (Statistisches Bundesamt, 2009b).

Wie sich die Lebenserwartung in Zukunft weiterentwickeln wird, ist fraglich. Die neunte Bevölkerungsvorausberechnung des Statistischen Bundesamtes von 2000 hat den Frauen für 2050 eine Lebenserwartung von mehr als 84 Jahren, den Männern von 78 Jahren prognostiziert. Bereits sechs Jahre später wurde die Prognose auf 88 (Frauen) bzw. 83,5 Jahre nach oben korrigiert (Statistisches Bundesamt, 2000, 2006). Einem anschaulichen Artikel von Oeppen und Vaupel (2002) zufolge, der zeigt, dass die Vorhersagen der einzelnen demographischen Institute nicht zutrafen, können eigentlich keine genauen Prognosen in Bezug auf die Lebenserwartung gemacht werden.

Eine interessante Frage ist zudem, weshalb die Lebenserwartung stetig zunimmt. Weiland, Rapp, Klenk und Keil (2006) haben für die Zeitspanne 1980 bis 2002 versucht, die Beiträge verschiedener Krankheitsgruppen auf die gestiegene Lebenserwartung von Männern zu quantifizieren. Obwohl die Quellenlage an mancher Stelle sicherlich Anlass für Kritik bietet, liefert die Übersicht doch

Anhaltspunkte: Beispielsweise war die Anzahl von Verkehrsunfällen und Suiziden rückläufig, ebenso wie die Mortalität infolge von Herz-Kreislauf-Erkrankungen und bösartigen Neubildungen gesunken ist. Wie Unger, Schulze und Klein (2009) demonstrierten, lässt sich auch die Bildungsexpansion in Deutschland mit der Erhöhung der Lebenserwartung in Verbindung bringen. Mit einer Höherqualifizierung gehen beispielsweise eine gesündere Lebensweise, kontinuierlichere Erwerbsverläufe sowie Berufe mit weniger gesundheitlichen Belastungen einher, so dass ein Bildungseinfluss sowohl direkte als auch indirekte Effekte umfasst.

Ob die Zunahme der Lebenserwartung sich in mehr Lebensjahren, in Gesundheit oder in Krankheit manifestiert, kann je nach Szenario der Morbiditätsentwicklung unterschiedlich aussehen. Betrachtet man die beschwerdefreie Lebenserwartung im Jahr 2003 im Geschlechtervergleich, wird deutlich, dass sowohl Männer als auch Frauen durchschnittlich bis zum Alter von etwa 63 Jahren beschwerdefrei leben. In Anbetracht der um ca. fünf Jahre höheren Lebenserwartung von Frauen heißt das, dass diese Jahre mit Behinderungen und Beeinträchtigungen gelebt werden. Männer scheinen bislang eher kurz, dafür aber beschwerdefrei(er) zu leben (Robert-Koch-Institut, 2006). Dies zeigt sich auch bei Betrachtung des Anteils der Pflegebedürftigen im Geschlechtervergleich: Beginnend in der Altersgruppe der ab 75-Jährigen ist der Anteil der Frauen höher und mit zunehmenden Alter wird der Unterschied immer größer und erreicht mit einem Anteil von 62,7 % zu 37,5 % bei Männern bei den über 90-Jährigen sein Maximum (Robert-Koch-Institut, 2004).

Männer sterben früher

Schon Jungen bis zum Alter von 15 Jahren haben eine erhöhte Sterblichkeit: Mehr männliche Föten sind von einem Spontanabort betroffen, auch bei der Zahl der Totgeburten überwiegen mit 115 zu 100 die männlichen Babys (Bründel u. Hurrelmann, 1999). Innerhalb der ersten 24 Stunden versterben von 100.000 Säuglingen 127,2 der männlichen und lediglich 104,7 der weiblichen.

Im ersten Lebensjahr gibt es ebenfalls Mortalitätsunterschiede. So versterben je 100.000 Lebendgeborener 498,0 männliche im Gegensatz zu 403,8 weiblichen Säuglingen; beispielsweise sterben Jungen häufiger am plötzlichen Kindstod (74,4 zu 56,6 je 100.000). Mittlerweile weisen Männer bei den Krankheitshauptgruppen in der Todesursachenstatistik für die unter 65-Jährigen durchweg höhere Mortalitätsziffern auf als Frauen (Gesundheitsberichterstattung des Bundes, 2009). In Abbildung 2 ist das geschlechtsspezifische Mortalitätsverhältnis ausgewählter Krankheitsgruppen dargestellt. Bei Betrachtung der Haupttodesursachen, die mehr als 75 % der Todesfälle unter 65 Jahren bedingen (Neubildungen,

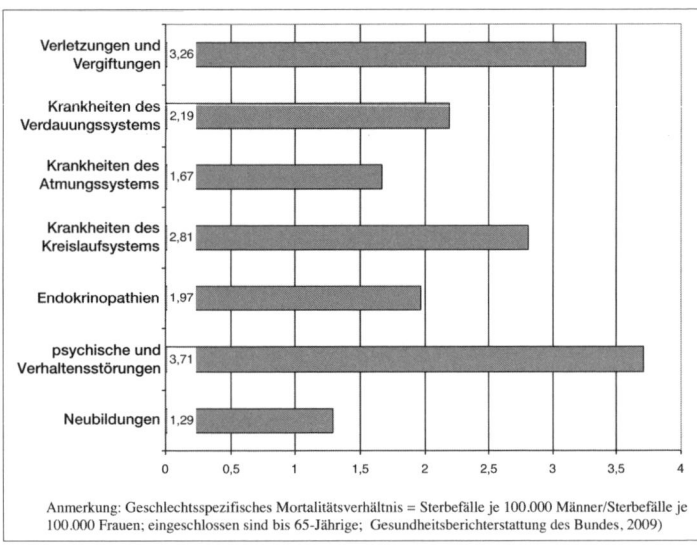

Anmerkung: Geschlechtsspezifisches Mortalitätsverhältnis = Sterbefälle je 100.000 Männer/Sterbefälle je 100.000 Frauen; eingeschlossen sind bis 65-Jährige; Gesundheitsberichterstattung des Bundes, 2009)

Abbildung 2: Geschlechtsspezifisches Mortalitätsverhältnis bei ausgewählten Krankheitsgruppen im Jahr 2008

Erkrankungen des Kreislaufsystems, Verletzungen und Vergiftungen, Erkrankungen des Verdauungssystems), werden die Geschlechtsunterschiede besonders deutlich.

Die erhöhte Mortalität der Männer lässt sich zudem durch Verkehrsunfälle erklären. Obwohl infolge der technischen Entwicklung insgesamt eine Abnahme der Zahl der Verkehrstoten zu verzeichnen ist, sterben Männer immer noch zwei- bis dreimal häufiger infolge eines Unfalls (18,6 vs. 5,5 je 100.000 Einwohner), dabei sind insbesondere 15- bis 25-Jährige betroffen (Bundesministerium für Gesundheit, 2008).

Einen weiteren Geschlechtsunterschied gibt es hinsichtlich der Suizidraten. Im Verlauf der vergangenen zwei Jahrzehnte ist die Sterblichkeit infolge von Suiziden deutlich zurückgegangen. Nach wie vor bringen sich Frauen wesentlich seltener um als Männer (Leibniz-Institut für Länderkunde, 2007b). So werden mehr als drei Viertel der Suizide von Männern verübt. Bei den Suiziden gibt es des Weiteren einen Alterseffekt, so weisen die über 75-jährigen Männer die mit Abstand höchste Suizidrate auf (Möller-Leimkühler, 2008; Gesundheitsberichterstattung des Bundes 2008; siehe Tabelle 2). Als mögliche Ursache wird in Betracht gezogen, dass viele Männer in der höheren Altersgruppe eine Art Bilanz ziehen, sich vom Leben zurückziehen und schließlich einen Suizid verüben. Festzuhalten bleibt, dass für diese Teilgruppe spezifische

Tabelle 2: Suizidraten 2006 in Abhängigkeit von Alter und Geschlecht

	insgesamt	< 25 Jahre	26–45 Jahre	46–65 Jahre	66–75 Jahre	>75 Jahre
Männer	17,9	4,4	15,6	23,2	27,9	49,8
Frauen	6,0	1,2	4,4	7,9	9,1	13,7

Anmerkung: je 100.000 Einwohner (Gesundheitsberichterstattung des Bundes, 2008)

Präventions- und Interventionsangebote erarbeitet werden sollten. Betrachtet man weiterhin die Anteile an allen Todesursachen in verschiedenen Altersgruppen, wird deutlich, dass die vorsätzliche Selbstschädigung bei Männern zwischen 15 und 35 Jahren etwa ein Fünftel der Todesursachen ausmacht (Statistisches Bundesamt, 2007). Auch hier fehlen spezifische Präventionsangebote. Unter den Bundesländern weisen Sachsen und Sachsen-Anhalt die höchsten Suizidraten auf. Dies ist insbesondere vor dem Hintergrund interessant, dass Befunde zu Depression und Depressivität dies nicht indizieren (Leibniz-Institut für Länderkunde, 2007c). Entgegen der landläufigen Meinung, dass Frauen wesentlich häufiger Suizidversuche verüben als Männer, ist die Häufigkeit der versuchten Selbsttötung mit 108 Männern zu 131 Frauen je 100.000 relativ ähnlich. Dabei ist jedoch von einer gewissen Dunkelziffer an nicht registrierten Suizidversuchen auszugehen (Schmidtke, Weinacker u. Löhr, 2000).

Erklärungen für die männliche Übersterblichkeit

Für die männliche Übersterblichkeit wurden einige Theorien und Erklärungsversuche entwickelt. Neben biologischen und geneti-schen Faktoren wurden auch Arbeits- und Lebensbedingungen sowie gesundheitsriskantes Verhalten als mögliche Ursachen ins Gespräch gebracht. In diesem Beitrag sollen nur die drei letzt-genannten Faktoren thematisiert werden. Neben ungesünderen Essgewohnheiten und Übergewicht stellen auch der Konsum von Nikotin oder Alkohol bedeutende Risikofaktoren für lebensbe-drohliche Krankheiten dar. Zu den psychosozialen Ursachen kön-nen zudem schlechtere Arbeitsbedingungen (psychisch, physisch) gerechnet werden. Die körperlichen Belastungen sind im Zuge der Veränderungen der Arbeitswelt zurückgegangen, dafür birgt die mit der schlechteren wirtschaftlichen Lage einhergehende dro-hende oder eintretende Arbeitslosigkeit neue Risiken. Riskantes Verhalten und das sog. Sensation Seeking sind ebenfalls mit einer höheren Sterblichkeit verknüpft. Einige dieser Faktoren sollen im Folgenden genauer dargestellt werden.

Rauch- und Trinkgewohnheiten

In der Ätiologie von Erkrankungen des Kreislaufssystems oder Lungenkrebs spielt das Rauchen eine wesentliche Rolle. Dane-ben hat nicht nur die Dauer des Nikotinkonsums, sondern auch dessen Höhe Einfluss auf das Morbiditätsrisiko. Die Verbreitung des Tabakkonsums zeigt besonders in den höheren Altersgruppen große Unterschiede. Unter Männern gibt es viel mehr Raucher und Exraucher. So haben 49,7 % der Frauen, aber nur 30,9 % der Männer nie geraucht. In den jüngeren Altersgruppen verändert sich die Situation jedoch stark: Während die Zahl nichtrauchen-der junger Männer zunimmt, steigt die Zahl der weiblichen

Raucherinnen stark an. Diese konsumieren jedoch pro Tag im Vergleich zu den Männern weniger Zigaretten. Dennoch wird diese Entwicklung einen Einfluss auf die Morbidität und Mortalität haben, wie sich bereits in den Zahlen zu Neuerkrankungen an Lungenkrebs und den Todesfällen widerspiegelt, die zwischen 1990 und 2002 einen Rückgang bei den Männern und eine Zunahme bei den Frauen zeigen (Bundesministerium für Gesundheit, 1999; Robert-Koch-Institut, 2006). Auf Länderebene zeigen sich ebenfalls Unterschiede: Der Anteil der aktiven männlichen Raucher ist in Mecklenburg-Vorpommern am höchsten und liegt auch in Berlin und Bremen deutlich höher als im Bundesdurchschnitt. Am niedrigsten liegen die Prozentwerte in Bayern und Baden-Württemberg (Leibniz-Institut für Länderkunde, 2007a). Am Beispiel von Mecklenburg-Vorpommern wird deutlich, wie Strukturmerkmale der Bundesländer sich auswirken können. So ist es in Mecklenburg-Vorpommern zunehmend zu einer Abwanderung der besser Qualifizierten gekommen und die Verbliebenen weisen ein niedrigeres Einkommen auf, welches mit höherem Nikotinkonsum einhergeht.

Männer trinken insgesamt und pro Tag mehr Alkohol als Frauen. Wiewohl der Trend insgesamt zu einem moderaten Konsum zeigt, sind in den Risikokategorien prozentual deutlich mehr Männer vertreten (riskanter Konsum 12 % vs. 6 %, gefährlicher Konsum 3,7 % vs. 1,2 %, Hochkonsum 0,4 % vs. 0,1 %). Auch hier lässt sich jedoch eine allmähliche Annäherung des Trinkverhaltens von Männern und Frauen beobachten. Die Mortalitätsrate für alkoholbedingte Erkrankungen ist für Männer seit Mitte der 1990er Jahre rückläufig, während sie bei Frauen leicht ansteigt (Robert-Koch-Institut, 2006; 2008).

Einkommen

Einkommensunterschiede zeigen einen Zusammenhang zur mittleren Lebenserwartung bei Geburt (siehe Tabelle 3). Dabei ist der Unterschied zwischen der höchsten und niedrigsten Einkommensgruppe mit 10,8 Jahren bei Männern deutlicher ausgeprägt als bei Frauen (8,4 Jahre) (Lampert, Kroll u. Dunkelberg, 2007).

Tabelle 3: Einkommensunterschiede und mittlere Lebenserwartung bei Geburt

	mittlere Lebenserwartung bei Geburt (in Jahren)	
Anteil am Netto-Äquivalenzeinkommen (1398 Euro im Jahre 2005)	**Männer**	**Frauen**
< 60 %	70,1	76,9
60 bis < 80 %	73,4	81,9
80 bis < 100 %	75,2	82,0
100 bis < 150 %	77,2	84,4
≥ 150 %	80,9	85,3
Gesamt	75,3	81,3

Anmerkung: Datenbasis Sozioökonomisches Panel (SOEP) und Periodensterbetafeln 1995–2005; das Netto-Äquivalenzeinkommen dient als Einkommensindikator und berücksichtigt Haushaltsmerkmale (Größe, Zusammensetzung) und den spezifischen Einkommensbedarf (Erwachsene, Kinder) (Lampert, Kroll u. Dunkelberg, 2007).

Ähnlich wie bei Arbeitslosigkeit ist jedoch die Frage der Wirkungsrichtung schwer zu beantworten. So ist ungewiss, ob eine Vulnerabilität oder bereits vorliegende Erkrankungen ein niedriges Einkommen bedingen oder ob vielmehr ein niedriges Einkommen zu höherer Morbidität und Mortalität führt (Lampert u. Kroll, 2005). Dass ein höheres Lebensarbeitseinkommen mit einer höheren Lebenserwartung nach dem 65. Lebensjahr assoziiert ist, zeigte auch eine Untersuchung von Himmelreicher, Sewöster, Scholz und Schulz (2008). Dabei fand sich dieser Zusammenhang sowohl für Rentner als auch für pensionierte Beamte. Bei letztgenannten ist die Lebenserwartung noch um zwei Jahre höher, dies könnte auf Merkmale der Beamtenlaufbahn (Selektion durch Gesundheitstest, bessere Versorgung durch private Krankenversicherung, hohe Arbeitsplatz- und Einkommenssicherheit) zurückzuführen sein.

Depressivität und Depression

Bei der Betrachtung der Depressionsraten nach Alter und Geschlecht schneiden Männer im Vergleich mit Frauen gut ab und weisen ab dem Alter von 15 Jahren durchweg niedrigere Werte auf. Lediglich in der Altersgruppe der 55- bis 59-Jährigen gibt es mehr Männer als Frauen mit einer diagnostizierten klinischen Depression (Möller-Leimkühler, 2008). Um spezifische Belastungsschwerpunkte zu identifizieren, wurde untersucht, in welchen Berufsgruppen vermehrt Antidepressiva verordnet werden. Im Vergleich zu berufstätigen werden erwerbslosen Männern etwa dreimal so viele Tagesdosen verordnet (Techniker Krankenkasse, 2010). Nach den Erwerbslosen dominieren bei den Männern des Weiteren vor allem sozialpflegerische Berufe (Heimleiter, Krankenpfleger, Sozialpädagogen), aber auch männertypische Berufe (Straßenreiniger, Abfallbeseitiger, Wärter und Pförtner) sind betroffen (BKK Gesundheitsreport, 2006).

Eine bevölkerungsrepräsentative Untersuchung deutscher Männer hinsichtlich Depressivität ergab, dass die 18- bis 30-jährigen und die 41- bis 50-jährigen Männer stärker betroffen waren als die anderen Altersgruppen (Beutel, Glaesmer, Wiltink, Marian u. Brähler, 2010; Daig, Herschbach, Lehmann, Knoll u. Decker, 2009). Einerseits wird dies auf eine Entstigmatisierung der Depression zurückgeführt, andererseits werden auch soziologische Erklärungen herangezogen. Letztere sehen infolge gesellschaftlicher Veränderungen Lebensentwürfe, die beispielsweise eine dauerhafte Arbeitsstelle beinhalten, als gefährdet an, was wiederum bewirkt, dass Männer ihrer Rolle als Ernährer nicht gerecht werden können. Die unterschiedlichen Depressionsraten werden aber auch auf eine Unterdiagnostizierung von depressiven Männern zurückgeführt. Dabei wird vermutet, dass gängige diagnostische Verfahren depressive Symptome erfragen, die aber geschlechtsstereotypisch als weibliche Eigenschaften gelten und daher von Männern eher dissimuliert oder abgewehrt werden. Zur Behebung dieses Umstandes wurde von Möller-Leimkühler (2008) eine Veränderung der diagnostischen Kriterien zur Erkennung der »männlichen« Depression vorgeschlagen. Beispielsweise sollten diese das Abstreiten von Kummer und Traurigkeit, Impulsivität, verdeckte und offene Feindseligkeit sowie weitere Kriterien umfassen.

Gesundheitsverhalten und Inanspruchnahme

Im Allgemeinen beurteilen Männer ihren Gesundheitszustand in Industrienationen besser als Frauen. So beschreiben sie sich als weniger anfällig für Erkrankungen und berichten, keine Beeinträchtigungen des Alltags aufgrund ihres Gesundheitszustandes zu erleben (Hessel, Geyer, Plöttner, Schmidt u. Brähler (1999). Sowohl in Bezug auf ihre Gesundheit als auch hinsichtlich der allgemeinen Lebenszufriedenheit geben Männer über die Lebensspanne hinweg ähnliche und über dem Durchschnitt liegende Zufriedenheitsurteile ab (Beutel, Glaesmer, Wiltink, Marian u. Brähler, 2010; Robert-Koch-Institut, 2006). Männer haben im Vergleich zu Frauen ein anderes Informationsverhalten bezüglich gesundheitlicher Themen. Insgesamt und bei allen erfragten Medien (mit Ausnahme des Internets) informieren sich Männer weniger. In Bezug auf die Teilnahme an gesundheitsförderlichen Maßnahmen und der Inanspruchnahme primärpräventiver Angebote von Krankenkassen sind Männer über alle Altersgruppen hinweg ebenfalls deutlich weniger engagiert als Frauen. Etwas anders verhält es sich bei Gesundheits- und Krebsfrüherkennungsuntersuchungen. Hier nehmen bis in die mittleren Altersgruppen mehr Frauen teil, während die Männer erst ab einem Alter von 45 bis 50 »aufholen« und schließlich ab 65 bzw. 75 Jahren häufiger an derartigen Untersuchungen teilnehmen (Robert-Koch-Institut, 2006).

Der frühe Tod – woran liegt es nun?

Wie ausführlich anhand verschiedener Mortalitätsziffern dargestellt wurde, sterben Männer früher. Männer haben eine geringere Lebenserwartung, eine höhere Mortalität bei körperlichen Erkrankungen, fallen häufiger tödlichen Unfällen zum Opfer und begehen häufiger Suizid. Als mögliche Ursachen wurden riskante Verhaltensweisen, eine anderer Umgang mit Beschwerden und eine andere Nutzung des Gesundheitssystems thematisiert. Die

Frage, ob diese Unterschiede auf biologische oder soziale Faktoren zurückzuführen sind, bietet ein komplexes Forschungsfeld. Eine in diesem Zusammenhang äußerst interessante Untersuchung ist die sog. Klosterstudie (Dinkel u. Luy, 1999; Luy, 2002). Hier wurde anhand einer Mortalitätsanalyse von 8.400 bayerischen Nonnen und Mönchen im Vergleich mit der Allgemeinbevölkerung untersucht, inwieweit Sterblichkeitsunterschiede eher durch Biologie oder Verhalten bedingt sind. Der Vorteil dieser Methode liegt darin, dass eine Reihe sterblichkeitsbeeinflussender Faktoren wie Schwangerschaft, Säuglings- und Kindersterblichkeit, Unterschiede bei gesundheitsgefährdender Lebensführung oder Berufstätigkeit, ungleiche Rollen von Ehepartnern ausgeschlossen werden konnten. Schwierig einzuschätzen sind jedoch Rauchverhalten, der etwaige Einfluss von Ehelosigkeit und das Trinkverhalten. Hauptergebnisse der Studie sind, dass im Vergleich zu Geschlechtsgenossen aus der Allgemeinbevölkerung Mönche älter werden, während Nonnen die gleiche Lebenserwartung aufweisen. Im Verlauf des 20. Jahrhunderts hat die Lebenserwartung von Nonnen und Mönchen gleichermaßen zugenommen und die Differenz der Lebenserwartung von Mönchen und Nonnen ist mit zwei Jahren etwa konstant geblieben.

Einen interessanten Ansatz bieten auch sozialwissenschaftliche Fächer, die sich mit Gender und Gesundheit beschäftigen. Die Differenzen im Gesundheitsverhalten sollen hier durch Geschlechterrollen und -stereotypien beschrieben werden (Alfermann, 1996; Courtenay, 2000). Sabo und Gordon (1995) haben die männliche Rolle beispielsweise durch die folgenden Merkmale beschrieben: die Abgrenzung gegenüber Frauen und deren Verhalten, das Gefühl der Überlegenheit gegenüber anderen, die Demonstration der Unabhängigkeit, das sich Durchsetzen auch unter Zuhilfenahme von Gewalt, die sich bei gesundheits- und mortalitätsrelevanten Verhaltensweisen ungünstig niederschlagen.

Bislang können innerhalb der verschiedenen Erklärungsansätze nur bedingt Unterschiede zwischen den Geschlechtern zufriedenstellend erklärt werden. Häufig handelt es sich dabei eher um Spekulationen denn um empirisch abgesicherte Befunde. Nötig ist daher ein Modell, das eine Reihe von Faktoren (biologisch-medizinische, sozial-gesellschaftliche) einbezieht und auch deren Wechselwirkungen berücksichtigt. Zukünftige Forschung sollte neben genetischen Dispositionen, physiologischen und hormonellen Regulationsmechanismen auch ein Augenmerk auf Copingstrategien, Rollenmuster im beruflichen und familiären Bereich und soziale Unterstützung haben. Mit Hilfe einer solchen biopsychosozialen Perspektive könnten Fragen der Geschlechtsunterschiede bei der Sterblichkeit und der Gesundheit zukünftig beantwortet werden. Im Moment gibt es jedoch mehr Fragen als Antworten. Bezüglich des häufig riskanten gesundheitsbezogenen Verhaltens vieler Männer bleibt zu hoffen, dass sich diese in Zukunft mehr mit ihrer Gesundheit beschäftigen und entsprechende förderliche Verhaltensweisen in ihr Repertoire aufnehmen bzw. gesundheitsschädigendes Verhalten unterlassen. Entsprechende Interventions- und Präventionsprogramme sollten auch in im Gesundheitssystem implementiert sein.

Literatur

Alfermann, D. (1996). Geschlechterrollen und geschlechtstypisches Verhalten. Stuttgart: Kohlhammer.

Beutel, M., Glaesmer, H., Wiltink, J., Marian, H., Brähler, E. (2010). Life satisfaction, anxiety, depression and resilience across the life span of men. Aging Male, 13 (1), 32–39.

BKK Gesundheitsreport (2006). Zugriff am 8.1.2010 unter http://www.bkk.de.

Bründel, H., Hurrelmann, K. (1999). Konkurrenz, Karriere, Kollaps. Männerforschung und der Abschied vom Mythos Mann. Stuttgart: Kohlhammer.

Bundesinstitut für Bevölkerungsforschung (2000). Eine Auswahl von Beiträgen für die demographische Entwicklung in Russland und Weißrussland in der zweiten Hälfte der 90er Jahre. Materialien zur Bevölkerungsforschung, Heft 98.

Bundesministerium für Gesundheit (1997). Daten des Gesundheitswesens. Ausgabe 1997. Baden-Baden: Nomos.

Bundesministerium für Gesundheit (1999). Daten des Gesundheitswesens. Ausgabe 1999. Baden-Baden: Nomos.

Bundesministerium für Gesundheit (2001). Daten des Gesundheitswesens. Ausgabe 2001. Baden-Baden: Nomos.

Bundesministerium für Gesundheit (2008). Daten des Gesundheitswesens. Ausgabe 2008. Baden-Baden: Nomos.

Courtenay, W. (2000). Constructions of masculinity and their influence on men's well being: a theory of gender and health. Social Science and Medicine, 50, 1385–1401.

Daig, I., Herschbach, P., Lehmann, A., Knoll, N., Decker, O. (2009). Gender and age differences in domain specific life satisfaction and the impact of depressive and anxiety symptoms: a general population survey from Germany. Quality of Life Research, 18 (6), 669–678.

Dinkel, R., Luy, M. (1999): Natur oder Verhalten? Ein Beitrag zur Erklärung der männlichen Übersterblichkeit durch einen Vergleich von Kloster- und Allgemeinbevölkerung, Zeitschrift für Bevölkerungswissenschaft 24 (2): 105–132.

Gesundheitsberichterstattung des Bundes (2009). Vorzeitige Sterblichkeit unter 65 Jahren. Zugriff am 19.4.2010 unter http://www.gbe-bund.de.

Gesundheitsberichterstattung des Bundes (2008). Sterbefälle je 100.000 Einwohner (ab 1998, Region, Alter, Geschlecht). Zugriff am 10.4.2010 unter http://www.gbe-bund.de.

Hessel, A., Geyer, M., Plöttner, G., Schmidt, B., Brähler, E. (1999). Subjektive Einschätzung der eigenen Gesundheit und subjektive Morbidität in Deutschland – Ergebnisse einer bevölkerungsrepräsentativen Befragung. Psychotherapie, Psychosomatik, Medizinische Psychologie, 49, 264–274.

Himmelreicher, R., Sewöster, D., Scholz, R., Schulz, A. (2008). Die fernere Lebenserwartung von Rentnern und Pensionären im Vergleich. WSI-Mitteilungen, 5, 274–280.

Lampert, T., Kroll, L. (2005). Einfluss der Einkommensposition auf die Gesundheit und Lebenserwartung. Berlin: Deutsches Institut für Wirtschaftsforschung.

Lampert, T., Kroll, L., Dunkelberg, A. (2007). Soziale Ungleichheit der Lebenserwartung in Deutschland. Aus Politik und Zeitgeschichte, 42, 11–18.

Leibniz-Institut für Länderkunde (2007a). Anteil der aktiven Raucher nach Ländern. Zugriff am 15.2.2010 unter www.nationalatlas.de.

Leibniz-Institut für Länderkunde (2007b). Suizide – Sterblichkeit 1980–2007 nach Geschlecht. Zugriff am 15.2.2010 unter www.nationalatlas.de.

Leibniz-Institut für Länderkunde (2007c). Suizide 1997 und 2007 nach Ländern. Zugriff am 15.2.2010 unter www.nationalatlas.de.

Leibniz-Institut für Länderkunde (2008). Lebenserwartung Lebendgeborener 2005 nach Raumordnungsregionen. Zugriff am 16.2.2010 unter www.nationalatlas.de.

Luy, M. (2002). Warum Frauen länger leben – Erkenntnisse aus einem Vergleich von Kloster- und Allgemeinbevölkerung, Materialien zur Bevölkerungswissenschaft 106, Wiesbaden: Bundesinstitut für Bevölkerungsforschung.

Möller-Leimkühler, A. (2008). Depression – überdiagnostiziert bei Frauen, unterdiagnostiziert bei Männern? Der Gynäkologe, 41:381–388.

Oeppen, J., Vaupel, J. W. (2002). Broken Limits to Life expetancy. Science, 296, 1029–1031.

Robert-Koch-Institut (2004). Gesundheitsberichterstattung des Bundes. Themenheft Pflege. Berlin: Robert-Koch-Institut.

Robert-Koch-Institut (2006). Gesundheitsberichterstattung des Bundes. Gesundheit in Deutschland. Berlin: Robert-Koch-Institut.

Robert-Koch-Institut (2008). Gesundheitsberichterstattung des Bundes. Themenheft Alkoholkonsum und alkoholbezogene Störungen. Berlin: Robert-Koch-Institut.

Sabo, D., Gordon, D. F. (1995). Rethinking men's health and illness. In D. Sabo, D. F. Gordon (Eds.), Men's health and illness: Gender, power and the body. Thousand Oaks, CA: Sage Publications.

Schmidtke, A., Weinacker, B., Löhr, C. (2000). Epidemiologie der Suizidalität im 20. Jahrhundert. In M. Wolfersdorf, C. Franke (Hrsg.), Suizidforschung und Prävention am Ende des 20. Jahrhunderts. Regensburg: Roderer.

Statistisches Bundesamt (2000). 9. Koordinierte Bevölkerungsvorausberechnung. Zugriff am 7.1.2010 unter www.destatis.de.

Statistisches Bundesamt (2006). 11. Koordinierte Bevölkerungsvorausberechnung bis 2050. Zugriff am 7.1.2010 unter www.destatis.de.

Statistisches Bundesamt (2007). Wirtschaft und Statistik, Ausgabe Oktober. Zugriff am 10.2.2010 unter www.destatis.de.

Statistisches Bundesamt (2009a). Bevölkerungspyramide: Altersaufbau der Bevölkerung in Deutschland. Stand: 31.12.2008. Zugriff am 14.2.2010 unter http://www.bib-demografie.de.

Statistisches Bundesamt (2009b). Statistisches Jahrbuch 2009 für die Bundesrepublik Deutschland. Wiesbaden: Eigenverlag.

Statistisches Bundesamt (2009c). Lebenserwartung. Zugriff am 14.2.2010 unter http://www.destatis.de.

Techniker Krankenkasse (2010). TK Gesundheitsreport. Zugriff am 23.6.2010 unter www.tk-online.de.

Unger, R., Schulze, A., Klein, T. (2009). Educational expansion and life expectancy in Germany. In A. Hadjar, R. Becker (Eds.), Expected and unexpected consequences of the educational expansion in Europe and the US. Bern: Haupt.

Weiland, S., Rapp, K., Klenk, J., Keil, U. (2006). Zunahme der Lebenserwartung. Größenordnung, Determinanten und Perspektiven. Deutsches Ärzteblatt, 103 (16), A1072-A1077.

Walter Hollstein

Der entwertete Mann

Was entwertet werden kann, muss logischerweise einmal Wert besessen haben. Das gilt für die Inflation des Geldes ebenso wie für jene von Mann und Männlichkeit.

Der Mann galt über lange Jahrhunderte als Schöpfer von Zivilisation und Kultur; er war verantwortlich für Schutz und Fortbestand des Gemeinwesens. In Joseph Haydns Oratorium »Die Schöpfung« heißt es im Text nach John Miltons »Verlorenem Paradies« (1667): »Mit Würd' und Hoheit angetan, mit Schönheit, Stärk' und Mut begabt, gen Himmel ausgerichtet, steht der Mensch, ein Mann und König der Natur«. Manchmal sind solche Bilder mit der androzentrischen Gefahr verbunden, das eigene Geschlecht zu idealisieren und dementsprechend das andere abzuwerten; zumeist sind sie aber durchaus altruistisch. »Der brave Mann denkt an sich selbst zuletzt«, heißt es in Schillers »Wilhelm Tell«. Beethoven spricht vom »Männerstolz vor Königsthronen« und meint das mutige männliche Einstehen für Freiheit und Selbstbestimmung. Apostel 13, Vers 22 fordert den »Mann nach dem Herzen Gottes«, und das impliziert Güte, Verantwortung und die Fürsorge für den Nächsten. Große Epen von Homers »Odyssee« über Wolfram von Eschenbachs »Parzifal« bis zu Goethes »Wilhelm Meister« beschreiben die schwierige männliche Initiation von einem individualistischen Ausgangspunkt zu einer allgemein-menschlichen Verantwortung.

Der große Berliner Soziologe Georg Simmel hat zu einer Zeit angemerkt, da es noch keine Männerforschung gab: »Unsere Kultur ist, mit Ausnahme ganz weniger Provinzen, durchaus männlich. Männer haben die Industrie, die Kunst, die Wissenschaft und den Handel, die Staatsverwaltung und die Religion geschaffen und so tragen diese nicht nur objektiv männlichen Charakter, sondern verlangen auch zu ihrer immer wiederholten Ausführung spezifisch männliche Kräfte« (Simmel, 1985, S. 6).

Albert Camus beschreibt in seinem Roman »Die Pest« (1947), wie in den 1940er Jahren eine furchtbare Seuche in der nordafrikanischen Stadt Oran ausbricht. Die Pest ergreift die Stadt totalitär und schneidet sie auch bald von der Außenwelt ab. Angesichts der Epidemie sehen sich mehrere der ausschließlich männlichen Hauptpersonen des Romans vor der existentiellen Alternative von Flucht oder Kampf. Diejenigen, die sich – wie Dr. Rieux, Tarrou oder Rambert – dafür entscheiden, der Pest Widerstand zu leisten, riskieren ihr Leben, ihre Liebesbeziehungen und ihre Zukunft zugunsten des kollektiven Wertes der Rettung menschlicher Ordnung, Kultur und Gemeinschaft.

In diesem Roman wird das männliche Prinzip noch einmal plastisch zusammengefasst in den Qualitäten von Mut, Fürsorge, Willenskraft, Verantwortung, Güte, Risikobereitschaft, Nachsicht, Grenzüberschreitung, Verzicht, Altruismus, Ritterlichkeit, Ehrlichkeit und Bescheidenheit in Form der Zurückstellung eigener, selbstbezogener Bedürfnisse. Gleiches wird in der Weltliteratur Männern immer wieder zugewiesen, ob es nun in Joseph Conrads »Taifun« um den männlichen Kampf gegen die Naturgewalten geht oder in Ernest Hemingways Roman »Wem die Stunde schlägt« um die heroischen Bemühungen gegen den Faschismus im Spanischen Bürgerkrieg. Dabei finden sich im männlichen Prinzip durchaus auch Eigenschaften, die im modernen Diskurs eher Frauen zugeschrieben werden, wie zum Beispiel Fürsorge, Güte oder Verzicht. Die Gewichtung kann dabei variieren, wie historische Darstellungen von Männlichkeit belegen. E. Anthony Rotundo zum Beispiel zeichnet in seiner US-amerikanischen Geschichte der Männlichkeit – »American Manhood« (1990) – nach, wie – entsprechend den ökonomischen und politischen Bedingungen – vom Mann eher »weiche« oder eher »harte« Qualitäten erwartet werden.

Der Bruch mit diesem Bild wird registriert zu Beginn der 1970er Jahre, als der Feminismus, vor allem in seiner vulgären Ausdrucksform, beim Kampf gegen das Patriarchat auch das männliche Subjekt gnadenlos zerlegte und die Dichotomie zwischen männlichen Tätern und weiblichen Opfern begründete.

Dabei kann man – für den deutschsprachigen Raum – inhalts-
analytisch grob zwei große Phasen unterscheiden. In der ersten
wurden Männer als Verbrecher, Vergewaltiger und Missbraucher
»demaskiert«, in der zweiten vornehmlich als Versager und Trottel
vorgestellt, die Frau gar nicht mehr ernst zu nehmen hätte (ausführlich: Hollstein, 2008).

Dieser tiefgreifende Wandel im Männerbild unserer Kultur
ist im deutschsprachigen Raum bisher weder zureichend wahrgenommen noch thematisiert oder untersucht worden – ganz
im Gegensatz zu vielfältigen Arbeiten über das Frauenbild der
Medien. Misogynie und Frauenfeindlichkeit sind seit langem
anerkannte Themen, für die die Öffentlichkeit stets aufs Neue
sensibilisiert wird; für Misandrie und Männerfeindlichkeit gilt das
hingegen nicht.

Die dramatische Entwertung der Männlichkeit wird man dem
Feminismus aber nur in seiner ideologischen Komponente anlas-
ten können. Lange vor der ersten und zweiten Frauenbewegung
hatte schon eine gesellschaftliche Entwertung von Männlichkeit
eingesetzt. Dieser Prozess ist insofern verborgen geblieben, weil
sich die Patriarchatsforschung mit Ausschließlichkeit auf das
konzentriert hat, was Männer Frauen angetan haben. Das gilt für
feministische Darstellungen ebenso wie für jene der profeministischen Männerforschung. Will man Entwicklungen nachzeichnen,
wie Männer im Laufe der modernen Geschichte um viele ihrer
Qualitäten enteignet worden sind, muss man sich auf Forschungs-
arbeiten abseits des Mainstreams stützen.

In einem Sammelband US-amerikanischer Psychiater, der 1982
erschienen ist, notiert zum Beispiel Wolfgang Lederer: »Es war die
Maschine, die die Männer eines der wenigen natürlichen Vorteile
über die Frau beraubte, ihrer größeren körperlichen Kraft. Es
braucht einen starken Mann, um Land zu roden und eine gerade
Furche zu pflügen; dagegen ist ein weiblicher Teenager in der
Lage, einen Traktor zu fahren«. Der Mann ist zum Anhängsel sei-
ner eigenen Erfindungen geworden und hat sich so seiner Kraft,
Autonomie und Kreativität enteignet (Lederer u. Botwin, 1982,
S. 241).

Die Technik hat auch den männlichen Körper beeinflusst und
umgestaltet. Klaus Theweleit schreibt in diesem Zusammenhang

von der »Geometrisierung der Leiber« (Theweleit, 1987, S. 326). Vor allem die frühe emanzipatorische Männerbewegung hat die Technisierung der männlichen Sexualität beklagt. In einem der ersten Manifeste schimpfte Volker Elis Pilgrim, dass das Patriarchat auch den Mann kaputtgemacht habe, indem es seine Sexualität in die Technologie einverlangt und das männliche Glied zu Mondraketen und anderen technischen Leistungen erigieren ließ (Pilgrim, 1978).

Auf eine andere Entwicklung hat Karl Marx im 24. Kapitel des »Kapitals« aufmerksam gemacht. Dort beschreibt er anhand zeitgenössischer Dokumente, mit wie viel Gewalt, Brutalität und Unrecht eine kleine Gruppe englischer Großgrundbesitzer die »Expropriation des Landvolks von Grund und Boden« durchsetzte, um die derart Vertriebenen dann in den Städten mit noch einmal so viel Gewalt, Brutalität und Unrecht in das entstehende Heer der Industriearbeiter einzugliedern (Marx, 1972, S. 744).

Michel Foucault spricht in diesem Zusammenhang von der »Disziplinargesellschaft« (Foucault, 1976). Damit ist gemeint, dass jene Männer, die bis anhin als Kleinbauern, Pächter oder Landarbeiter den Rhythmus ihrer Arbeits- und Lebensführung weithin selbst eingerichtet hatten, nun an das Diktat maschineller Regelmäßigkeit gewöhnt werden mussten. Das bedeutet: Zeitplanung nach fremd gesetzten Erwartungen, Körperbeherrschung, die von der Eigengesetzlichkeit der Maschinentechnik kodiert wird, Fabrikordnung, die die persönliche Freiheit aufhebt, und die Trennung von Lebens- und Arbeitsort, mit allen Folgen, die auch für die Geschlechterbeziehungen und die Kindererziehung entstehen. Wer sich in diese »Disziplinargesellschaft« als Mann nicht fügt, wird in eigens geschaffenen Arbeitshäusern, Zuchtanstalten und Gefängnissen auf die neue Ordnung gedrillt.

Synchron zur industriellen »Disziplinargesellschaft« entwickelt sich in dieser Epoche auch eine politisch-administrative. Die größeren Menschenmassen, die die Industrie nun an bestimmten Orten zu konzentrieren beginnt, müssen kontrolliert und verwaltet werden. Das übernimmt – außerhalb der Fabrik – die neue Bürokratie. Beide haben das gleiche Ziel der Eingliederung des Mannes in einen Lebensrahmen, den er fortan nicht mehr selbst bestimmt. Die Bürokratie-Analysen von Max Weber über Franz Neumann bis zu Henry Jacoby und anderen verweisen auf die gemeinsame, rechenhafte und rationale Herrschaftsausübung beider Gebilde. Der Durchschnittsmann wird zum kalkulierbaren Produktions- und Verwaltungsfaktor. Die »Disziplinargesellschaft« setzt norma- tiv die Funktionalität des Verhaltens oder anders formuliert: die Unterwerfung des Einzelnen unter die sachlichen Erfordernisse des Apparats. Günther Anders hat dieses Thema in seinem Buch »Die Antiquiertheit des Menschen« (1956) wieder aufgenommen.

Die männliche Subordination bleibt nicht folgenlos. So ziehen sich Moral und Ethik, die bis dahin an die persönliche Verantwor- tung des Einzelnen gebunden waren, vom Individuum zurück und abstrahieren sich in anonymen Organisationen. Der Mann ist nun nicht mehr Mensch und Subjekt, sondern – auf unterschiedlichen Ebenen – Experte und Funktionär.

Der Stuttgarter Psychiater Joachim Bodamer ist in den 1950er Jahren in mehreren Publikationen über den zeitgenössischen Mann – damals ebenfalls wenig wahrgenommen – vor allem die- sem Zusammenhang der Verantwortungsohnmacht nachgegan- gen und hat dabei den »Mann von heute ein[en] Virtuose[n] der Verantwortungslosigkeit« (Bodamer, 1956, S. 56) genannt; auch Bodamer korreliert diese Selbstentwertung mit der technischen und bürokratischen Entwicklung.

Zehn Jahre später hat Alexander Mitscherlich darauf hingewie- sen, dass der Durchschnittsmann unter einer Arbeit leidet, die es ihm nicht mehr erlaubt, »seine eigene persönliche Fähigkeit, sein individuelles Talent, Geschick und Ausdrucksbedürfnis in ihr unterzubringen«, sondern im Gegenteil ein Dauergefühl von Ent- täuschung, Frustration und Zorn schafft. Der Mann ist »leidend in ein Tun verstrickt, das sich als unzulänglich für seine Gestaltungs- und Ausdrucksbedürfnisse erweist« (Mitscherlich, 1963, S. 243).

Das sind nur einige Vignetten, aber sie zeigen an, dass es histo- risch falsch wäre, dem Feminismus die Enteignung der Männlich- keit zuzuschreiben.

Die Krise der traditionellen Männlichkeit lässt sich ebenfalls nicht an den Feminismus binden; sie ist zum Beispiel schon in der Weimarer Republik ein großes Thema gewesen – nicht in der sozialwissenschaftlichen Literatur, die die Geschlechterfrage erst sehr viel später entdeckte, und nicht einmal in großartigen

Versuchen, die Epoche zu erklären, wie zum Beispiel in Karl Jaspers' Schrift »Die geistige Situation der Zeit« (1931), aber in der Belletristik der Epoche. Gottfried Benn appellierte in seinem Gedicht »Mann« in der letzten Zeile: »Sammle dich und sei groß«. Robert Musil schrieb sein Epos »Der Mann ohne Eigenschaften« (1930/1932/1943) und hatte schon zuvor in den »Verwirrungen des Zöglings Törless« (1906) auf die Degeneration der Männlichkeit eindringlich hingewiesen. Heinrich Mann hat mehrere Romane zu diesem Thema verfasst und Männer in einem weiten negativen Spektrum von der Korrumpiertheit bis zur Lächerlichkeit geschildert. Hermann Broch muss hier mit seiner Trilogie »Die Schlafwandler« (1930/1932) erwähnt werden, und Erich Kästner hat mit seinem »Fabian« (1931) versucht, ein positives Gegenbild gegen alle anderen Figuren von männlicher Peinlichkeit, von Zerfall, Suizid, Verlogenheit und brauner Anwandlung zu schaffen. Die Attribuierung ist dabei im Übrigen nicht weniger heftig als 40, 50 Jahre später von Seiten des Feminismus.

Was der Feminismus – und ich betone noch einmal: vor allem in seiner vulgären Erscheinungsform, wie sie von Autorinnen wie French, Dworkin oder Schwarzer vertreten wird – zerstört hat, ist also nicht die tradierte Lebenswelt des Mannes, sondern die traditionelle Bilderwelt der Männlichkeit. Die These, dass der Feminismus für die männliche Problemkonstellation verantwortlich sei, wie das vor allem die sog. Männerrechtler in diversen Foren des Internets redundant behaupten, ist seriös nicht zu belegen. Dieser Gedankengang gipfelt dann auch noch in der törichten Wortschöpfung eines Feminats, das heute angeblich die Männer unterdrückt.

Der feministische Angriff auf die Bilderwelt des Mannes ist allerdings nicht kleinzureden. Der Zoologe Adolf Portmann hat schon sehr frühzeitig darauf hingewiesen, dass wir Menschen als instinktarme Wesen notwendigerweise Bilder bräuchten, um uns überhaupt in der Welt zureichend orientieren zu können (Portmann, 1956). Die moderne Neurobiologie geht noch weiter und definiert Leben als Bilder generierenden Prozess. Das Bild, das wir von uns haben, ist identitätsstiftend. Ist das Bild negativ und verächtlich, führt das zu gravierenden Identitäts- und Orientierungsproblemen. Neuere Forschungen belegen den engen Zusammenhang zwischen fehlender Orientierung auf der einen Seite und Gewalt und Vandalismus auf der anderen.

Was ein großer Teil des Feminismus an Zuschreibungen entworfen hat, transportiert eine aggressiv-feindselige und herabsetzende Haltung gegenüber Männern aufgrund ihres Geschlechts. Das ist per definitionem Misandrie. Misandrie oder Männerhass ist als Gegenpart zur Misogynie ebenso rassistisch und sexistisch wie dieser. In der Misandrie werden Männer als das von Natur aus böse Geschlecht herabgesetzt. Im Gegensatz dazu erscheinen Frauen als das gute Geschlecht; sie werden von Natur aus als friedlich, menschenfreundlich und sozial dargestellt. Ihre Liebenswürdigkeit macht sie zu Opfern der Männer. In ihrem Buch »Pornographie« mit dem Untertitel »Männer beherrschen Frauen« konstatiert die amerikanische Feministin Andrea Dworkin schlicht: »Terror strahlt aus vom Mann, Terror erleuchtet sein Wesen, Terror ist sein Lebenszweck« (Dworkin, 1997, S. 93).

Die Konstanzer Sprachwissenschaftlerin Luise F. Pusch notiert: »Wir Frauen wissen nicht so genau, warum die Männer da sind. Ehrlich gesagt, haben wir uns diese Frage wohl auch kaum je gestellt. Sie sind halt da, und das ist schlimm genug. Wir fragen uns wohl, wie wir ihnen am besten entkommen und ihre monströsen Hervorbringungen überleben können« (Pusch, 1992, S. 245). In ihrem Bestseller »Frauen« (1990) setzt Merilyn French Männer umstandslos mit Nazis gleich.

Der Übergang von der verbalen Militanz zur physischen ist nur konsequent: »Ich möchte einen Mann zu einer blutigen Masse geprügelt sehen«, notiert Dworkin, »mit einem hochhackigen Schuh in seinen Mund gerammt wie ein Apfel in dem Maul eines Schweins« (Dworkin, 1997, S. 104). Schon zuvor hatte Dworkins Landsfrau Valerie Solanas ihr »Manifest zur Vernichtung der Männer« formuliert. Darin bezeichnete sie den Mann als »eine biologische Katastrophe«. »Den Mann ein Tier zu nennen, heißt, ihm zu schmeicheln« (Solanas, 1997). Solanas bezeichnet alle Männer als »kaputt«. Der Mann »ist ein halbtoter, reaktionsloser Klotz, unfähig, Freude und Glück zu geben oder zu empfangen« (Solanas, 1997, S. 14). Auch sexuell tauge der Mann nichts: »Obwohl er ausschließlich physisch existiert, ist der Mann nicht einmal als Zuchtbulle geeignet« (S. 14). Der Mann sei schlecht, böse, unnütz und überflüssig; ohne ihn sähe die Welt wohl besser aus. »Die Vernichtung sämtlicher Männer ist daher eine gute und rechtliche Tat; eine Tat, die sich zum Wohl der Frauen […] auswirken würde« (S. 21).

Die männliche Geschichte wird dabei präsentiert als eine Abfolge von Kriegen, Brutalität, Zerstörung, Unterdrückung und Gewalt; ihre Akteure sind Judas, Nero, Brutus, Napoleon, König Blaubart, Hitler, Stalin, Karadžić, Saddam Hussein oder Charles Manson.

Besonders diffamatorisch ist die feministische Auseinandersetzung mit der männlichen Sexualität. Andrea Dworkin bezeichnete den »Penis als Waffe« und männliches Unterdrückungsinstrument: »Die Aversion der Frauen gegen den Penis und gegen Sexualität«, bemerkt Dworkin, muss »als Weigerung der Frauen« gewertet werden, »dem wichtigsten Werkzeug männlicher Aggression gegen Frauen zu huldigen« (Dworkin, 1997, S. 93). Deutsche Feministinnen wie zum Beispiel Alice Schwarzer sind noch weitergegangen und haben aus der männlichen Sexualität unmittelbar die patriarchale Herrschaft abgeleitet.

Nun haben solchen Unfug auch Männer mitgetragen. In seinem Buch »Der Untergang des Mannes« (1986) versteht Volker Elis Pilgrim die Männerherrschaft einerseits und die Unterdrückung der Frau andererseits aus den sexuellen Beziehungen. Ein prototypisches Dokument jener Zeit war auch der Aufsatz von Claudio Hofmann »Über das Unglück, kein Feminist zu sein« (1979). Darin bekennt sich der Autor als »feministischer Mann« und artikuliert seine »Hoffnung, dass die Frauenbewegung endlich die Schreckenswelt der Männerherrschaft mit Krieg, Gewalt und Verwüstung auflösen könnte in ein sanftes paradiesisches Zeitalter«. Männlicher Widerstand auch gegen die übelsten Vorwürfe von Feministinnen ist beim Autor nicht einmal als bloßer Gedanke möglich. Er büßt mit seiner männlichen Existenz für alle Schandtaten des Patriarchats in der gesamten Weltgeschichte. »Mit den Augen der Frauen traue ich mich hinzusehen und zu erkennen, wie in den gerühmten Jahrtausenden abendländischer Kultur das Blut trieft. Wie die Gemälde, Säulenhallen, Basiliken, Sonette und die erhabenen Gedankengebäude zusammenhängen mit den Epochen des Abschlachtens. Erst mit Stöcken und

Knüppeln, Speeren, Pfeilen, Säbeln, Dolchen, Pistolen und allen verfluchten Wunschbildern von steifen spritzenden Schwänzen. Heute mit Giftgas, Napalm, Bomben, Raketen.«

Der Rowohlt-Verlag gab zu jener Zeit eine Reihe »Mann« heraus, deren Editorial mit folgendem Paukenschlag begann: »Der Mann ist sozial und sexuell ein Idiot«. Die feministische Entwertung des Mannes ergänzt sich also durchaus heftig mit einer Selbstentwertung feministischer Männer. In Anlehnung an seinen amerikanischen Kollegen John Stoltenberg, der ein Buch geschrieben hat mit dem Titel, dass er »sich weigert, ein Mann zu sein« (»Refusing to be a Man«, 1989), forderte Volker Elis Pilgrim den »Untergang des Mannes«. Sich selbst hat Pilgrim nur vor dem eigenen Ende gerettet, indem er sich »den Frauen gewidmet« hat. Er hat von ihnen gelernt, »was ich gemeinhin als Mann in dieser Gesellschaft nicht habe, was für mich aber einen hohen Wert für die Ausbildung zum Menschen bedeutet« (Pilgrim, 1986, S. 126).

Das mag schon die zunehmende Verzahnung von feministischen Zuschreibungen und dem Zeitgeist andeuten. Sukzessive wird die entwertende Darstellung des Mannes habituell. Nicht zuletzt die Medien transportieren die Abwertung der Männlichkeit, 2007 werben die »Cosmos Direkt Versicherungen« im deutschen Fernsehen mit folgendem Spot für ihre Lebensversicherung: Vater und Mutter sitzen auf dem Sofa, auf dem Teppich spielt ein kleines Mädchen, das – wohlgemerkt immer in der Anwesenheit des Vaters – zu seiner Mutter sagt: »Du Mama, wenn Papa tot ist, kaufe ich mir erstmal einen Ponyhof.« Die Mutter entgegnet: »Moment. Wenn Papa weg ist, kaufe ich mir erstmal 'ne Finca auf Mallorca.« Im Mai 2009 kündigt die ARD in ihrer Sendereihe »Hart, aber fair« eine Zeitdiagnose des Mannes unter dem Titel an: »Ewig Kind, häufig Macho, schließlich Sugardaddy – sind denn Männer nie normal?«. Im gleichen Jahr inszeniert die ARD im Vorabendprogramm eine neue Serie »Eine für alle. Frauen sind einfach besser«, in der Männer als Versager und Intriganten präsentiert werden; noch herber sind die Zuschreibungen in den jeweiligen Vorschauen, wo Männer als Verkehrshindernisse oder Schweine erscheinen.

Nun sind das nur Beispiele aus einer Vielzahl von Episoden und Ereignissen, die im deutschsprachigen Raum bisher noch

nicht systematisch untersucht worden sind. Für die USA haben
Paul Nathanson und Katherine A. Young in einer ausführlichen
und subtilen Studie nachgewiesen, dass negative Bilder von
Männlichkeit, die der Feminismus verbreitet hat, zunächst von
der elitären, intellektuellen Kultur übernommen wurden und sich
inzwischen in der Populärkultur massiv verbreitet haben. Die
Autoren machen dabei unterschiedliche Techniken der Misandrie
aus. Dazu gehört die »Verlächerlichung« von Männern. »Heute
ist es für jedermann in Ordnung, sich über Männer lustig zu machen, jedenfalls über weiße, bürgerliche Männer, aber nicht über
Frauen oder Schwarze« (Nathanson u. Young, 2001, S. 48). Eine
zweite Technik ist, auf Männer verächtlich herabzuschauen, eine
dritte, sie überhaupt nicht mehr zur Kenntnis zu nehmen und so
zu tun, als bestünde die Welt nur aus Frauen und Mädchen. Eine
vierte Technik besteht darin, Männer für alles Schlechte verantwortlich zu machen. »Wenn die Menschen einmal den Gedanken
akzeptiert haben, dass Männer die historische Quelle des Bösen
sind, braucht es nicht viel Phantasie, einen Schritt weiterzugehen
und zu behaupten, dass Männer auch die metaphysische Quelle
des Bösen sind« (S. 136). Die fünfte Technik entmenschlicht Männer und stellt sie als Bestien und Untermenschen dar; die sechste
Technik dämonisiert das männliche Geschlecht und macht es zu
einem nur noch hassenswerten Objekt.

   Die medialen Bilder infiltrieren dabei mehr und mehr die soziale Wirklichkeit. Zwischen 2007 und 2010 verfügen mehrere internationale Fluggesellschaften, dass alleinreisende Männer nicht
mehr neben Kindern sitzen dürfen. 2008/2009 organisiert das
österreichische Frauenministerium eine große Plakatkampagne
gegen Männergewalt, auf der unter einem abgebildeten Vater die
Ehefrau und die Tochter mit Schutzhelmen posieren.

   Männlichkeit wird inzwischen ganz selbstverständlich als
eine Art Abweichung vom Normalen beschrieben. Analysen von
Medieninhalten oder auch Schulbüchern zeigen, dass die klas-
sischen Eigenschaften von Männlichkeit, die einst hoch gelobt
waren, heute kritisch und vor allem negativ umgedeutet werden.
So verwandelt sich männliche Autonomie in die Angst vor Nähe
(Beziehungsunfähigkeit), Aggressivität in Neigung zur Gewalt,
Leistungswille in Karrieresucht oder Disziplin in den Mangel an

Spontaneität. Eigentlich normales und durchaus gesundes Verhalten wird damit faktisch pathologisiert.

Damit aber nicht genug. Buben werden inzwischen »diskret« oder auch ganz offen umerzogen. Der Kindergartenjunge, der sein kleines Holzschwert in den Hort mitbringt, wird wegen seines »gefährlichen« Spielzeugs wieder nach Hause geschickt. Statt lustvollen Ringkämpfen müssen die Buben im Turnunterricht Feingymnastik einüben. Alles, was mit bubenhaftem Toben, Raufen und Kräftemessen zu tun hat, wird von weiblichem Erziehungspersonal misstrauisch beäugt, verboten oder sogar bestraft. Wenn die Mädchen am »Töchtertag« ausziehen, um sich »richtige« Männer in den traditionellen Männerberufen am Montageband, beim Hochofen oder in der Autowerkstatt zum weiblichen Vorbild zu nehmen, wird Buben beigebracht, Wäsche zu sortieren, zu backen oder Putzmittel zu unterscheiden. Damit es kein Missverständnis gibt: Dass Jungen solche Fertigkeiten erlernen, ist gut, hilft ihnen selbst bei der eigenen Bewältigung des Alltags und ist eine gute Voraussetzung für eine geschlechterdemokratische Arbeitsteilung in der späteren Partnerschaft. Doch die inzwischen systematische Einseitigkeit hat Folgen.

Wer nun eine solche Entwicklung beklagt, hat einfach verschlafen, wie seit vier Jahrzehnten geschlechterpolitisch die Weichen neu gestellt worden sind. Männliche Eigenschaften, wie sie vorgängig benannt sind, wurden gesellschaftlich abgewertet, als weiblich etikettierte Qualitäten wie Dialogbereitschaft, Flexibilität, Einfühlungsvermögen, Weichheit, Fürsorglichkeit oder Mitgefühl sukzessive aufgewertet. Dem liegen nicht zuletzt ökonomische Veränderungen zugrunde; die wachsende Bedeutung des Dienstleistungssektors verlangt nach »weiblichen« Eigenschaften, der zunehmende Abstieg der Schwerindustrie bedingt den Schwanengesang der traditionellen Männlichkeit (ausführlich: Hollstein, 2008).

Der junge Mann, dem seine Männlichkeit konsequent abtrainiert wird, entscheidet sich dann aufgrund seiner gehabten Erziehung nur konsequent für den »weichen« Zivildienst statt für den »harten« Alltag in der Armee. Auch Selbiges lässt sich aus einer gesellschaftlichen Perspektive von Frieden und Vermenschlichung ja durchaus positiv bewerten; nur darf nicht beklagen, wer dafür klammheimlich Voraussetzungen in der Geschlechter- und Erziehungspolitik geschaffen hat.

Armee und Zivildienst sind dabei nur ein Beispiel für die große gesellschaftliche Veränderung im Geschlechterverhältnis und in dem ihm zugrundeliegenden Wertesystem. Weitere Folgen, die bis anhin zu wenig oder gar nicht bedacht worden sind, bestehen in einem gesellschaftlich geförderten »Umbau« der traditionellen Männlichkeit zu Verunsicherung, Desorientierung und Ängstlichkeit. Verunsicherte Männer wagen sich zum Beispiel immer später in die Welt hinaus; die Hälfte der 25-jährigen wohnt noch zu Hause; bei den über 30-jährigen leben noch 14 % im »Hotel Mama«. Verunsicherte Männer sind auch zunehmend zögerlich, eine Partnerschaft einzugehen, und noch zögerlicher, sich auf eine feste Beziehung einzulassen. Der Kinderwunsch von jungen Frauen ist heute signifikant höher als der von jungen Männern; viele trauen es sich einfach nicht mehr zu für Familie und Kinder verantwortlich zu sein. Das ist nachgewiesenermaßen ein wichtiger Grund für die sinkende Geburtenrate. Auch immer mehr Arbeitgeber klagen über ihre männlichen Lehrlinge und Auszubildenden. Ihnen fehle es an Disziplin, Wille zur Kontinuität, Standfestigkeit und Frustrationstoleranz; sie seien zu weich und gäben zu schnell auf. Das bestätigt auch das Lehrpersonal. Der prototypische Problemschüler und der Schulversager sind heute eindeutig männlich. Das wiederum hat Folgen für das Sozialsystem (Arbeitslosengelder, Frühinvalidität, Ansteigen der Sozialhilfe u. a.). Ebenso wird das Fehlen männlicher Fachkräfte auf dem Arbeitsmarkt demnächst Folgen haben.

Verfolgt man aufmerksam die Entwicklung über die vergangenen vier Jahrzehnte, so wird man feststellen müssen, dass sich auch Definitionen und Inhalte zwischenmenschlicher Realitäten wie Ehe, Beziehung, Liebe, Treue, Sexualität, Verantwortung, Fürsorge, Erziehung und Sozialisation weiblich verändert haben. Galt einst als zureichender Liebesbeweis eines Mannes, dass er seine Familie ernährt und beschützt, müssen Männer heute, um überhaupt als beziehungsfähig anerkannt zu werden, wie Frauen Gefühle zeigen und diese auch verbal ausdrücken können; ihr Innerstes offenbaren, hellhörig sein für die Signale der Partnerin, kommunizieren, problematisieren und initiieren. Nun muss das gewiss kein Nachteil sein, aber beachtenswert ist doch die historische Einordnung, wie sie zum Beispiel Bernie Zilbergeld vornimmt: »Da diese Definition dem entspricht, was Frauen für sich wollen und tun, kann es nicht überraschen, dass Männer deshalb schlecht wegkommen im Vergleich. Ständig werden sie für das kritisiert, was sie nicht tun, doch was ihnen möglich ist und wie sie versuchen, Liebe zu zeigen, wird selten beachtet oder anerkannt« (Zilbergeld, 1994, S. 11 f.). Zilbergeld schiebt gleich noch die beredte Klage eines seiner Patienten nach: »Die Welt wird immer weiblicher. Frauen bestimmen die Regeln der Liebe, der Sexualität und alles andere. Ich weiß überhaupt nicht mehr, wie ich mich als Mann verhalten soll« (S. 7). Nun ist das kein vereinzeltes Statement. Die deutsche SINUS-Studie über 20-jährige Frauen und Männer, von Regierungsseite 2007 in Auftrag gegeben, konstatiert, dass junge Männer heute »geplagt [sind] von einer fundamentalen Unsicherheit« und sogar von der Angst, als Geschlecht bald »überflüssig zu werden«. »Die [jungen] Männer leiden in ihrer subjektiven Befindlichkeit und fühlen sich in der Defensive: Die Frauen schreiben das Drehbuch und geben den Figuren eine Rolle; der Mann ist Schauspieler mit der einzigen Aufgabe, die ihm zugeschriebene Rolle auszufüllen« (SINUS, 2007, S. 25).

Das Weibliche ist heute – zumindest ideologisch und normativ – mehr wert als das Männliche. Das Weibliche ist in vielen Bereichen inzwischen auch selbstverständlich geworden, ohne dass es als solches reflektiert würde. Das gilt zum Beispiel für alle Institutionen, die mit Erziehung und Sozialisation zu tun haben. Zur Erklärung dafür Verschwörungstheorien zu konstruieren, wie das Männerrechtler tun, ist allerdings unangebracht. Auch sind keine feministischen Aktionen bekannt, bei denen männliche Erzieher aus den Kindergärten und männliche Lehrer aus den Schulen gejagt worden wären. Wenn Männer diesen Institutionen keine Bedeutung zumessen und ein männlicher Bundeskanzler alles, was mit Erziehung und Familie zu tun hat, als »Gedöns« veralbert, wird sich kein Mann beklagen dürfen, dass Frauen zunehmend die Definitionsmacht in Bereichen übernehmen, die für die Nachhaltigkeit der gesellschaftlichen Entwicklung zentral sind.

Es wird dabei zu unterscheiden sein zwischen gewollter und geschlechtsnatürlich gewachsener Diskriminierung. Die gewollte

Diskriminierung kann so offen sein wie in der feministischen Formel, nach der es den Jungen deshalb schwerer gemacht werden muss, damit es die Mädchen einmal leichter haben, oder – in der noch extremeren Ausformung – dass eine Lehrerin grundsätzlich nur weibliche Pronomina verwendet; so berichtet Kathleen Parker in ihrem Buch »Save the Males« von der Grundschullehrerin ihres Sohnes, die auch die Buben konsequent mit »she« anspricht (Parker, 2008, S. 23). Die gewollte Diskriminierung kann aber, auf die wohl auch raffiniertere und damit gefährlichere Art, verdeckt sein, wenn zum Beispiel, wie im schweizerischen Schulsystem, sprachliche Leistungen grundsätzlich mit einem höheren Punktesystem bewertet werden als Leistungen in den naturwissenschaftlichen Fächern oder Jungen bei gleichen Noten in Deutschland signifikant weniger an Gymnasien versetzt werden wie Mädchen.

Unter geschlechtsnatürlich gewachsener Diskriminierung verstehe ich den belegten Vorgang, dass Erzieherinnen und Lehrerinnen auf eine mütterliche Kultur der Harmonie, Ruhe und Anpassung setzen, die – ebenfalls nachgewiesenermaßen – vielen Grundbedürfnissen der Jungen widerspricht. Die amerikanische Philosophin Christina Hoff Sommers, die sich selbst als kritische Feministin sieht, hat das sarkastisch kommentiert: »Wenn Tom Sawyer und Huckleberry Finn heute leben würden, würde man bei ihnen ein Aufmerksamkeitsdefizit-Syndrom diagnostizieren und sie mit Ritalin ruhig stellen« (Hoff Sommers, 2000, S. 94).

Weibliches Lehrpersonal ist von der eigenen weiblichen Sozialisation her kenntnismäßig auf Mädchen eingestellt; Lehrerinnen können sich aufgrund der bestehenden Rollengleichheit auch eher mit Mädchen identifizieren; sie verstehen Mädchen besser als Jungen, die für sie das andere und fremde Geschlecht verkörpern; das Benehmen und die Bedürfnisse von Mädchen sind ihnen vertraut; ihre Erwartungen richten sich bewusst oder unbewusst auf die Fähigkeiten und Sensibilitäten von Mädchen; sie bemühen sich im Regelfall auch nicht, wie etwa William Pollack bemerkt, »ausfindig zu machen, was in den Jungen tatsächlich vorgeht, sondern nehmen von vornherein etwas Negatives an«. Pollack spricht resümierend von einer »Abwehrhaltung gegen Jungen in der Schule« (Pollack, 1998, S. 31 f.). So kommt es denn, dass Jungen – wie an einer Berliner Hauptschule – im Sportunterricht Schleiertänze aufführen müssen oder dass ihnen – wie im Schweizer Halbkanton Baselland geschehen – die Spielfläche auf dem Pausenhof in eine Kommunikationsfläche umgewandelt wird, weil – nach Auffassung der Rektorin – Reden auch für Buben gesünder sei als Toben.

Zur generellen Entwertung von Männlichkeit im Zeitgeist gehört, dass Probleme von Jungen und Männern nicht wahrgenommen werden. Das gilt beispielsweise für den makabren Tatbestand, dass sich in der Pubertät acht- bis zehnmal mehr Jungen umbringen als Mädchen. Obwohl das männliche Geschlecht »gesundheitspolitisch« das schwächere Geschlecht ist, verweigert die deutsche Bundesregierung den Männern seit Jahren einen Gesundheitsbericht, den es für Frauen seit langem gibt.

Die Machtdebatte in der Gesellschaft bestimmt die öffentliche Diskussion dermaßen, dass darüber andere Tatbestände in Vergessenheit geraten. Dass Männer in vielen Rechtsbereichen wie dem Scheidungs-, Sorge- und Unterhaltsrecht diskriminiert werden, wird ebenso wenig in den breiten öffentlichen Diskurs aufgenommen wie geschlechtsspezifische Einseitigkeiten beim Militärdienst, bei der Altersversorgung oder dem Arbeitsschutz – um nur wieder wenige Bereiche beispielhaft zu benennen.

So sehr Männer noch immer an der oberen Spitze der sozialen Pyramide überrepräsentiert sind, so sehr sind sie es auch am unteren Ende. Das Gros der Arbeitslosen, Hilfsarbeiter, Wanderarbeiter, Obdachlosen oder chronisch Kranken ist männlich, ohne dass jemand dies zum Anlass nähme, auch darin eine gesellschaftliche Ungerechtigkeit zu sehen. Des Weiteren üben Männer nicht nur die dreckigsten Berufe aus (Kehrrichtabfuhr, Entsorgung, Tiefbau, Gummiverarbeiter, Straßenreinigung, Abwässerreinigung u. a.), sondern auch die gefährlichsten (z. B. Hochbau, Gefahrengüter-Entsorgung, Dachdecker, Gleisbauer, Sicherheitswesen, Feuerwehr, Katastrophenschutz, Bergwerk). Das Verhältnis von männlichen zu weiblichen Opfern bei den Einsätzen von Polizei, Feuerwehr, Notärzten, Sanität, Katastrophendiensten oder technischem Hilfswerk beträgt 99:1. Bei den Rettungsaktionen in Tschernobyl und am 11. September in New York sind ausschließlich männliche Helfer gestorben.

Jungen und Männer bleiben im deutschsprachigen Raum eine Terra incognita, und dieser permanente Zustand scheint als per-

manenter auch gewollt. Als illustrierendes Beispiel dafür kann
angefügt werden, dass das Statistische Bundesamt zwar mädchen-
spezifische Bildungsdaten erhebt, aber keine für Jungen, oder dass
es im akademischen Bereich mehr als 200 Lehrstühle für Frauenforschung gibt, aber keinen einzigen für die Männerforschung.

Dass Männer in der offiziellen Geschlechter- und Gleichstellungspolitik lediglich als Objekt der Kritik ins Visier geraten sind,
ist nicht nur »erkenntnistheoretisch« problematisch. Grundsätzlich läuft es der demokratischen Verfasstheit eines Staatswesens
zuwider, wenn ein ganzes Geschlecht aus den politischen Bemühungen ausgespart bleibt, ja vielfach als eigenständiges Geschlecht
überhaupt nicht wahrgenommen wird. Das gilt selbstredend auch
für eine Geschlechterpolitik, die Jungen und Männer an weiblich gesetzten Erwartungen misst. Im vergangenen Jahr hat das
Bundesfamilienministerium »neue Perspektiven für Jungen und
Männer« formuliert. Darin heißt es auf der Plattform des Minis-
teriums im Internet 2010: »Gleichstellungspolitik ohne die aktive
Einbindung der Männer ist heute nicht mehr zeitgemäß. Sie muss
mit den Männern gemacht werden.« Die – wie es anschließend
noch einmal heißt – »Berücksichtigung der Anliegen von Männern« schaut dann konkret so aus, dass »das Berufswahlspektrum
für Jungen und Männer auf bisweilen frauentypische Berufe im
Dienstleistungs- und Pflegebereich« erweitert werden soll und
dass auch die jungen Männer im Zivildienst stärker in Pflegebe-
rufe eingesetzt werden. Das ist – wenn auch auf einer anderen
Ebene – die gleiche Haltung, die den Buben den Fußball weg-
nimmt und sie zum Kommunizieren zwingt.

Was den Zustand verschärft, ist, dass Männer keine Advokaten
für ihre Sache haben. Als Antwort auf die Frauenforschung hat
sich die Männerforschung konstituiert. In ihren Anfangszeiten
hat sie sich quasi vollumfänglich an den Erkenntnissen der Frauenforschung orientiert und sich überdies explizit als feministisch
oder zumindest profeministisch verstanden. Die Lebenszusam-
menhänge von Männern wurden im Selbstverständnis und in den
Kategorien feministischer Wissenschaft interpretiert. Dementsprechend argumentierte diese Männerforschung nicht nur häufig
an den pragmatischen Bedürfnissen der realen Männer vorbei,
sondern nahm auch deren vielfache Bedürftigkeiten nicht wahr.

Ein Beispiel dafür ist der repräsentative Sammelband von Michael S. Kimmel und Michael A. Messner, der männliches Leben im Wesentlichen reduziert auf Machterwerb, Gewalt, Krieg, die Unterdrückung von Mädchen und Frauen, sexistische Witze, sexuellen Missbrauch, Vergewaltigung, Pornographie und Konkurrenz (Kimmel u. Messner, 1995). Die Analyse orientiert sich nicht an den männlichen Wirklichkeiten und Bedürfnissen, sondern an feministischen Kategorien. Robert (heute: Raewyn) Connell verweist darauf, dass die profeministischen Männer eine große Bandbreite von feministischen Aktivitäten unterstützt haben, und nennt als Beispiele die Erforschung des Geschlechterthemas, Kinderbetreuung bei Frauenkonferenzen, Maßnahmen zur Gewaltprävention und – allen Ernstes – die Feminisierung der Schulbücher (Connell, 1999, S. 262). Noch weiter geht Jeff Hearn, der in seinen »Fünf Prinzipien für eine kritische Männerforschung« ausdrücklich eine feministische Sichtweise verlangt; auch eine männliche Praxis der Veränderung habe zumindest profeministisch zu sein (Hearn u. Morgan, 1990).

Die Kritik wird aber noch grundsätzlicher ansetzen müssen: Das A-priori-Engagement dieser Männerforschung für den Feminismus bewirkt, dass die Prämissen, Ergebnisse, Dogmen und Forderungen der Frauenbewegung vorbehaltlos übernommen werden. Die gänzlich unwissenschaftliche Konsequenz davon ist, dass die Lebensbedingungen und die Bedürfnisse von Jungen und Männern gar nicht erst zur Kenntnis genommen, geschweige denn empirisch überprüft werden. Geradezu erschreckend ist dabei die völlige Empathielosigkeit gegenüber dem eigenen Geschlecht. Eine normale Selbstliebe, die als eben normale ja weder narzisstisch-pathologisch noch unkritisch zu sein hat, ersetzen die Profeministen durch Selbsthass und diffuse Schuldgefühle gegenüber den Frauen; alles Negative wird auf Männer projiziert, alles Positive auf Frauen. Es fehlt die grundlegende Selbstakzeptanz, sich erst einmal als Mann anzunehmen und darüber auch den nötigen Respekt für das eigene Geschlecht aufzubringen.

In ihrem Buch »Den Mann zur Sprache bringen« merken die beiden deutschen Psychotherapeuten Wolfgang Neumann und Björn Süfke in ihrem Vorwort an, dass sie »Männer ganz einfach mögen«, und ergänzen, dass sie – bei allen Schwierigkeiten – die

»Begegnungen mit männlichen Klienten überaus befriedigend
und bereichernd« (Neumann u. Süfke, 2004, S. 15) fanden; Männer und Jungen bräuchten Advokaten. Albert Camus hat bei der
Entgegennahme des Nobelpreises als vornehme Aufgabe des Intellektuellen definiert, dass er seine Stimme für jene erhebt, die
ihre Stimme nicht selbst erheben können. Insofern sind wir hier
durchaus gefordert.

   Es bräuchte zum zweiten einen Empathieschub für Jungen und
Männer, der es überhaupt ermöglicht, sie endlich so wahrzunehmen, wie sie wirklich sind. In einer Schweizer Tageszeitung habe
ich die Todesanzeige für einen 43-jährigen Mann gelesen, der sich
selbst getötet hatte. Darin hieß es: »Nie hast du dich beklagt, nie
gejammert, warst immer ausgeglichen und zufrieden, bist deinen
Weg gegangen. Und als du einmal Hilfe brauchtest, wolltest du
niemanden damit belasten.«

   Wirklich kritische Männerliteratur hat immer wieder darauf
aufmerksam gemacht, dass Männer notwendigerweise in einer
Zwickmühle stecken. Erfüllen sie die vorgeschriebenen Rollenerwartungen von Erfolg, Härte und Konkurrenz, kommen ihre
menschlichen Grundbedürfnisse von Selbstverwirklichung, Wohlergehen und Zufriedenheit zu kurz. Geben Männer aber diesen
Bedürfnissen nach, erscheinen sie in der gesellschaftlichen Fremd-
wahrnehmung als unmännlich. Herb Goldberg hat in diesem
Kontext exemplarisch darauf hingewiesen, dass es für Männer eine
tragische Tatsache ist, Einstellungen und Verhaltensmuster, die einem Menschen schaden und ihn möglicherweise sogar zerstören,
aufgrund des gesellschaftlichen Außendrucks für ausgesprochen
männlich halten zu müssen, während umgekehrt das, was für persönliche Verwirklichung und Menschsein wichtig ist, als weiblich
diskriminiert wird und also männlich abzuwehren ist (Goldberg,
1986, S. 12 ff.).

   Die Lösung haben jene Männer beschrieben, die 1970 im ka-
lifornischen Berkeley das erste Zentrum für Männer gegründet
haben: »Wir als Männer möchten unsere volle Menschlichkeit
wiederhaben; wir möchten uns selbst gern haben, wir möchten
uns gut fühlen und unsere Sinnlichkeit, unsere Gefühle, unseren
Intellekt und unseren Alltag zufrieden erleben« (Sawyer, 1974,
S. 23).

Sicher braucht es dafür andere gesellschaftliche Strukturen und eine neue, gerechte Geschlechterpolitik, aber es braucht eben auch unseren Willen, der Entwertung von Männlichkeit aktiv mit wertvollem Mannsein entgegenzutreten. Unsere Rolle können wir am besten selbst verändern – weil wir uns selbst am besten kennen und unsere Entwicklung auch am liebsten selbst definieren.

Literatur

Anders, G. (1956). Die Antiquiertheit des Menschen. München: Beck.

Bodamer, J. (1956). Der Mann von heute. Stuttgart: Deutsche Verlagsanstalt.

Connell, R. W. (1999). Der gemachte Mann. Konstruktion und Krise von Männlichkeiten. Opladen: Westdeutscher Verlag.

Dworkin, A. (1997). Pornographie. Männer beherrschen Frauen. Frankfurt a. M.: Suhrkamp.

Foucault, M. (1976). Überwachen und Strafen. Frankfurt a. M.: Suhrkamp.

French, M. (1990). Frauen. Reinbek: Rowohlt.

Goldberg, H. (1986). Der verunsicherte Mann. Reinbek: Rowohlt.

Hearn, J., Morgan, D. (1990). Men, masculinities and social theory. London: Unwin Hyman.

Hoff Sommers, Ch. (2000). The War Against Boys. New York: Simon & Schuster.

Hofmann, C. (1979). Über das Unglück, kein Feminist zu sein. Berlin: Ästhetik & Kommunikation 37.

Hollstein, W. (2008). Was vom Manne übrig blieb. Berlin: Aufbau.

Kimmel, M. S., Messner, M. (1995). Men's Lives. Boston: Allyn and Bacon.

Lederer, W., Botwin, A. (1982). Where have all the heroes gone? In: K. Solomon, N. B. Levy. Men in Transition. New York u. London: Plenum Press.

Marx, K. (1972). Das Kapital, Bd. 1. Berlin: Dietz.

Mitscherlich, A. (1963). Auf dem Weg zur vaterlosen Gesellschaft. München: Piper.

Nathanson, P., Young, K. (2001). Spreading misandry. Montreal / London: McGill-Queen's University Press.

Neumann, W., Süfke, B. (2004). Den Mann zur Sprache bringen. Tübingen: dgvt.

Parker, K. (2008): Save the males. New York: Random House.

Pilgrim, V. (1978). Manifest für den freien Mann. München: Trikont.

Pilgrim, V. (1986). Der Untergang des Mannes. Reinbek: Rowohlt.

Pollack, W. F. (1998). Richtige Jungen. Bern: Scherz.

Portmann, A. (1956). Zoologie und das neue Bild vom Menschen. Reinbek: Rowohlt.

Pusch, L. F. (1992). Über das frauenzentrierte Denken. In: B. Brück, H. Kahlert, M. Krüll, H. Milz, A. Osterland, I. Wegehaupt-Schneider, Feministische Soziologie. Frankfurt a. M.: Campus.

Rotundo, A. E. (1990). American manhood. Chicago: Basic Books.

Sawyer, J. (1974). On male liberation. In: J. Pieck, J. Sawyer (Eds.), Man and masculinity. Englewood Cliffs, NJ: Prentice Hall

Simmel, G. (1985). Weibliche Kultur. In: G. Simmel, Schriften zur Philosophie und Soziologie der Geschlechter. Frankfurt a. M.: Suhrkamp.

SINUS-Milieustudie (2007). 20-jährige Frauen und Männer heute. Lebensentwürfe, Rollenbilder, Einstellungen zur Gleichstellung. Heidelberg: BMfFSFJ.

Solanas, V. (1997). Manifest zur Vernichtung der Männer. Augsburg: Maro.

Theweleit, K. (1987). Männerphantasien. Reinbek: Rowohlt.

Zilbergeld, B. (1994). Die neue Sexualität der Männer. Tübingen: dgvt.

Gerhard Amendt

Der verlassene Mann oder: Ich habe mich nicht von meinen Kindern scheiden lassen

Wer seine Ehe scheiden lassen möchte, dem steht heutzutage nichts im Wege. Im ausgehenden 20. Jahrhundert hat das Familienrecht in den meisten westlichen Gesellschaften die Auflösung der Ehe in eine strikt private Angelegenheit verwandelt. Der Vollzug der Scheidung ist vom Gesetz zwar an Bedingungen geknüpft, aber frei von einem Schuldspruch, der einen der Ehepartner durch Richterspruch zum Schuldigen des Scheiterns der Ehe erklärt. An die Stelle des Schuldprinzips ist in der Phase der Individualisierung von Lebensentscheidungen das Zerrüttungsprinzip getreten. Es steht für den Anspruch selbstreflexiver Verantwortung.

Wer nicht verheiratet ist, muss sich nicht einmal den verbliebenen Rechtsritualen unterwerfen. Die staatliche Aufsicht wird für die Gruppe der Unverheirateten erst spürbar, wenn mit der Trennung die Frage nach dem Lebensmittelpunkt und den Besuchsrechten der Kinder einer einvernehmlichen Regelung bedarf, aber auch nur in den Fällen, die aufgrund emotionaler Konflikte eine Vereinbarung ohne Staatsintervention nicht herbeiführen können. Nach geltendem Recht werden unverheiratete Mütter jedoch privilegiert, weil der Gesetzgeber ihnen aufgrund einer bedeutsameren quasi-naturhaften Mütterlichkeit Alleinverfügung über die Kinder zuweist. Während er beim Vater von weniger tragfähiger Bindungsfähigkeit ausgeht. Dieser Widerspruch im Familienrecht ist ideologisch begründet. Denn weder gibt es empirische noch theoretische Grundlagen, die die Hervorhebung einer besonderen mütterlichen Bindung an die Kinder unter Unverheirateten unterstützen würde. Als Folge der widersprüchlichen Gesetzgebung können schwerwiegende Konflikte zwischen getrennten unverheirateten Partnern entstehen, die bei Verheirateten ausbleiben. Sie

bedeuten Leid für die Kinder, denen durch die mütterlichkeits-
ideologische Komponente im Familienrecht der Vater in schweren
Streitfällen oft verloren geht. Für verheiratete Eltern gilt, dass sie
für das Wohlergehen ihrer Kinder gleiche Bedeutung, Eignung
und Verantwortung qua Gesetz von 1998 haben.

Obwohl die richterliche Schuldzuweisung im Scheidungsrecht
abgeschafft wurde, kommt es in etwa 70 % zu Konflikten zwischen
Geschiedenen, weil sie starr an der Suche nach einem Schuldigen
festhalten. Die Einführung des Zerrüttungsprinzips kann kontextbezogene Konflikte offensichtlich nicht vermeiden. Sie scheinen
sich oft vom Richterspruch auf die Ebene der Partnerschaftsdyna-
mik und des Klatsches zu verschieben. Besonders auffällig ist das
bei Scheidungen von Medienstars, denen sich folgenlos zusehen
lässt.

Dazu gesellt sich, dass die Auflösung von Beziehungen in den
letzten zwei Jahrzehnten zeitgeistwidrig nicht als individualisierte
Lebensgestaltung, sondern vielmehr als Indiz höchst asymmetri-
scher Machtverhältnisse zwischen Männern und Frauen interpretiert wird. Vor dem Hintergrund der Patriarchatshypothese treten
die individuellen Scheidungsbesonderheiten in den Hintergrund.
An deren Stelle werden kollektive Erklärungen im Kontext von
»männlicher Hegemonie« in den Vordergrund gerückt (Connell,
1977). Damit wird der private Charakter einer Lebensentschei-
dung in den Status eines machtpolitischen Missverhältnisses zwischen Männern und Frauen erhoben.

Diese Deutungstendenz hat zu zweierlei Entwicklungen geführt. Zum einen wird in politischen wie wissenschaftlichen
Diskursen Scheidung immer weniger als emotionaler Konflikt
zwischen Partnern erörtert, sondern zum anderen als männliche
Herrschaftsausübung gemünzt (Dutton u. Nicholls, 2005), was
wiederum als kollektive Schuld von Männern oder als Bereiche-
rung (Weitzman, 1985) beschrieben wird. Unbesehen von sozia-
lem Status oder Klassenlage der einzelnen Männer und ihrer Partnerschaft wird ihnen kollektiv ein besonderer Vorteil im Sinne einer »patriarchalischen Machtrendite« zugeschrieben. Ihnen wird
kollektiv Schuld angelastet, die ihnen aus der Bestimmung zufällt,
ein Mann und Frauen gegenüber »allmächtig« zu sein. Die Essenz
dieser Sicht ist die Aufteilung der Welt, in welcher Frauen als Op-

fer und Männer als Täter im System des »Patriarchats« fungieren. An die Stelle einer konfliktlösenden Perspektive zum Scheitern von Ehen und Partnerschaften tritt eine essentialistische Polarisierung von »schuldig« oder »unschuldig« in der Dichotomisierung nach dem biologischen Geschlecht.

So ist das Schuldprinzip im Familienrecht zwar abgeschafft, aber paradoxerweise hat es hinterrücks wieder Eingang in die politische wie wissenschaftliche Debatte auf dem Wege der *advocacy research* des Feminismus gefunden. Das ermutigt Frauen dazu, die Flucht vor der eigenen Verantwortung für die Scheidung anzutreten und diese als politisch bedingtes Scheitern wahrzunehmen. Vor der Einführung des Zerrüttungsprinzips wiesen Richter Schuld nach Abwägung aller Beweise zu. Der Genderfeminismus hingegen bietet interessierten Frauen ein Argument struktureller Schuldlosigkeit an, dessen Beweiskraft fallunabhängig sei. Dazu müssen Frauen sich lediglich als »Opfer des Patriarchats« deklarieren.

Als paradigmatisch für die Tendenz der sich »parteilich« verstehenden Frauenforschung, die Verantwortung auf Männer verschiebt, kann die Studie von Leonore Weitzman von 1985 gelten. Sie hat im Rahmen von *advocacy research* über scheidungsbedingte Deklassierung und Armutsrisiken geforscht. Als Ergebnis präsentierte sie, dass 73 % der Frauen durch Scheidung sozial absteigen, während 43 % der Männer sozial aufsteigen. Dieses »skandalöse Ergebnis« hat im Diskurs über Scheidungen über mehr als 15 Jahre eine große Rolle gespielt. »This statistic has become one of the philosophical bases for deciding child custody and property division in divorce cases. It has also altered public perceptions of men, women, and divorce. It was cited hundreds of times in news stories, scholarly studies, and law review articles last year, and was regarded so clearly as holy writ that President Clinton cited it too in his budget proposal this year as part of his attack on deadbeat dads« (Rapp, o. J.; Braver u. O'Connell, 1998, S. 54 ff.).

Weitzman hat der Wunschvorstellung von geschiedenen Frauen als Opfern von Männern eine »wissenschaftliche Fundierung« verliehen und in sozialstaatlichen Gesellschaften Sonderprogramme für »alleinstehende Mütter« ausgelöst. Ihr Befund galt als Indiz einer Gerechtigkeitslücke, die politisches Handeln

erforderte. Daraus wurde die Notwenigkeit frauenspezifischer Be-
ratungseinrichtungen wie »Verband alleinerziehender Mütter und
Väter«, von Scheidungsbroschüren und Forschung etc. begründet.
Zugleich verstärkte die vermeintliche Gerechtigkeitslücke die
Vorurteile gegenüber Männern, da sie nach der Scheidung Verantwortung für »Frau und Kind« ablehnen und stattdessen sich
jungen Frauen zuwenden würden. Erst unter dem Druck der National Science Foundation der USA, die Weizmans Forschung an
der Harvard University finanziert hatte, gab sie ihre statistischen
Daten für Kontrolluntersuchungen frei. Ihre Kernaussage über die
massenhafte Verarmung geschiedener Frauen stellte sich aufgrund
gravierender methodische Mängel als nicht haltbar dar (Stroup u.
Pollock, 1994; Rapp o. J.). Eine gleichermaßen politisch irrefüh-
rende, weil wissenschaftlich unhaltbare Aussage von *advocacy research* existiert zur Häufigkeitsverteilung von Gewalthandlungen
zwischen Männern und Frauen (Dutton u. Nicholls, 2005; Dutton,
2006; Straus, 1989).

Die Ideologie von den geschiedenen Frauen als Opfern war eingebettet in die allgemeine Misandrie, die Nathanson und Young
(2001; 2006) untersucht haben, die sich in den letzen zweieinhalb
Jahrzehnten durchgesetzt hat (Amendt, 2004a, S. 19–25). Das löste
sozialpolitische Konsequenzen aus: Auf legislativer Ebene wurde
materielle Not von geschiedenen Frauen und Kindern gemildert.
Das geschah in den Fällen, in denen der Exmann durch die Scheidung selbst an den Rand der Armut gerückt wurde (McManus
u. Diprete, 2001; Andreß, Borgloh, Güllner u. Wilking, 2003)
oder er Unterhaltszahlungen verweigerte, was vereinzelt, aber
nicht regelhaft geschah (Blankenhorn, 1995). Die Zahlungsverweigerung war allerdings in ein komplexes psychodynamisches
Agieren eingebunden, in dem die Streitenden sich gegenseitig
Verletzungen zufügten. Die Zahlungsverweigerung des Exmannes und die Besuchsverweigerung der Exfrau sind – wie die
»Bremer Scheidungsväterstudie«[1] (Amendt, 2004b; 2006; 2008b;

---

1   Die Studie wurde vom Stifterverband für die Deutsche Wissenschaft über
    vier Jahre aus Mitteln eines politisch interessierten Mäzens finanziert. Des-
    sen Absicht war, die Lebenswelt von Scheidungsvätern durch die Wissen-
    schaft erforschen zu lassen, um die Öffentlichkeit über deren beschwie-
    gene Erfahrungen aufzuklären. An der Studie beteiligten sich in zwei

Wallerstein, Lewis u. Blakeslee, 2000; Braver u. O'Connell, 1998) ausführlich zeigen – sich gegenseitig ergänzende Waffen in den meisten Kränkungsfällen. Mit der Patriarchatsideologie sind sie so wenig zu erklären wie die Motive im Kontext der partnerschaftlichen Gewaltepisoden (Dutton, 2006, S. 95 ff.)

Auf sozialpsychologischer Ebene hat die Ideologie von den Frauen als Opfern unerwünschte Effekte. Sie hat für Frauen den Zwang zur Einigung mit dem Noch-Ehemann im Hinblick auf Unterhaltszahlungen und Besuchsregelungen erheblich herabgesetzt. Sie hat vielmehr naturhaftes Besitzstandsdenken jener Mütter gestärkt, wonach Kinder zur Mutter gehören. Da die Gefahr von Verarmung oder Lebensstandardminderung die Kompromissbereitschaft von streitenden Parteien erhöht, wurde Expartnerinnen eine naturhaft biologische Erklärung ihrer Besitzstandswahrung angeboten. Die Konsensbildung mit dem Ehemann in Fragen von Unterhalt und Besuchsregelung wurde dadurch merklich herabgesetzt (Ellman, 1997). (Die Wiedereinführung des Schuldprinzips ist allerdings keine Lösung für dieses Problem.)

Gesellschaftspolitisch gefährdet das den Kinderwunsch bei jüngeren Männern und ermutigt junge Frauen in intergenerationaler Identifikation, Gleiches im reproduktionsfähigen Alter zu tun. Sie werden zur Alleinverfügung über Kinder und Verleugnung des Vaters sozialisiert. Andererseits können weder ideologische Annahmen noch staatliche Hilfsmaßnahmen die materiellen Risiken des Alleinerziehens noch die psychischen Risiken der Frauen wie erhöhte Depressivität, Einsamkeit etc. mindern. Ganz abgesehen von den Risiken des Alleinerziehens für Kinder bedarf es darüber qualitativer Studien, ob die Bereitschaft, sich der Opferideologie anzugleichen, nicht bereits von der Ahnung aufkommender Konflikte getragen war; und ob es sich dabei um einen Versuch handelte, die Abwehr von Depressivität und Isolationsängsten zu organisieren und gewissermaßen den Staat oder seine Einrichtun-

---

Befragungswellen 3600 geschiedene Männer mit Kindern. Die Befragung wurde sowohl über das Internet wie den Versand von Fragebögen wie Tiefeninterviews am Institut für Geschlechter und Generationenforschung an der Universität Bremen durchgeführt. Das Sample beruht auf einer Zufallsstichprobe.

gen als vermeintlich besseren Versorger anstelle des verlorenen Ehemanns zu gewinnen.

So sinnvoll staatliche Unterstützungen (Unterhaltsvorschusskassen, Privilegierung bei der Krippen- und Kindergartenplatzzuweisung) im Einzelfall sind, so verstärken sie die Tendenz, Frauen in die soziale Isolation zu führen und auf eine phantasierte Gestalt des guten »Vater-Staat« zu fixieren, der allerdings eher Züge einer Mutter trägt, die ihrem kleinen Kind voraussetzungslos Wünsche erfüllt. Zusätzlich fördern sie die Illusion arbeitsfrei verfügbarer Lebenschancen und nähren die Fiktion, dass bereits Wünsche die Wirklichkeit in der begehrten Weise verändern könnten und eigenes Zutun unwichtig sei. Die Entstehung von Armut und Sozialhilfementalität zeichnen sich hier ab. Die Nachteile für Kinder, die in solchen Verhältnissen aufwachsen, liegen auf der Hand. Darüber hinaus lässt sich darin eine problematische Vergesellschaftung individueller Scheidungsrisiken, eben zu Lasten der Allgemeinheit, erblicken.

Der zweite Aspekt der opferideologischen Interpretation von alleinerziehenden Müttern ist die Vernachlässigung männlicher Perspektiven im Scheidungsprozess. Der Trend wirkte auf die Geisteswissenschaften so unmittelbar ein, dass über »Täter« nicht geforscht wurde, weil alles Bedeutsame über sie bekannt sei, dass sie nämlich Nutznießer von Scheidungen seien. Das wiederum begünstigte jene Scheidungsforschung, die den Opferstatus paraphrasierte, um weitere staatliche Unterschützungen zu begründen oder psychologisch relevante Fragen einer Miniaturisierung zu unterwerfen, die deren Irrelevanz auf der politischen Diskursebene sicherte. Sie vermied dadurch die Auseinandersetzung mit der akademisch einflussreichen Opferideologie. So zeigt sich anhand der opferideologisch beherrschten Scheidungsforschung, dass diese dem Subjekt abgewandt ist, da sie sich an psychodynamischen Aspekten desinteressiert zeigt und die innerpsychische Erfahrungswelt von Beziehungspartnern vernachlässigt. Deshalb wurden lebenswichtige Erfahrungen von Frauen während der Scheidung nicht erforscht, sondern nur solche, welche die Opfermentalität fördern konnten.

Kritik an der partiellen Unterwerfung der Sozialwissenschaften unter die Ideologie der Political Correctness übten hingegen früh Straus und Gelles (2007; Straus, 2010, S. 22 f.).

Ausweglosigkeit der Konflikte und Idealisierung des Alleinerziehens

Ein Kernelement der Patriarchatshypothese stellt Beziehungen von Frauen und Männern in Frage, weil Männer unmittelbare Herrschaft, eben Gewalt, über Frauen ausübten. Aus dieser Sicht wird die Welt als gespaltener Geschlechterkosmos vorgestellt. Veränderungen auf intersubjektiver Ebene seien nicht nur unmöglich, sondern letztlich nicht einmal wünschenswert. Für möglich wird die Reedukation von Männern und Frauen gehalten. Männer müssen den Täterstatus als Schicksal anerkennen und Frauen den von Opfern dieser Männer (Dutton, 2007; Amendt, 2004a; 2009a, 2009b).

Als Lösungsversuch wird die Ausweitung staatlicher Eingriffe in die private Lebenswelt gefordert, um Täter zu kontrollieren und deren Opfer zu fördern. Damit zeichnet sich die parteipolitisch betriebene Verbrämung des Alleinerziehens als einem gesellschaftspolitischen Projekt ab. Es schließt ein, dass Selbstverleugnung und Opferbereitschaft von alleinerziehenden Frauen gern gesehen werden; wobei die Spirale der Opferbereitschaft medial in steter Aufwärtsbewegung gehalten wird. Der Grund ist naheliegend. Die Gesellschaft sieht es nur allzu gerne, wenn Frauen – anstelle abstrakter Institutionen – einen Weg personifizieren, der Kinder aus belastenden Scheidungssituationen herauszuführen verspricht. Deshalb stellt sich niemand dieser Spirale in den Weg, die Mütter in einer Mischung aus Bewunderung, Mitleid und Zwang in den Strudel der Selbstaufopferung treibt. Die alleinerziehende Mutter wird mit Mitleid umgarnt, damit Kritik an der Familienpolitik unterbleibt. Auf diesem psychischen Mechanismus der kollektiven Verleugnung von Schuld und Verantwortung beruht die durchschlagende Kraft der empirisch untauglichen Behauptungen über die männlichen Scheidungsgewinnler und weiblichen Scheidungsverlierer.

Das Mitleid mit Alleinerziehenden hat verdeckte Seiten. Die eine ist der Sadismus, der gegen die alleinerziehende Mutter gerichtet wird. Er besteht darin, dass so getan wird, als könne durch mütterliche Hingabe das Leiden der Kinder an den Folgen des Elterlichkeitsverlustes geheilt werden und als wäre die Gesellschaft das Problem der Scheidungsfolgen los. Das Sadistische besteht im Wissen um die Unerfüllbarkeit des Wunsches, nach dem Frauen es schon richten werden. Die Elternlosigkeit der Kinder lässt sich nämlich gerade nicht wie von mütterlicher Wunderhand heilen. Denn Vater und Mutter treten den Kindern nach der Scheidung als getrennte Monaden gegenüber (Amendt, 2006, S. 279 ff.). Allein die Sensibilisierung der Gesellschaft für die Leiden der Kinder nach dem Verlust der gemeinsamen Elternschaft könnte ihnen langfristig bei der Bewältigung der Trennung als einer elterlichen Aggression gegen die eigenen Kinder weiterhelfen. Gesellschaftspolitisch ist das Mitleid mit alleinerziehenden Müttern der einfachste Weg, das Leid der Kinder der Wahrnehmung zu entziehen. Mütter ihrerseits lassen sich durch Idealisierung überfordern. So trägt die Gleichzeitigkeit von Mitleid und Überforderung dazu bei, dass die Verantwortung für Kinder nicht öffentlich werden kann. Das kann als Indiz für Kinderfeindlichkeit gelten.

Konfliktbearbeitung: Besuchsrecht und Unterhalt

In einem beraterischen Arrangement, das die Rechte der Väter und Kinder nach der Scheidung angemessen berücksichtigt, liegt ein erhebliches Potential, langfristige Konflikte zu vermeiden. Das setzt allerdings voraus, dass mit dem Entscheid für die Scheidung durch einen der Partner, die in 60 % (Wallerstein u. Blakeslee, 1989, S. 39) von den Frauen ausgehen, es zu verbindlichen Vereinbarungen über den Lebensmittelpunkt der Kinder, die Besuchsrechte des anderen Elternteils wie der Unterhaltszahlungen kommt. Unsere Forschung hat gezeigt, dass der Verlauf des ersten Jahres nach der Scheidung darüber wesentlich entscheidet, ob die destruktive Psychodynamik der Zahlungs- und Besuchsverweigerung in Beziehungsabbrüchen für die Kinder kulminiert. Ob es zur chronifizierten Kampfdynamik kommt, in der Männer das Geld und Frauen die Kinder als Waffe verwenden, entscheidet sich wesentlich durch den Verlauf des ersten Jahres nach dem Ende der Beziehung. Die Grundlagen des Vaterverlustes werden in vielen Fällen in diesem Jahr gelegt. Das wäre zu vermeiden, wenn die gegenseitige Abwertungs- und Kränkungsspirale durch professionelle Hilfe im Rahmen einer obligatorischen Beratung unterbunden werden könnte. Es ließen sich nicht nur die Konflikte zwischen den geschiedenen oder getrennten Eltern mildern. Darüber hinaus könnte sich eine Kultur der human gestalteten Trennung ohne elterliche Feindseligkeiten entwickeln. Ebenso ließe sich unter jungen Männern die auf abschreckenden Erfahrungen beruhende Abneigung gegen die Ehe herabsetzen.

Obwohl für die Bremer Scheidungsstudie nur Männer befragt wurden, ging die Befragung davon aus, dass Glück wie Unglück eines Paares aus dessen gemeinsamer Beziehung hervorgehen. Glück und Unglück sind von beiden abhängig, denn sie gründen in der Wechselseitigkeit der Gefühle und Handlungen beider Beziehungspartner. Wer den Zerfall von Beziehungen verstehen und professionelle Hilfen anbieten will, muss diese Wechselseitigkeit anerkennen. Sie ist die Grundlage von Verstehen und somit der Konfliktlösung. Wird sie verleugnet, so treten projektive Annahmen und letztlich Ideologien über Schuldige an deren Stelle.

Weil Männer sich diesen Projektionen zu entziehen versuchen, arbeiten sie an sensibler Forschung nur mit, wenn sie die Gewissheit haben, dass die Befragung an ihrer Lebenswelt interessiert ist und nicht Feindbildprojektionen der Forschenden bestätigen möchte. Angesichts der weit verbreiterten Etikettierung von Männern als »Schuldige«, »Täter« oder »Bösewichte« sind derlei Erwartungen realitätsgerecht. Die außergewöhnliche Beteiligung von 3600 Scheidungsvätern an der Bremer Studie in zwei Befragungswellen bestätigt dem Forscherteam Sensibilität für die männliche Lebenswelt wie die wechselseitigen Verletzungen und Beziehungsverschränkungen.

Professionelle Hilfe in Konfliktsituationen

Es ist bekannt, dass Männer für medizinische Vorsorgeuntersuchungen nicht sonderlich aufgeschlossen sind. Das könnte durchaus dem milden Nachwirken evolutionärer Selbstgefährdung im Prozess der Auseinandersetzung mit der feindlichen Natur zugeschrieben werden. Daraus aber zu schließen, dass Männer ihre Interessen nicht vertreten, ist unzutreffend. Es wird durch gewerk-

schaftliche und professionelle Selbstorganisierung und Politikbe-
teiligung wie im konkreten Scheidungskonflikt durch die Nutzung
von professionellen Diensten widerlegt. Es zählt zu den Mythen
über Männer, dass sie über Gefühle nicht redeten und sich der
Konfrontation mit Ehefrau, Lebenspartnerin und Kindern entzö-
gen.

Maßgeblich für konfliktlösende Kommunikation ist nämlich
nicht, ob viel oder wenig, wortkarg oder endlos gesprochen wird,
sondern ob ausreichend Mut vorhanden ist, über Peinliches, Be-
schämendes und Demütigendes zu sprechen. Denn nur so lassen
sich eigene Interessen in einer Form verfolgen, die den anderen
wiederum nicht demütigen oder mundtot machen, sondern ihm
die Fähigkeit zum Gespräch lassen. Erst diese Fähigkeit öffnet
Wege zum gegenseitigen Verständnis für die wechselseitig zuge-
fügten Kränkungen wie versöhnende Wiederannäherung (Holmes
u. Rahe, 1967). Die Leidenschaft und Aggressivität, mit der juristisch Geschiedene über Jahre hinweg ihren unbewältigten Hass
gegeneinander richten, bieten keine empirischen Hinweise dafür,
dass Frauen – wie oft unterstellt – beim Auflösen von Kränkungen
wie chronifizierter Sprachzerstörung über mehr Kompetenz als
Männer im Scheidungskonflikt verfügen würden. Fallstudien und
klinische Beobachtungen legen eher ein größeres Raffinement
beim Zufügen von Verletzungen nahe, als es Männern eigen ist
(Turkat, 1995; 1999; Amendt, 2006).

Nur wer leidet und der Einsicht fähig ist, dass er die Grenzen
seiner Selbsthilfefähigkeit erreicht hat, wird professionelle Hilfe
aufsuchen.

Ansonsten versuchen Menschen ihre Probleme selbst ins Lot
zu bringen. Anders als der Mythos es will, nehmen Männer in der
Scheidungsphase professionelle Hilfen in Anspruch (siehe Tabelle 1).
Aber dem Gespräch mit engen Freunden und Verwandten kommt
ebenfalls erhebliche Bedeutung zu (siehe Tabelle 2).
Allerdings zeigen die Ergebnisse unserer Studie, dass die Rede
von Männern als einem homogenen Kollektiv irreführend ist. Sie
ist nicht weniger irreführend wie die Rede von Frauen als einem
homogenen Kollektiv, dessen Erfahrungen, Lebensverhältnisse
und Interessen keine Differenzierung kennen. Die maßgeblichen
Unterscheidungen zwischen Männern und Frauen gehen dabei

Tabelle 1: Haben Sie während der Trennungsphase professionelle Hilfe in Anspruch genommen?

	Häufigkeit	%
nein	588	37,9
ja	962	62,1
Gesamt	1550	100,0

Tabelle 2: Welche Hilfe haben Sie in Anspruch genommen? (Mehrfachantworten)

		Anzahl	%
	Jugendamt	454	47,2
	Rechtsanwalt	543	56,4
	Psychotherapeut	323	33,6
	Arzt / Psychiater	211	21,9
Professionelle	Psychologischer Berater	179	18,6
Hilfe	Mediator	102	10,6
	Familienberatungsstelle	349	36,3
	Väterverein	213	22,1
	Geistlicher	104	10,8
	Andere	65	6,8

verloren. Es wird offensichtlich, dass gerade nicht die Zuordnung zum biologischen Geschlecht konstitutiv für homogene Erfahrungen und Fähigkeiten zur Konfliktlösung ist. Es sind ganz in der Tradition der modernen Soziologie und Psychologie weiterhin die sozialen, familiären und bildungsrelevanten Zuordnungen, die im weitesten Sinne nicht nur die Individualität hervorbringen, sondern die Zugehörigkeit zu sozialen Schichten oder, wie man früher sagte, zu sozialen Klassen über die Köpfe des Einzelnen hinweg festlegen.

Solche Festlegungen reichen bis in die Kleinigkeiten des täglichen Lebens. Auch die Art und Weise, wie Männer und Frauen ihre Scheidung bewältigen, gemeinsam, getrennt, verfeindet, sprachfähig oder sprachlos, depressiv oder aggressiv, arm oder reich, wird von ihrer sozialen Schichtzugehörigkeit ganz erheblich beherrscht. Die maßgebliche Unterscheidung ist nicht das biologische Geschlecht. Obgleich es solche feinen Unterschiede des Männlichen oder Weiblichen gibt.

So hat die Bremer Scheidungsväterstudie (Amendt, 2006) gezeigt, dass der formale Bildungsabschluss (Grundschule, Abitur,
Universität etc.) – im Gegensatz zum Einkommen – für die Bewältigung der Scheidung die entscheidende Rolle spielt. So ist es von
der formalen Bildung abhängig, ob Scheidungsväter professionelle
Hilfen in Anspruch nehmen oder nicht. Das betrifft sowohl die
Häufigkeit als auch die Art der Hilfe. Es ist die Gruppe der höher
gebildeten Befragten, die überdurchschnittlich häufig professionelle Hilfe aufsuchen (siehe Tabelle 3).

Ebenso fällt auf, dass diese Gruppe sich häufiger als Befragte
mit einem niedrigen Bildungsabschluss an mehr als eine Person
oder Institution um Hilfe wendet. Sie wählen aus dem breiten
Spektrum von möglichen Hilfen aus, was ihnen persönlich erfolg-
versprechend erscheint. Neben der Zahl der beanspruchten professionellen Hilfen gibt es auch signifikante Zusammenhänge zwischen der Hilfe von Beratern, Jugendamt, Rechtsanwalt etc. und
dem Bildungsgrad: Männer mit einem hohen Bildungsabschluss
wenden sich überdurchschnittlich häufig an einen Psychotherapeuten, einen Mediator oder Väterverein. Männer mit niedriger
Bildung suchten hingegen häufig die Hilfe von Ärzten und Psy-
chiatern auf. Der Gang zum Arzt entspricht eher einer passiven
Erwartung, die sich auf Anweisungen und Rezepte verlässt, ähnlich den Medikamenten, die er verordnet, und den Diagnosen, die

Tabelle 3: Inanspruchnahme professioneller Hilfsangebote nach
Schulbildung

| | | | Professionelle Hilfe | | Gesamt |
			nein	ja	
Schulbildung	ohne Abschluss/ Hauptschule	Anzahl	109	159	268
		%	19,0	16,6	17,5
	Realschule	Anzahl	188	261	449
		%	32,8	27,3	29,4
	Abitur	Anzahl	89	152	241
		%	15,5	15,9	15,8
	Uni	Anzahl	187	384	571
		%	32,6	40,2	37,3
Gesamt		Anzahl	573	956	1529
		%	100,0	100,0	100,0

er stellt. Die Heilung der Krankheit wird dann gewissermaßen als Folge der Compliance mit der Verordnung erwartet.

Ein höherer Bildungsabschluss steht hingegen für ein weit über die Scheidungssituation hinausreichendes Verständnis, wonach Beziehungskonflikte ohne Sprache und Gedankenaustausch nicht auskommen und als solche durch spezialisiertes Wissen hilfreich beeinflusst werden können. Hilfe und Heilung in einem der schwersten Lebenskonflikte setzt eigene Aktivität voraus, die dem traditionellen Arzt-Patient-Verhältnis mit seiner schichtspezifisch abhängigen Hörigkeitskomponente, nämlich autoritärer Fixierung, entgegengesetzt ist. Der Bildungsunterschied begründet auch mangelhafte Kenntnis über die Bandbreite professioneller Angebote, die in Beziehungskonflikten abgerufen werden können. Hier zeigt sich die Notwendigkeit, sprachvermittelte Hilfen offensiv an bildungsferne Schichten durch die psychotherapeutischen Berufsverbände auf dem Wege der werbenden Selbstdarstellung heranzutragen.

Es ist der formale Bildungsabschluss, der fast ausschließlich darüber entscheidet, ob eine aktive oder passive Form der professionellen Hilfe im Scheidungskonflikt in Anspruch genommen wird (siehe Tabelle 4).

Tabelle 4: Schulbildung nach Art der professionellen Hilfe

		Schulbildung							
		ohne Abschluss		Realschule		Abitur		Uni	
		Anzahl	%	Anzahl	%	Anzahl	%	Anzahl	%
Psycho-therapeut	Trifft nicht zu	119	74,8	190	72,8	92	60,5	233	60,7
	Trifft nicht	40	25,2	71	27,2	60	39,5	151	39,3
Gesamt		159	100,0	261	100,0	152	100,0	384	100,0
Arzt / Psychiater	Trifft nicht zu	112	70,4	201	77,0	118	77,6	316	82,3
	Trifft nicht	47	29,6	60	23,0	34	22,4	68	17,7
Gesamt		159	100,0	261	100,0	152	100,0	384	100,0
Mediator	Trifft nicht zu	152	95,6	243	93,1	137	90,1	322	83,9
	Trifft nicht	7	4,4	18	6,9	15	9,9	62	16,1
Gesamt		159	100,0	261	100,0	152	100,0	384	100,0
Väter-vereine	Trifft nicht zu	130	81,8	218	83,5	116	76,3	280	72,9
	Trifft nicht	29	18,2	43	16,5	36	23,7	104	27,1
Gesamt		159	100,0	261	100,0	152	100,0	384	100,0

Ein signifikanter Unterschied zwischen dem erzielten Einkommen von Scheidungsvätern und der Inanspruchnahme solcher Hilfen ließ sich hingegen nicht nachweisen. Allerdings ist Bildung selbst stark mit Einkommen korreliert. Es ist demnach nicht das Geld, das über die Wahl der Hilfe unmittelbar entscheidet, sondern der höhere Bildungsabschluss, der einen Überblick über das Spektrum von gesellschaftlich verfügbaren Hilfen begünstigt. Höhere Bildung steht, wie nicht anders zu erwarten war, für ein vielfältiger gestaltetes Außeninteresse, für intellektuelle Flexibilität im Umgang mit der eigenen und ferneren Lebenswelt wie für die Fähigkeit, Hemmschwellen trotz anfänglichem Zögern letztlich doch couragiert zu überschreiten.

Lediglich bei der Nutzung des Jugendamtes fiel die überdurchschnittliche Häufigkeit von gering verdienenden Männern auf. Man wird davon ausgehen müssen, dass Arzt/Psychiater und Jugendamt in Schichten mit niedrigem Bildungsabschluss diejenigen Einrichtungen sind, an die man sich wendet, wenn Probleme auftauchen, die sich nicht allein beherrschen lassen.

Angesichts der signifikanten Bedeutung des Jugendamtes für Männer mit niedrigem Bildungsabschluss ist brisant, dass Scheidungsväter von Jugendämtern auffällig häufig von negativen Erfahrungen nach Konsultationen berichten (»die nehmen Männer nicht ernst«, »die wissen alles besser«, »mit denen kann man nicht reden«, »die fühlen sich nur für Frauen zuständig«). Die Gründe sind allerdings nicht eindeutig. Sie verweisen auf massive Kritik an Jugendämtern vor allem in städtischen Regionen. Die qualitativen Interviews, die wir führten, belegen eine vor allem in Großstädten auftretende Abschätzigkeit gegenüber Scheidungsvätern. Deren Wurzeln dürften ideologischer Art sein, denn sie weisen auf Vorurteile über Männer im Allgemeinen und Scheidungsväter im Besonderen hin. Angesichts der bildungsbedingten Unbeweglichkeit und alternativlos erscheinenden Orientierung am Jugendamt kommt der berichteten Unprofessionalität erhebliche Bedeutung zu. Nicht nur dass bestimmte Jugendämter Scheidungsväter durch ihren unprofessionellen Umgang professions- und rechtswidrig diskriminieren; sie verschärfen darüber hinaus die in dieser sozialen Schicht eingeschränkte Fähigkeit zu sprachlich vermittelten Lösungen und damit den Scheidungskonflikt. Für Scheidungsväter kommt die bildungsabhängige Fixierung auf das Jugendamt nicht nur einer weitgehenden Ausschließung von leistungsfähigen Hilfeformen gleich, sondern, wie unsere Fallstudien zeigten, dem Verlust von Hilfe überhaupt. Denn viele wenden sich resigniert vom Jugendamt ab.

Besonderheiten der Hilfesuche

Scheidungsväter, die professionelle Hilfe aufsuchen, sind von mehreren Besonderheiten geprägt. Zum einen geben sie überdurchschnittlich häufig an, dass »eine vernünftige Kommunikation zwischen ihnen und der Partnerin nicht mehr möglich« war. Zum anderen werfen sie der Partnerin häufiger als andere Befragte vor, »den Umgang mit den Kindern unnötig zu erschweren«. Und sie fühlen sich überdurchschnittlich häufig »machtlos den Konflikten gegenüber«. Hilfesuchende Scheidungsväter berichten über deutlich mehr nachteilige Auswirkungen auf ihren beruflichen Alltag und ihre Gesundheit. Überdurchschnittlich vielen wurde gekündigt und viele leiden unter »ständigen seelischen Beschwerden«. Fast die Hälfte von ihnen (47,3 %) sehen die Kinder jedes zweite Wochenende. Überdurchschnittlich viele haben aber keinen Kontakt mehr zu ihren Kindern. Das altvertraute Familienleben, eben nicht nur mit den Kindern, sondern auch mit der Ehefrau, fehlt diesen Scheidungsvätern sehr.

Der Ehescheidung oder der Trennung von der Partnerin ist offensichtlich die emotionale Ablösung von der Exfrau nicht gefolgt. Man kann anhand dieser Indikatoren vermuten, dass klinisch relevante depressive Verstimmtheit unter diesen Männern vorherrscht. Sie steht der psychischen Ablösung im Wege und erschwert zugleich die Neuorientierung hin zu einer neuen Partnerschaft. Viele sind vom Ende der Ehe dermaßen enttäuscht, dass sie zukünftig nur noch »mit Ehevertrag heiraten« wollen, und ebenso viele von ihnen haben »Angst vor einer neuen Beziehung« und »ihr Vertrauen in Frauen« ist überdurchschnittlich häufig »generell erschüttert«.

Das weist auf ein gesellschaftspolitisch bedeutsames Problem hin. Denn die Aussagen können so verstanden werden, dass sie

nicht nur individuelle, sondern zugleich verallgemeinerte Erfahrungen besonders von jüngeren Vätern wiedergeben. Sie erleben
die Heirat oder feste Partnerschaft als ein schwer kalkulierbares
Risiko im Hinblick darauf, dass eine lebenslange Beziehung zu
den eigenen Kindern gewährleistet ist. Dieser Wunsch endet oft
nur in Zahlungsverpflichtungen und keine oder nur mühsam
erkämpfte, nämlich gegen Widerstand durchgesetzte spannungsreiche und für Abbruch empfängliche Kontakte zu den Kindern.
Es ist dieser Erfahrungskomplex, der unter jüngeren Männern
gerade der unteren Bildungs- und Einkommensschichten die Neigung, zu heiraten und Kinder zu haben oder in einer festen Partnerschaft zu leben, nachhaltig schwächt. Zwar leisten die unteren
Gesellschaftsschichten den größten Beitrag zum Bevölkerungswachstum, aber der scheidungsbedingte Fall in die Armut und die
ressourcenbedingte Unmöglichkeit, sich abermals zu verheiraten,
werden bislang sozialpolitisch noch weitgehend übersehen. Der
Scheidungsdiskurs ist zum einen an der Mittelklasse orientiert und
zum anderen als Folge des genderfeministischen Ideologieeinflusses von einer konfliktlösenden Gesellschaftspolitik weitgehend
entkoppelt. Eine Neuorientierung in Forschung und Sozialpolitik
ist daher ebenfalls dringend erforderlich.

Kindesunterhalt und Umgangsregelungen

In der öffentlichen Beurteilung von Scheidungsvätern nimmt
deren vermeintlich unzuverlässiges Zahlungsgebaren bezüglich gesetzlichem Unterhalt eine herausragende Bedeutung ein
(Weitzman, 1985; Peterson, 1996). Sozialpolitisch interessant ist
deshalb, wie Väter, die unregelmäßig zahlen, sich von denen unterscheiden, die das nicht tun oder gar keinen Unterhalt zahlen.
Aus dieser Kenntnis könnten sinnvolle sozialpolitische Interventionen abgleitet werden, die dem Abbruch des Kontakts zu den
Kindern vorbeugen und die gesamtgesellschaftlichen Kosten der
Scheidung mindern.

Gut 75 % aller unterhaltspflichtigen Väter unserer Studie geben
an, regelmäßig Unterhalt für ihre Kinder zu zahlen. 18 % geben an,

»keinen Unterhalt«, »unregelmäßigen Unterhalt« oder »unvoll-
ständigen Unterhalt« zu zahlen (siehe Tabelle 5).

Tabelle 5: Zahlen Sie im Augenblick Unterhalt für die Kinder?

	Häufigkeit	Prozent
Ja, zahle regelmäßig	2725	75,7
Zahle nur Teil des Unterhalts	214	5,9
Zahle unregelmäßig	102	2,8
Zahle keinen Unterhalt	336	9,3
Gesamt	3377	93,8
Keine Angaben	224	6,2
Gesamt	3601	100,0

Vergleichbar dem Konfliktfeld Handgreiflichkeiten stehen auch
hier subjektive Wahrnehmungen im Vordergrund, die ein mehr
oder weniger realitätsfremdes Bild vom Zahlungsgebaren von
Scheidungsvätern in der Öffentlichkeit zeichnen. Das gilt ebenso
für die Studien, die bislang unterhaltsberechtigte Frauen zum
Forschungsobjekt hatten (Andreß et al., 2003). Aufgrund der kon-
fliktreichen Situation und der Angst geschiedener Frauen um die
materielle Lebenssicherung ist nachvollziehbar, dass Frauen den
Anteil von problematischen Unterhaltszahlungen um ein Vielfaches höher einschätzen, als es Männer tun. So geben in der Forsa-
Studie (2002, S. 68, 101 ff., 132 f., 148) 31 % der unterhaltsberechtigten Frauen an, dass es Probleme mit Unterhaltszahlungen gebe.
Aus der Sicht der unterhaltspflichtigen Männer stellt sich die Situation anders dar, denn nur 19 % sehen solche Probleme.

Ob Scheidungsväter zahlen, ist an den Verlauf der Scheidung
und die daraus hervorgehenden Vereinbarungen geknüpft. So hat
sich gezeigt, dass der Anteil Unterhalt zahlender Väter mit der
Anzahl der unterhaltsberechtigten Kinder abnimmt. Befragte, die
regelmäßig Unterhalt für die Kinder leisten, zahlen auch signifikant häufiger Unterhalt an ihre Expartnerin.

Der Hauptgrund für Unterhaltspflichtige, nicht zu zahlen, ist in
der Regel aber ihr zu geringes Einkommen. Über die Hälfte der
nichtzahlenden Befragten verfügen nach eigenen Angaben über
ein zu geringes Einkommen. 70,8 % der befragten Unterhaltspflichtigen begründen die Nichtzahlung des Unterhalts damit,

dass ihr Einkommen fürs eigene Leben nicht reichen würde, dass Unterhaltszahlungen grundsätzlich zu hoch angesetzt seien (36,1 %). Dem folgt die Meinung, dass das Geld nicht für die Kinder verwendet werde (29,6 %), dass die Expartnerin mit einem neuen Partner zusammenlebe (22,8 %) und dass ihnen die Kinder vorenthalten würden (22,3 %). Fast jeder fünfte der nichtzahlenden Unterhaltspflichtigen gibt an, die Unterhaltszahlungen schuldig zu bleiben, weil er den Umgang mit den Kindern – Reisekosten etc. – nicht finanzieren könne (19,9 %) und/oder die Expartnerin mehr als der Befragte selbst verdienen würde (18,9 %). 17,9 % zahlen keinen Unterhalt, weil das erwirtschaftete Geld für eine neue Partnerschaft benötigt werde (siehe Tabelle 6).[2]

Tabelle 6: Gründe für nicht gezahlten Unterhalt (Mehrfachantworten)

		Anzahl	%
	Geld reicht nicht für das eigene Leben	442	70,8
	Unterhalt grundsätzlich zu hoch	225	36,1
	Geld wird nicht für Kinder verwendet	185	29,6
	Exfrau lebt mit neuem Partner zusammen	142	22,8
	Warum zahlen, da Kinder nicht gesehen werden können	139	22,3
Gründe für die Einstellung der Unterhalts- zahlung	Ansonsten Umgang mit Kindern nicht finanzierbar	124	19,9
	Exfrau verdient mehr	118	18,9
	Geld wird für neue Partnerschaft gebraucht	112	17,9
	Zu viele ungelöste Konflikte	78	12,5
	Bereits zu viel gezahlt	84	13,5
	Sieht es nicht ein	56	9,0
	Wird nicht gedankt	54	8,7
	Druck ausüben, um Kinder zu sehen	40	6,4
	Familie will nichts mit Mann zu tun haben	28	4,5

Allerdings wird nur von 6,4 % der Väter die vorenthaltene oder verzögerte Zahlung als Druckmittel eingesetzt, um die Kinder sehen zu können. Dabei unterscheiden sich ledige von geschiedenen Vätern beträchtlich. So geben 12,1 % der »ledigen« Befragten dieses Motiv an, aber von den »verheirateten« Befragten nur 4,1 %. Ebenso werden fehlende wie nicht eingehaltene Umgangsrechte

---

2   Eine familienrechtliche Änderung hat zwischenzeitlich den Unterhaltsanspruch geschiedener Frauen zeitlich begrenzt.

(»Warum zahlen, wenn ich die Kinder nicht sehen kann!«) deutlich häufiger von ledigen Vätern (33,1 %) als von verheirateten
19,1 % genannt. Der ledige Status ist offenbar wesentlich anfälliger
für mehr Konflikte, zumal Nichtverheiratete familienrechtlich diskriminiert werden.

Darüber hinaus hätte Forschung zu klären, ob jenseits der sich
progressiv gebenden Individualisierungsrhetorik in nichtverheira-
teten Beziehungen sich Fragilitäten verbergen, die im Trennungsfall zu einem destruktiveren, von unbewussten Enttäuschungen
geprägten Verlauf führen. Eine psychisch hochambivalente Enttäuschung über die ausgebliebene, latent aber höherwertig einge-
schätzte Heirat ist nicht auszuschließen.

Obwohl das Schuldprinzip durch das Zerrüttungsprinzip ersetzt wurde, scheint die Schuldfrage für unterhaltspflichtige Väter
weiterhin von nicht zu übersehender Bedeutung zu sein. Denn
Befragte, die keinen oder unregelmäßigen Unterhalt zahlen, geben signifikant häufiger an, dass die Expartnerin »allein schuld«
an den Konflikten der Partnerschaft getragen habe. Wenn Trennungswunsch und Scheidung allein von der Expartnerin ausgingen und sie als Schuldige wahrgenommen wird, dann nimmt der
Anteil der Befragten ab, die Unterhalt für die Kinder zahlen (siehe
Tabelle 7).

Tabelle 7: Unterhaltszahlungen nach Initiator der Scheidung

			Unterhalt für Kinder		
			Zahle nur teil-weise / unregelmä-ßig oder keinen Unterhalt	Zahle regelmäßig Unterhalt	Gesamt
Scheidung eingereicht	ich	Anzahl	137	732	869
		%	30,2	36,0	35,0
	Frau	Anzahl	276	1022	1298
		%	60,8	50,3	52,2
	beide	Anzahl	41	278	319
		%	9,0	13,7	12,8
Gesamt		Anzahl	454	2032	2486
		%	100,0	100,0	100,0

Auch die Situation, in der der Vater sich von den Kindern ver-
abschiedet hat, steht in einem signifikanten Zusammenhang mit

dessen Zahlungsgebaren. Überdurchschnittlich viele Väter, die den Unterhaltsforderungen nachkommen, teilten gemeinsam mit der Expartnerin den Kindern die bevorstehende Trennung mit, so wie den Vätern auch genügend Zeit für den Abschied von den Kindern eingeräumt wurde. Teilte die Expartnerin hingegen allein den Kindern die bevorstehende Trennung mit und/oder verhindert sie sogar den Abschied von den Kindern, so nehmen die Unterhaltsprobleme zu.

Über die Hälfte aller Befragten (54 %) gibt an, beim Abschied von der Familie »fix und fertig« gewesen zu sein. Gezielt nach dem Verlauf des Abschieds von den Kindern gefragt, erhöht sich dieser Anteil auf über 70 %. Die Auswertung zeigt, dass die heftigen Gefühle des Abschieds von der Familie und den Kindern auch im signifikanten Zusammenhang mit der Einhaltung bzw. der Nichterfüllung von Unterhaltsforderungen stehen. Väter, die regelmäßig den Unterhalt für die Kinder zahlen, empfinden beim Abschied überdurchschnittlich häufig Trauer und Schuld. Väter hingegen, die keinen Unterhalt zahlen und bei denen Gefühle von Ärger, Wut und der Eindruck vorherrschen, hintergangen worden zu sein, nannten diese Gefühle überproportional häufig.

»Keine vernünftige Kommunikation« (45,7 %) und »gerichtliche Auseinandersetzungen« (42,2 %) wurden am häufigsten von allen Befragten als Problem mit den Expartnerinnen genannt. Zwischen Männern, die keinen Unterhalt für ihre Kinder zahlen, und ihren Expartnerinnen kam es deutlich häufiger zu Konflikten. So werden zum Beispiel gerichtliche Auseinandersetzungen überdurchschnittlich häufig von nichtzahlenden Vätern veranlasst.

Über die Hälfte aller Befragten geben an, dass eine »vernünftige Kommunikation« zwischen ihnen und ihrer Expartnerin »ganz und gar nicht mehr möglich« sei. Hierbei fällt auf, dass dieses Problem bei Vätern mit Unterhaltsproblemen deutlich häufiger vorkommt als bei Befragten, die regelmäßig Unterhalt bezahlen. Auch Beschränkungen im Umgang mit den Kindern werden überdurchschnittlich häufig von denen beklagt, die den Unterhaltsforderungen nicht nachkommen. 50,9 % der nichtzahlenden Väter stimmt der Aussage voll und ganz zu: »Meine Expartnerin macht mir den Umgang mit den Kindern schwer.«

Das Gefühl, machtlos zu sein (52,2 %), bestimmt ebenfalls das Zahlungsgebaren. Und wer mit der Expartnerin Konflikte im gemeinsamen Gespräch lösen kann, zahlt überdurchschnittlich regelmäßig Unterhalt. Eheliche Väter, die nicht zahlen, versuchen überdurchschnittlich häufig (53,5 %) Konflikte mit der Expartnerin über einen Rechtsanwalt zu lösen. Dagegen reagieren 20,1 % der nichtzahlenden ledigen Befragten auf Konflikte, indem sie den Kontakt zu den Kindern abbrachen.

Festzuhalten ist, dass in der Gruppe der Befragten, die keine Unterhaltszahlungen leisten, deutlich häufiger der Expartnerin das alleinige Sorgerecht zugesprochen wurde (siehe Tabelle 8).

Tabelle 8: Sorgerecht und Unterhalt

			Unterhalt für die Kinder		
			Zahle nur teilweise/ unregelmäßig oder keinen Unterhalt	Zahle regelmäßig Unterhalt	Gesamt
Sorgerecht zugesprochen	mir	Anzahl	12	21	33
		%	2,1	0,8	1,1
	Frau	Anzahl	360	1337	1697
		%	61,9	52,9	54,6
	beiden	Anzahl	210	1169	1379
		%	36,1	46,3	44,4
Gesamt		Anzahl	582	2527	3109
		%	100,0	100,0	100,0

Bei gemeinsamem Sorgerecht ist der Anteil der Unterhaltzahlenden mehr als 10 % höher als der Anteil der nichtzahlenden Väter. Noch deutlichere Zusammenhänge bestehen zwischen Unterhaltszahlungen und eingeräumten Umgangsrechten. Fast ein Drittel (31,1 %) der Befragten, die keinen Unterhalt zahlen, haben keine Möglichkeit, ihre Kinder zu sehen. Unterhalt zahlenden Vätern dagegen wurde zu fast 85 % ein Umgangsrecht eingeräumt (siehe Tabelle 9).

Wird neben dem Unterhalt fürs Kind auch Unterhalt an die Expartnerin gezahlt, so wirkt sich das auf die gewährten Umgangsrechte wie das Sorgerecht eindeutig positiv aus. Befragten, die sowohl Unterhalt für die Kinder wie für die Exfrau zahlen, wird am häufigsten das gemeinsame Sorgerecht zugesprochen. Sie

Tabelle 9: Unterhaltszahlungen nach Kontakthäufigkeit

			Unterhalt für die Kinder		
			Zahle nur teilweise/ unregelmäßig oder keinen Unterhalt	Zahle regelmäßig Unterhalt	Gesamt
	Jedes Wochenende	Anzahl	82	425	507
		%	13,6	16,1	15,7
	Jedes zweite Wochenende	Anzahl	169	1126	1295
		%	28,1	42,8	40,0
	Einmal im Monat	Anzahl	50	280	330
		%	8,3	10,6	10,2
Wie oft Kontakt zu Kindern	Einmal in drei Monaten	Anzahl	20	100	120
		%	3,3	3,8	3,7
	Zwei- bis dreimal im Jahr	Anzahl	20	86	106
		%	3,3	3,3	3,3
	Nur zu besonderen Anlässen	Anzahl	12	52	64
		%	2,0	2,0	2,0
	Nur telefonischen Kontakt	Anzahl	17	31	48
		%	2,8	1,2	1,5
	Keinen Kontakt mehr	Anzahl	232	532	764
		%	38,5	20,2	23,6
Gesamt		Anzahl	602	2632	3234
		%	100,0	100,0	100,0

haben zu mehr als 90 % ein geregeltes Umgangsrecht. Je mehr das
materielle Versorgungsverhalten des Exmannes seiner Versorgung
während der Ehe ähnelt und nur geringe Abstriche durch die
Scheidung nach sich zog, umso weniger blockieren die Exfrauen
den Umgang des Vaters mit seinen Kindern. Das ist ein Charakte-
ristikum von gut verdienenden geschiedenen Männern und ihren
Exfrauen.

Die Kontakthäufigkeit zu den Kindern steht in einem starken
signifikanten Zusammenhang mit geleisteten bzw. nicht geleisteten Unterhaltszahlungen. Über 40 % der Väter, die keine Unterhaltszahlungen leisten, haben gar keinen oder nur telefonischen
Kontakt zu ihren Kindern. Dagegen sehen fast 70 % der regelmäßigen Zahler ihre Kinder mindestens ein Mal im Monat. Darin
lässt sich das klassische Arrangement vom Brotverdiener und der
häuslichen Mutter vermuten. Zahlt der Mann nicht, aus welchen
Gründen auch immer, dann gilt er nicht mehr als Vater und hat
kein Anrecht auf seine Kinder mehr. Und je geringer das Einkom-

men, umso größer die Wahrscheinlichkeit, dass dem Exmann aus finanziellen Gründen die Kinder vorenthalten werden.

Als Grund für den Kontaktabbruch geben 55,8 % aller Befragten an, dass die Mutter ihn verhindert hat. Insgesamt 30,6 % der Väter erklären den Kontaktabbruch damit, dass weiterer Kontakt von ihren Kindern nicht mehr »gewünscht« wird. 65,3 % aller Väter, die keinen Kontakt zu ihren Kindern mehr haben, wurde kein Umgangsrecht eingeräumt.

Es ist offenbar, dass sowohl Zahlung wie Nichtzahlung von Unterhalt an die Qualität der Beziehung der Geschiedenen geknüpft sind. Gesellschaftspolitisch ist es daher wünschenswert, dass alle rechtlichen und sonstigen Bedingungen beseitigt werden, die den einen oder anderen, zurzeit wohl die Frauen, von der Notwendigkeit entbinden, einen Konsens herbeizuführen, der das Recht der Kinder auf beide Eltern nach der Scheidung fördert.

Gewalttätigkeit in der Scheidung

Wenn Ehescheidung als schwerste Lebenskrise nach dem Verlust einer nahestehenden Person rangiert, dann ist die Wahrscheinlichkeit groß, dass die üblichen Strategien zur Bewältigung von Problemen nicht ausreichen, um Scham, Erniedrigung, Enttäuschung, Hilf- und Ausweglosigkeit erträglich zu gestalten. Deshalb öffnen sich Wege, die in einer Partnerschaft bislang unüblich waren oder, soweit sie beschritten wurden, eine merkliche Verschärfung erfahren. Es kommt zu Gewalttätigkeiten, einmaligen, passageren oder gehäuften, über die heiße Phase des Konfliktes. Das gewalttätige Agieren wirkt für den Gewalttätigen kurzfristig entlastend, da er sich vorgaukeln kann, nicht gänzlich hilflos zu sein. Andererseits setzt der Rückgriff auf Gewalt den Anwender tiefen Schamgefühlen aus. Denn er bedient sich eines Mittels, das in der Partnerschaft verpönt ist und seiner Lebenskultur widerspricht, weil es hinter die Anforderung zurückfällt, sich ausschließlich mit Worten statt mit Fäusten verständlich zu machen. Wer nur noch mit Fäusten seine Verletztheit äußern kann, weiß oder ahnt zumindest von seiner Hilflosigkeit und seinem kulturwidrigen Außenseiterstatus (Ausnahmen davon bilden Psychopathen oder Personen mit

schweren Charakterstörungen). Wahrscheinlich war das bereits
der Fall, als die kulturelle Missbilligung weniger ausgeprägt als
heute und das Prügeln als unbedenklich galt oder rechtlich sogar
zulässig war; eben als Kinder noch geschlagen werden konnten,
ohne Gesetze zu übertreten. Viele Mütter dürften es wegen dieser
Scham vorgezogen haben – wie Peter Weiss (1996) das von seiner
Mutter berichtet –, das Prügeln den Vätern zu überlassen.

Zwar wird heute Gewalt in Beziehungen und an Kindern nicht
mehr wie früher verleugnet. Sie ist durchaus bewusstseinsfähig geworden. Aber es bestehen erhebliche Irritationen darüber, was Gewalt ist. Die Frage von Schuld und Scham über Gewalthandlungen
wird zurzeit in eigentümlicher Weise bearbeitet. An die Stelle der
alten Verleugnung ist eine psychische Verschiebung getreten. Von
ihr wird abgeleitet, wer von den Eltern Grund zum Schämen habe.
In diesem Streit werden Männer und Väter annähernd routine-
mäßig zu Schuldigen stilisiert. Obwohl die empirische Sozialforschung diese Annahmen bereits seit 1985 in zahlreichen Arbeiten
von Murray Straus (1989; 2004; 2009; 2010; Straus u. Gelles, 2007)
und seinen Kollegen am Family Research Laboratory University of
New Hampshire wie anderen Universitäten der USA widerlegten.

Die Ideologie von der Friedfertigkeit der Frauen hat verhindert,
dass deren Gewalttätigkeit zum Gegenstand der Forschung wurde.
Allenfalls seit einigen Jahren wird unter dem Druck empirischer
Evidenz Gewalt von Frauen eingeräumt. Allerdings finde sie in
defensiver Absicht statt und sei deshalb von männlicher Gewalt
zu unterscheiden. Der Selbstverteidigungsanteil ist bei Männern
wie Frauen symmetrisch, wie in den Variablen starke und schwere
Gewalttätigkeit wie Tötung des Partners ebenfalls. Selbst bei hohem Anteil von Selbstverteidigung wie in der Studie von Harned
(2001) liegt er bei Frauen bei 56 % und bei Männern bei 42 %. Die
Verleugnung der Symmetrie nimmt Frauen wie Müttern allerdings
die Möglichkeit, sich mit eigenen Schuld- und Schamgefühlen
auseinanderzusetzen, die aus eigener Gewalttätigkeit herrühren.
Die kollektiv wirksame Verschiebung im Dienste der Verleugnung
(Straus, 2010) weiblicher Schuld und Verantwortung hat wesentlich dazu beigetragen, dass auch Gewalttätigkeit in Scheidungskonflikten nicht nur im deutschen Sprachraum fast unerforscht
geblieben ist (Lamnek u. Boatca, 2003; Lamnek u. Luedtke, 2005).

Stattdessen wird, wenn die Rede darauf kommt, der allgemein übliche, aber bereits wankende Mythos von der Alleingewalttätigkeit
der Männer als Erklärung aufgerufen. Diesem Mythos ist das sich
gesellschaftskritisch einschätzende Team der Bremer Scheidungsväterstudie zu Beginn des Projektes selbst aufgesessen. Gewalt war
erstaunlicherweise nicht als Möglichkeit des Scheidungsgesche-
hens im Fragebogen vorgesehen. Die Annahme dürfte zutreffen,
dass das Team aus Männern und Frauen unbewusst den vielen
Facetten der idealisierenden Weiblichkeit und Mütterlichkeit
anheimfiel (Devereux, 1984; Amendt, 2008a). Erst Hinweise der
befragten Männer auf Gewaltvorkommnisse während ihrer Trennung haben anschließend in der zweiten Befragungswelle zur
Erhebung von Gewaltvorkommnissen geführt (siehe Tabelle 10).

Tabelle 10: Handgreiflichkeiten

		Anzahl	%
Kam es zwischen Ihnen und Ihrer Partnerin zu Handgreiflichkeiten?	nein	1000	68,2
	ja	467	31,8
Gesamt		1467	100,0
Von wem sind die Handgreiflichkeiten ausgegangen?	von meiner Partnerin	304	64,4
	von mir	70	14,8
	von uns beiden	98	20,8
Gesamt		472	100,0
Anzahl der Handgreiflichkeiten	nur einmal	131	29,5
	zweimal	113	25,5
	öfter	200	45,0
Gesamt		444	100,0

Die Ergebnisse haben nicht nur das Forscherteam, sondern vor
allem die Öffentlichkeit mit ungläubigem Erstaunen erfüllt. Die
Ergebnisse konnten bis heute die allgegenwärtige Ideologie von
Männern als dem gewalttätigen Geschlecht nur teilweise auflösen.
Aber sie haben einen Beitrag dazu geleistet, die Idealisierung und
Tabuisierung der Frauen bzw. Mütter als die Friedfertigen (Mit-
scherlich, 1985; 1987), eben Gewaltlosen, zu problematisieren
(Amendt, 2008a). Den Mann als allein Gewalttätigen gibt es em-
pirisch nicht. Der Kernmythos des Feminismus ist widerlegt und

stattdessen der Nachweis einer Symmetrie von männlicher wie
weiblicher Gewaltpraxis geführt (Straus, 2004).

Die Verleugnung der Symmetrie hat bis heute zur Folge, dass
weder für Männer noch für Frauen dem Konflikt angemessene
Beratungsstellen eingerichtet wurden, in denen die Gewaltan-
teile der Paar- und Familiendynamik verstehbar und versöhnbar
gemacht werden können. Das hat zur konzeptionellen Kritik an
Frauenhäusern in der Öffentlichkeit (Amendt, 2009a; 2009b) und
zur Evaluation (Döge, 2008) der Einrichtungen durch das Sozial-
ministerium in Thüringen geführt.

In der ersten Befragungswelle von Scheidungsvätern hatten
wir es versäumt, danach zu fragen, ob es während der Scheidung
oder in der nachfolgenden Zeit zu handgreiflichen Episoden mit
der Partnerin gekommen ist. Dieses unbegreifliche Vergessen bedarf der Erklärung, denn es ist eigentlich das Naheliegende, dass
es gerade während der Scheidung mit ihren tiefen gegenseitigen
Verletzungen, Abwertungen und rückwirkenden Abschätzigkeiten
zu Auseinandersetzungen jenseits der Sprache kommt. Handgreiflichkeiten treten an die Stelle des Wortes und die Fähigkeit zur
gegenseitigen Wahrnehmung verliert an Bedeutung. Stattdessen
verwandelt sich das Gefühl der Unfähigkeit und der Rage in Kör-
persprache und es kommt zur direkten Abfuhr von schmerzhaften
Kränkungen.

In der zweiten Internetbefragung hatten die Väter die Möglichkeit, Angaben zu sprachlos-körperlichen Auseinandersetzungen
mit ihrer Expartnerin zu machen. Fast ein Drittel der befragten
Männer geben an, dass es während der Partnerschaft zu Handgreiflichkeiten kam. In fast zwei Drittel der Fälle gingen diese Auseinandersetzungen von den Expartnerinnen aus. Dabei handelte
es sich in 45 % der Fälle nicht nur um eine einmalige oder zweima-
lige »Entgleisung«, sondern um längere Zeit währende körperliche
Handgreiflichkeiten.

Gewalt in Beziehungen

Von den Interviewten der zweiten Befragungswelle gaben 31,8 %
an, dass es in ihrer Trennungsphase zu Hangreiflichkeiten ge-

kommen sei. Als einmaliges Ereignis trat Gewalt in 29,5 % auf; als
zweimaliges in 25,5 % und öfters in 45 % (siehe Tabelle 10).

Tiefeninterviews mit Scheidungsvätern haben gezeigt, dass
in der Gruppe mit oftmaligen Handgreiflichkeiten es bereits in
der »noch guten Zeit« eine Tradition der Handgreiflichkeiten
von unterschiedlicher Intensität gegeben hat. Handgreiflichkeit
könnte demnach eine übliche Modalität der Beziehung gewesen
sein, schwierige Konflikte auszutragen oder emotionale Distanz
zu ermöglichen, um die emotionale Nähe des Sexualaktes ertragen zu können. In solchen Fällen kann Gewalt als unbewusstes
psychodynamisches Regulativ des Paares fungieren. Es wird in
weiterführenden Studien deshalb zwischen konfliktabhängigen
Gewaltereignissen etwa in der Scheidungsphase und solchen der
partnerschaftlichen Psychodynamik zu unterscheiden sein.

Tabelle 11: Anzahl der Handgreiflichkeiten nach Initiator der
Handgreiflichkeiten

| | | | Anzahl der Handgreiflichkeiten | | | Gesamt |
			nur einmal	zweimal	öfter	
Von wem sind die Handgreiflichkeiten ausgegangen	von meiner Partnerin	Anzahl	77	73	136	286
		%	60,6	65,8	68,0	65,3
	von mir	Anzahl	29	18	15	62
		%	22,8	16,2	7,5	14,2
	von uns beiden	Anzahl	21	20	49	90
		%	16,5	18,0	24,5	20,5
Gesamt			127	111	200	438
			100,0	100,0	100,0	100,0

Vor dem Hintergrund der Verleugnung von Frauengewalt waren
die Ergebnisse über die von Frauen initiierten Handgreiflichkeiten aufschlussreich. Nach Angaben der befragten Männer wurden
65,3 % von den Expartnerinnen begonnen, 14,2 % von den Befragten selbst und in 20,5 % waren sie gemeinsam die Auslösenden
(siehe Tabelle 11). Diese Ergebnisse haben den Mythos von der
Friedfertigkeit von Frauen umgestoßen und reflexartige Zurück-
weisungen ausgelöst. Die häufigste war, dass nur Männer, aber
nicht deren Frauen zu Gewaltereignissen während der Scheidung
befragt worden seien. Der Einwand ist treffend. Wobei die Kritiker

dieser methodischen Beschränkung im Hinblick auf die vorherr-
schende Usance, Frauen über Männer zu befragen, sich dieser Beschränkung gerade nicht bewusst sind. Sie bestehen im Gegenteil
auf einer nicht anzuzweifelnden Realität der Aussagen befragter
Frauen als Teile der Weiblichkeitsidealisierung.

Selbst wenn wir die durchschnittliche Häufigkeit von einseitiger wie gemeinsam begonnener (*bi-directional*) Gewalthandlungen unter Partnern im Alltag zugrunde legen, so fällt in unserer
Befragung auf, dass Frauen ein Vielfaches der *women-only*-Gewalt
zugeschrieben wird. Ein Teil kann auf den konfliktgeladenen Kontext von Scheidungsauseinandersetzungen zurückgeführt werden.
Wesentlicher ist aber die psychische Verfassung der Befragten
selbst. Für die 31,8 % von Männern, die über Gewalt berichten,
kann gelten, dass auf dem Weg zur »Sprache der Fäuste« die
Sprachfähigkeit eingeschränkt, wenn nicht für kurze Zeit gänzlich
abhanden gekommen ist. Der Zustand wäre treffend als tempo-
räre Sprachzerstörung zu bezeichnen. Er ereilt Männer wie Frauen
gleichermaßen. Die Angaben der befragten Männer sind deshalb
lediglich als individuelle Zustandsbeschreibung zu begreifen und
nicht als realitätsgerechte Wiedergabe der gestörten Gemeinsamkeit. Eine gemeinsame Sicht ist in Scheidungen offensichtlich
nicht mehr ohne weiteres möglich.

Amerikanische Scheidungsforscher sind dem Einseitigkeitsverdacht nachgegangen und haben den Einwand empirisch
experimentell überprüft. Die Exehefrauen hätten annähernd
identische Aussagen über die Häufigkeit wie die Dominanz der
männlichen Gewaltauslösung geliefert. Der Einseitigkeitsverdacht
trifft beide gleichermaßen. Der Hintergrund der beidseitig ver-
zerrten Einschätzungen ist mit den Kränkungen und der Scham
der Beteiligten zu erklären. Die Sprachzerstörung als Folge tiefer
Enttäuschungen und Kränkungen befähigt sie ausschließlich zu
einer Perspektive, die von der eigenen Kränkung geprägt ist. Sich
gegenseitig wahrzunehmen oder gar zu repräsentieren, wie das bei
einem beziehungsfähigen Ehepaar möglich ist, ist kontextabhän-
gig unmöglich geworden.

So unabdingbar die Selbsteinsschätzung der eigenen Perspektive
für die Diskussion scheidungsbedingter Krankheits- und Sozialrisi-
ken für Männer auch im Hinblick auf die Beziehung zu den Kindern

ist, so begründet sie keine Schlussfolgerungen über die Frauen. Aus diesem Grund haben wir nicht auf verfehlte Verantwortlichkeiten von Exehefrauen oder deren Gewalttätigkeit geschlossen. Anders verfahren »Studien« von Familienministerien und Selbstevaluierungen von Frauenhäusern, die die Aussagen ihrer Klientel zur männlichen Gewalttätigkeit als beidseitige Realität ausgeben.

Die Auswertungen der zweiten Befragungswelle haben uns wichtige Einsichten zugänglich gemacht, die eine professionelle Umorientierung auf die dynamischen Probleme beider Beteiligter begründen. So besteht auch ein Zusammenhang zwischen dem Geschlecht des Initiators der Handgreiflichkeiten und der Anzahl der körperlichen Attacken. Bei Handgreiflichkeiten, die von Männern – nach deren Selbstwahrnehmung – ausgingen, handelt es sich oftmals um einen einmaligen »Ausrutscher«. Werden Konflikte dagegen von beiden Partnern gewalttätig ausgetragen, so handelt es sich häufig um ein wiederkehrendes Muster partnerschaftlicher Auseinandersetzungen, das in die »guten Zeiten« der Beziehung zurückreicht.

Ein ausgeprägter Zusammenhang besteht ebenso zwischen Handgreiflichkeiten und Schuldzuschreibungen. Auf eine einfache Formel gebracht: Wer schlägt, hat die Schuld an den Problemen. Gehen die Handgreiflichkeiten vom Befragten selbst aus, so sieht er sich überproportional häufig selbst als den Verantwortlichen; schlägt die Partnerin, so wird ihr die Schuld an den Konflikten in der Partnerschaft zugeschrieben. Bei Befragten, die selbst zuschlagen, ging der Trennungswunsch zu 71,4 % von der Partnerin aus, was den Eindruck der Hilflosigkeit bestätigen könnte (siehe Tabelle 12).

74,7 % der Befragten, die über Gewalttätigkeit mit der Partnerin berichten, suchten in der Trennungsphase professionelle Hilfe auf. Sie kontaktierten vermehrt das Jugendamt, Rechtsanwälte, Psychotherapeuten, Psychiater und Vätervereine. Bei Befragten, die sich ans Jugendamt wendeten, fallen überdurchschnittlich viele Handgreiflichkeiten auf. Einen Arzt oder Psychiater suchten vor allem diejenigen auf, von denen selbst die Gewalt ausging. Fast jeder fünfte Befragte, der Angaben über körperliche Auseinandersetzungen machte (überdurchschnittlich häufig initiiert durch die Expartnerin), war in einem Väterverein organisiert.

Tabelle 12: Initiator der Handgreiflichkeiten nach Trennungswunsch

			Von wem sind die Handgreiflichkeiten ausgegangen?			Gesamt
			von meiner Partnerin	von mir	von uns beiden	
Trennungs-wunsch	von mir	Anzahl	111	12	32	155
		%	36,8	17,1	33,0	33,0
	von Frau	Anzahl	155	50	54	259
		%	51,3	71,4	55,7	55,2
	von beiden	Anzahl	36	8	11	55
		%	11,9	11,4	11,3	11,7
Gesamt			302	70	97	469
			100,0	100,0	100,0	100,0

Wenn um die Aufteilung des Vermögens und vor allem um das Sorge- und Umgangsrecht gestritten wurde, fiel das mit überdurchschnittlich häufigen Handgreiflichkeiten zusammen. Wenn die Expartnerin die Gewalt initiiert, sind die befragten Männer am unzufriedensten mit der getroffenen Sorgrechtsregelung. Männer, von denen selbst Handgreiflichkeiten ausgingen, waren dagegen überdurchschnittlich häufig zufrieden mit der Regelung des Sorgerechts. Väter, die über ein vierzehntägiges Umgangsrecht verfügten, das zumeist als wenig zufriedenstellend erlebt wurde, berichteten überdurchschnittlich häufig über Handgreiflichkeiten.

Handgreiflichkeiten fallen überproportional häufig mit Streitereien während der Trennungsphase zusammen: Die Expartnerin verweigerte das Gespräch, sie hielt sich nicht an die Scheidungsvereinbarungen, und vor allem kam es in mehr als der Hälfte aller Fälle zu gerichtlichen Auseinandersetzungen. Befragte, die über eine Beziehung mit Handgreiflichkeitsepisoden berichteten, engagierten überdurchschnittlich häufig einen Anwalt. Männer, die von einer einmaligen körperlichen Auseinandersetzung berichteten – unabhängig vom Initiator der Gewalt –, reagierten auf die Konflikte mit der früheren Partnerin überdurchschnittlich häufig damit, dass sie sich ihr gegenüber machtlos fühlten.

Da zwischen Handgreiflichkeiten und der Fähigkeit, sich sprachlich in Konflikten zu verständigen, ein Gegensatz besteht, ist zu erwarten, dass Vorfälle von Handgreiflichkeiten und die allgemeine sprachliche Kommunikationsfähigkeit in einem starken Zusammenhang stehen. Bei Paaren, die nicht miteinander sprechen konnten, kam es deshalb erwartungemäß häufiger zu gewalttätigen Auseinandersetzungen. Überdurchschnittlich häufig wurde hierbei die Expartnerin als Initiator der Handgreiflichkeiten genannt. Je häufiger es während der noch bestehenden Beziehung zu regelmäßigen körperlichen Übergriffen kam, desto weniger ist heute eine vernünftige Kommunikation zwischen den ehemaligen Partnern möglich.

Für Männer mit einer Beziehungsgeschichte, in der häufige körperliche Auseinandersetzungen stattfanden, beeinflusste die Trennung oftmals auch den beruflichen Alltag wie das gesundheitliche Befinden. Fast ein Drittel der Männer mit einer gewalttätigen Beziehungsgeschichte leidet unter ständigen seelischen Beschwerden – unabhängig davon, wer von beiden Partnern die Handgreiflichkeiten initiiert hatte.

Väter, in deren früheren Partnerschaft es bereits zu Handgreiflichkeiten kam, haben überdurchschnittlich häufig kein Mitspracherecht bei wichtigen Entscheidungen, die die gemeinsamen Kinder betreffen. Überproportional häufig werden die vereinbarten Besuchstermine dieser Männer von der Expartnerin vereitelt. Die Handgreiflichkeiten gingen dabei häufiger von beiden Partnern aus.

Gut die Hälfte der Männer, die von einer Beziehung berichteten, in der es überdurchschnittlich häufig zu Gewalttätigkeiten zwischen beiden Partnern kam, waren froh, ihrer Partnerin »entledigt« zu sein.

Die Befragung hat Ergebnisse hervorgebracht, die einerseits im Widerspruch zur feministischen Ideologie, zur parteilichen Forschung wie der öffentlichen Meinung über die einseitige Verteilung von partnerschaftlicher Gewalt stehen. Andererseits wird die Studie vom reichen Forschungsstand der USA, Kanada und Australien bestätigt, obwohl auch dort kontextbezogene Forschung zur Scheidung äußerst selten ist.

Unsere Studie widerlegt wie viele andere Studien aus den USA mehrerlei: die Einseitigkeitsvermutung männlich initiierter Gewalt, den Charakter weiblicher Gewalt als rein defensive Gewalt und dass Frauen keine Gewalthandlungen begehen.

Dabei werden die weit über hundert Studien aus den USA, die seit 1985 vorliegen und die das Gegenteil belegen, verschwiegen.

Zu den Beschweigenden zählen auch Männer. Sie gehen in einer
latenten Identifizierung mit dem allmächtig phantasierten Männerbild des Feminismus davon aus, das verachtete Gewalt immer
noch besser ist, als keine Gewalt über Frauen zu haben. Konsequent verstehen sie sich, wie die Unterzeichner des Männermani-
fests der Grünen von NRW (2010), als Profeministen und Machos
und identifizieren sich zweifach, nämlich mit deren unhistori-
schem Männerbild und dem komplementären Bild idealisierter
Weiblichkeit.

Nach zahlreichen amerikanischen Studien, die Archer (2000)
einer Metaanalyse unterzogen hat, sind Frauen nach eigener
Auskunft über ihr Verhalten Männern gegenüber genauso häufig
gewalttätig (in milder wie extremer Form), wie Männer nach eigenen Aussagen es gegenüber Frauen sind. Bereits die ersten Studien von Murray Straus (1985), und vor allem seine internationale
Vergleichsstudie von 2004 für mehr als 32 Nationen, haben wie
die Metastudie von Archer (2000) Symmetrie der Gewalttätigkeit
unter Männern und Frauen nachgewiesen.

Gesundheit

Der Mythos vom geschiedenen Mann, der ein erfreuliches Leben
führt, während die geschiedene Ehefrau oder Expartnerin unter
Armut, Isolation und der Sorge für die Kinder leidet, wird durch
die Forschung von Braver und O'Connell (1998) nicht bestätigt.
Vielmehr stellte sich die Scheidung als Krise von Männern dar,
die eine Rückkehr zum normalen Leben, zu Glück und neuen Beziehungen schwer macht und oft gänzlich misslingen lässt (siehe
Tabelle 13).

Wir haben Tiefeninterviews geführt, die den Eindruck einer
äußerst leidvollen aktuellen Scheidungskrise nahelegten. Im Verlauf des Interviews stellte sich heraus, dass die Scheidung bereits
mehrere Jahre, im extremsten Fall zehn Jahre zurücklag. Am
Leidenszustand dieser Männer hatte sich zwischenzeitlich nichts
geändert. Etwa zwei Drittel der befragten Männer fühlten sich
von der Scheidung in unterschiedlichem Maße verletzt und von
unterschiedlicher Dauer belastet. Besonders ihre Antworten zu

Tabelle 13: Unter welchen trennungsbedingten gesundheitlichen Beschwerden leiden Sie?

	Häufigkeit	%
Keine Beschwerden	809	22,5
vorübergehend körperliche Beschwerden	303	8,4
vorübergehend seelische Beschwerden	1044	29,0
ständig körperliche Beschwerden	225	6,2
ständig seelische Beschwerden	893	24,8
Probleme mit Alkohol oder Drogen	146	4,1
Gesamt	3420	95,0

Tabelle 14: Welchen Einfluss hatte die Trennung auf Ihren beruflichen Alltag?

	Häufigkeit	%
Keinen Einfluss	913	25,4
Ins Berufsleben gestürzt	682	18,9
Beruf hat mich nicht mehr interessiert	605	16,8
Arbeitsplatz gewechselt	401	11,1
Wurde gekündigt	257	7,1
Gesamt	2858	79,4
Fehlende Angaben	743	20,6
Gesamt	3601	100,0

den gesundheitlichen und beruflichen Auswirkungen der Scheidung bestätigen das (siehe Tabelle 13 und 14). Fast drei Viertel berichteten, dass ihre Trennung sich auf ihre Gesundheit wie ihren beruflichen Alltag ausgewirkt hat. Von vorübergehenden Gesundheitsproblemen berichteten insgesamt 37,4 %, von ständigen körperlichen und vor allem seelischen Beschwerden hingegen 31,0 %. 4,1 % aller Befragungsteilnehmer berichteten von trennungsbedingten Drogen- bzw. Alkoholproblemen.

Für 7,1 % der befragten Väter mündete die Auflösung des Familienzusammenhangs in einer Kündigung des Arbeitsplatzes (Amendt, 2006, S. 31 ff.). Eine Form der minderschweren Auswirkungen der Trennung auf den Beruf war der Verlust des Interesses an der Arbeit (16,8 %; siehe Tabelle 14) und der Wechsel des Arbeitsplatzes (11,1 %). 18,9 % der befragten Väter stürzten sich dagegen nach der Trennung ins Berufsleben (siehe Tabelle 15).

Sie wählten damit einen für viele Männer nicht untypischen

Lösungsweg für extreme Belastungssituationen, wie er bei der
Geburt eines Kindes mit gesteigerter Verantwortung und höherem
Geldbedarf beobachtet wird.

Ständige körperliche oder seelische Beschwerden gehen überdurchschnittlich häufig einher mit dem Verlust des Interesses an
der Arbeit. Befragte, die nur über vorübergehende gesundheitliche
Beschwerden klagen, berichten häufiger von einem Arbeitsplatz-
wechsel. Für ein Viertel der Befragten, die die Trennung ohne gesundheitliche Beeinträchtigungen durchliefen, hatte die Trennung
auch keinen negativen Einfluss auf den beruflichen Alltag (für
54,3 % keinen Einfluss, 22,4 % stürzten sich ins Berufsleben; siehe
Tabelle 15).

Tabelle 15: Trennungsbedingte Gesundheitsbeschwerden nach trennungsbedingten beruflichen Problemen

			Einfluss der Trennung auf die Gesundheit				
			keine gesundheitlichen Probleme	vorübergehende körperliche oder seelische Beschwerden	ständige körperliche oder seelische Beschwerden	Probleme mit Alkohol und Drogen	Gesamt
Einfluss Trennung auf Beruf	keinen Einfluss	Anzahl	387	300	134	22	843
		%	54,3	27,5	15,7	19,3	30,4
	Arbeitsplatz gewechselt	Anzahl	89	179	116	10	394
		%	12,5	16,4	13,6	8,8	14,2
	ins Berufsleben gestürzt	Anzahl	160	298	193	23	674
		%	22,4	27,4	22,6	20,2	24,3
	wurde gekündigt	Anzahl	29	86	118	24	257
		%	4,1	7,9	13,8	21,1	9,3
	Beruf hat nicht mehr interessiert	Anzahl	48	226	292	35	601
		%	6,7	20,8	34,2	30,7	21,7
		Gesamt	713	1089	853	114	2769
		%	100,0	100,0	100,0	100,0	100,0

Für diese Gruppe von Männern kann angenommen werden, dass
zwischen ihren privaten Lebensverhältnissen und der Arbeitsmotivation eine enge sinnstiftende Beziehung besteht. Arbeit
wird weitgehend im Sinne des überlieferten Beziehungsarrange-
ments in erster Linie als Arbeit für die Familie erlebt, die durch
die Erwartung der Ehefrau anerkannt wird. Zerfällt die Familie

und bricht der Kontakt zu den Kindern ab oder verliert er seine sinnstiftende Intensität, dann mindert sich nicht nur die Arbeitsmotivation, sondern es kommt zu einer krisenbedingten Sinnentleerung und in deren Folge zur Verschlechterung der Gesundheit. Diese Konstellation wird erheblich verschärft, wenn die Exfrau die Väterlichkeit anzweifelt, weil nach der Scheidung unmittelbar der Lebensstandard abfällt (siehe Tabelle 16) und sie die Funktion des Versorgers in Frage gestellt sieht.

Tabelle 16: Trennungsbedingte gesundheitliche Beschwerden nach Einkommen

			Einfluss auf die Gesundheit				
			Keine gesundheitlichen Probleme	vorübergehende körperliche oder seelische Probleme	ständige körperliche oder seelische Probleme	Probleme mit Alkohol und Drogen	Gesamt
Einkommen	Niedrig	Anzahl	250	454	481	71	1256
		%	31,9	34,6	44,4	50,4	37,8
	Mittel	Anzahl	295	486	346	39	1166
		%	37,7	37,1	31,9	27,7	35,1
	Hoch	Anzahl	238	371	257	31	897
		%	30,4	28,3	23,7	22,0	27,0
	Gesamt	Anzahl	783	1311	1084	141	3319
		%	100,0	100,0	100,0	100,0	100,0

Dem kann die Unterbindung der Beziehung zu den Kindern folgen, weil die Frau die Väterlichkeit des Exmannes als verfehlt betrachtet. Fehlende Versorgung wird möglicherweise mit Väterlichkeitsverweigerung gleichgestellt, was einem eher archaischen inneren Männerbild der Frau entspräche.
Unsere Forschung zeigt, dass eine Trennung häufig weitreichende, über das unmittelbare Familienleben hinausgehende Folgen hat. Manifeste gesundheitliche Beschwerden, ausgelöst durch eine Trennung, ziehen deshalb häufig unter anderem berufliche Probleme nach sich und werden damit zur existentiellen Bedrohung.
    Worin aber unterscheiden sich Männer, die eine Trennung scheinbar ohne größere Leiden überstehen, von Männern, die eine Trennung aus der Bahn wirft? Welche Bedeutung kommt dabei

Einkommen und Bildung als den Ressourcen gelingender Konfliktlösung zu?

Gesundheitsprobleme werden tendenziell weniger dramatisch beurteilt, je mehr Zeit seit der Trennung vergangen ist. Die Zeit heilt aber nicht alle Wunden. Gesundheitliche Beschwerden nehmen mit der Dauer der zurückliegenden Trennung zwar leicht ab, jedoch klagte ein Viertel der befragten Männer noch mehr als fünf Jahre nach dem Ende der Partnerschaft über ständige seelische und/oder körperliche Probleme. Auch nach mehr als fünf Jahren Trennung klagen Befragte ohne neue Partnerin überdurchschnittlich häufig über manifeste gesundheitliche Beschwerden.

Unter den Befragten mit ständigen seelischen und körperlichen Beschwerden sowie mit Alkohol-/Drogenproblemen sind überproportional häufig Männer, die nur über ein geringes Einkommen verfügen und/oder erwerbslos sind. Schulbildung und trennungsbedingte Krankheiten stehen eher nur in einem schwachen Zusammenhang miteinander. Gut Gebildeten scheint es leichter als den schlecht Gebildeten zu gelingen, die Trennung unbeschadet zu überstehen. Höhere formale Bildung begünstigt demnach nicht nur den Zugang zu qualitativ besseren professionellen Hilfen wie Psychotherapien, sondern sie ermöglicht individuell erfolgreichere Auseinandersetzungen mit der Scheidungsproblematik und dem drohenden Beziehungsverlust zu den Kindern. Das Alter der Befragten spielt hierbei keine Rolle.

Wenn die Trennung auf einer gemeinsam getroffenen Entscheidung beruht oder sogar vom Befragten selbst ausging, dann sind die Auswirkungen auf das gesundheitliche Empfinden wesentlich undramatischer als in den Fällen, in denen die Frauen die Trennung veranlasst haben. Eine Rolle spielt ebenso, ob es beim Auszug des Vaters die Möglichkeit eines vergewissernden Abschieds gab oder ob dieser bereits durch Animositäten der Mutter, nicht selten kaschiert als sorgenvolle Vermeidung des kindlichen Abschiedsschmerzes, erschwert, wenn nicht unmöglich gemacht wurde. So geben Befragte mit manifesten gesundheitlichen Beeinträchtigungen überdurchschnittlich häufig an, dass sie keine Möglichkeit hatten, sich von den Kindern zu verabschieden. Stand hingegen fest, dass auch weiterhin Kontakt zu den Kindern bestehen würde, so berichteten diese Scheidungsväter weniger gesundheitliche Probleme.

Körperliche Beschwerden, Alkohol und Drogenprobleme fallen mit der Äußerung zusammen, nach dem Abschied von der Familie nicht mehr gewusst zu haben, wie es weitergehen soll. Diese Männer teilten am häufigsten mit, »fix und fertig« und »perspektivlos« zu sein. Das Gefühl der »Erleichterung beim Abschied« wird dagegen überproportional häufig von Scheidungsvätern ohne gesundheitliche Probleme genannt. Scheidungspartner, die die Bedürfnisse ihrer Kinder respektieren und sich als Getrennte verhalten, fördern ihre eigene Gesundheit und minimieren die Belastungen durch die Scheidung. Das trifft für Scheidungsmütter wahrscheinlich genauso zu.

Nach den Gefühlen gegenüber den Kindern beim Abschied befragt, geben Väter ohne trennungsbedingte Leiden zudem überdurchschnittlich häufig an, sich schuldig zu fühlen. Über 70 % der Väter mit ständigen gesundheitlichen Beschwerden hatten beim Abschied von den Kindern das Gefühl, alles verloren zu haben.

Drei Viertel der gesundheitlich beeinträchtigten Befragten nahmen professionelle Hilfe in Anspruch. Angesichts der Schwere des inneren Konflikts wurde offenbar das unter Männern eher abwartende Verhalten gegenüber professioneller Hilfe frühzeitig außer Kraft gesetzt. Neben therapeutischer Hilfe – Psychotherapie, Psychiater und psychologische Beratung – haben sie ebenso überdurchschnittlich häufig die Hilfe von Rechtsanwälten und vom Jugendamt genutzt. Vieles spricht dafür, dass das Leiden dieser Männer am teilweisen oder gänzlichen Verlust der Beziehung zu ihren Kindern sie einerseits gesundheitlich zwar belastet, aber andererseits auch um den Erhalt der Beziehung zu ihren Kindern hat kämpfen lassen. Gesundheitliche Beeinträchtigung und Konfliktfähigkeit existieren dabei nebeneinander. Dafür spricht ebenfalls, dass mehr als jeder fünfte Mann in dieser Befragung (21,9 %) mit trennungsbedingten anhaltenden Gesundheitsproblemen Mitglied in einem Väterverein ist.

Wie sehr die Qualität der Scheidungsabwicklung das gesundheitliche Befinden von Scheidungsvätern bestimmt, zeigt sich auch daran, dass anhaltende seelische bzw. körperliche Beschwerden signifikant häufiger mit Problemen im Umgang mit der Expartne-

rin einhergehen. Hier stehen gerichtliche Auseinandersetzungen
(45,3 %), nicht eingehaltene Scheidungsvereinbarungen (28,5 %)
und vor allem der Umgangsboykott (52,8 %) als Probleme mit der
Expartnerin im Vordergrund. Die gesundheitliche Befindlichkeit
von Frauen leidet unter der Scheidung ebenfalls (Franz et al.,
2003). Offenbar ist es erforderlich, die Scheidungsforschung auf
diese Dynamiken zu orientieren, um lösungsorientierte Informationen zu erhalten. Bislang gehen diese Differenzierungen zumindest im öffentlichen Raum noch weitgehend in der Zuordnung
von Frauen als Scheidungsopfer und Männer als Scheidungstäter
unter.

Ein noch stärkerer signifikanter Zusammenhang zeigt sich
zwischen trennungsbedingten gesundheitlichen Leiden und dem
Umgang mit Konflikten mit der Expartnerin. So fühlen sich 67 %
aller befragten Männer unserer Studie mit manifesten seelischen
wie körperlichen Beschwerden den Problemen mit der ehemaligen Partnerin »machtlos gegenüberstehend«. Befragte hingegen,
die nur unter vorübergehenden seelischen bzw. körperlichen Beschwerden leiden, geben überdurchschnittlich häufig an, »Probleme in gemeinsamen Gesprächen zu lösen«.

Bei den Langzeitleidenden kam es auch deutlich häufiger während der Beziehung zu Handgreiflichkeiten, was auf die Unfähigkeit zu einer an Sprache orientierten Konfliktlösung hinweist.

Auch in den Schlussfolgerungen, die die Befragten aus ihrer
gescheiterten Beziehung ziehen, unterscheiden sich trennungs-
geschädigte Befragte von solchen ohne gesundheitliche Probleme
erheblich. Für die Männer mit ständigen gesundheitlichen Problemen scheint die Trennung traumatisierend gewirkt zu haben,
denn sie sprechen von »Angst vor einer neuen Beziehung« und
sehen ihr »Vertrauen in Frauen generell erschüttert«.

Sie geben ebenso an, dass sie mit ihrer Partnerin um das Sorgerecht (46,6 %) und vor allem um das Umgangsrecht (58,6 %)
stritten. Männer ohne gesundheitliche Probleme sind hingegen
mit der getroffenen Sorgerechtsregelung zufrieden.

Dass die Ausgestaltung der Beziehung zu ihren Kindern den
gesundheitlichen Status der Männer nach der Scheidung beeinflusst, zeigt sich daran, dass Männer ohne Gesundheitsprobleme
auffallend häufig Gelegenheit haben, ihre Kinder zu sehen. Je bes-

ser die Beziehung zu den Kindern nach der Trennung, umso geringer sind die gesundheitlichen Belastungen nach der Scheidung. Ein Viertel der Väter mit ständigen Beschwerden erhielt kein Umgangsrecht. Auch Befragte, denen gekündigt wurde, haben deutlich häufiger keinen Kontakt zu ihren Kindern mehr. Befragte mit regelmäßigem Kontakt haben dagegen die wenigsten beruflichen Probleme.

Auf unternehmerischer Ebene wird bislang weitgehend übersehen, dass Mitarbeiter, die Scheidungsprozesse durchlaufen, in hohem Maße in ihrer Leistungs- und Teamfähigkeit eingeschränkt sind, auch wenn sich diese Einschränkungen unterhalb der Linie des wahrnehmbaren Leistungsabfalls bewegt. Auch auf dieser Ebene des Gesundheitswesens wie der Präventionspolitik gibt es eine ausgeprägte Desinteressiertheit gegenüber männlichen Gesundheitsbelangen, die sich bis vor kurzem ebenso im Fehlen von Männergesundheitsberichten niederschlug.

Scheidungstypen

Obwohl Scheidungen eine hochindividuelle Erfahrung bilden, so lassen sich ähnliche Erfahrungsverläufe und Verarbeitungsweisen auch mit Hilfe mathematischer Methoden über die Clusteranalyse gewinnen. Mit diesem Verfahren ließen sich fünf Cluster identifizieren, die als Scheidungstypen bzw. -typologie bezeichnet werden sollen. Als Variablen der Clustersortierung wurden ausgewählt: »Zustand zum Zeitpunkt der Trennung/Gefühle beim Abschied von der Familie«, »Zustand zum Zeitpunkt des Interviews/Heutiges Empfinden für die Expartnerin« und »Kontakt zu den Kindern/Kontakthäufigkeit«.

- Cluster 1: Die partnerschaftliche Trennung
- Cluster 2: Schnee von gestern
- Cluster 3: Der Kampf um die Kinder
- Cluster 4: Die verlassenen Liebenden
- Cluster 5: Der Rosenkrieg

Cluster 1: Die partnerschaftliche Trennung – ca. 30 %

Die Männer dieses Cluster sind dadurch charakterisiert, dass sie sich in Freundschaft von ihrer Partnerin trennen und dass sie am Ende der Beziehung als Väter – gemeinsam mit der Exfrau – verfügbar bleiben wollen.

Die Männer des Cluster 1 verfügen über eine überdurchschnittliche Bildung (44,1 % Universitätsabschluss) und über ein überproportional hohes Einkommen (25,3 %). Auffallend ist, dass fast 60 % der Männer in einer neuen Partnerschaft leben.

Konflikte in der Partnerschaft gingen laut der Befragten des Clusters 1 überdurchschnittlich häufig von beiden Partnern aus (55,6 %). Diese Männer geben ihrer Expartnerin am seltensten die alleinige Schuld an den Problemen in der Beziehung. Der Trennungswunsch ging am häufigsten von den Befragten dieses Clusters selbst aus (44,1 %). Auch zum Zeitpunkt der Trennung nahmen beide Partner ihre jetzt allerdings veränderte Elternrolle noch gemeinsam war: Die Trennungsabsicht wurde am häufigsten von beiden Elternteilen gemeinsam den Kindern mitgeteilt (40,7 %). Für den überwiegenden Teil dieser Männer gab es daher auch keinen Grund für einen Abschied von den Kindern; der Kontakt würde auch weiterhin bestehen bleiben (63,9 %).

Trennungsbedingte Probleme wurden überdurchschnittlich »häufig« mit der neuen Partnerin (27,4 %) besprochen. Das Jugendamt sowie ein Rechtsanwalt wurden – gemessen an den anderen Scheidungstypen – nur unterdurchschnittlich häufig in Anspruch genommen.

Die Gefühle beim Abschied von den Kindern gleichen den Gefühlen beim Abschied von der Familie. Zwar erklären die Männer des Clusters 1 beim Abschied häufig »fix und fertig« gewesen zu sein, doch ist dieser Gefühlszustand beim Vergleich mit den vier anderen Typen deutlich seltener genannt worden. Auffallend überdurchschnittlich dagegen werden Schuldgefühle (39,9 %) und Gefühle des Versagens (40,2 %) beim Abschied von den Kindern benannt. Die Befragten des Clusters 1 fühlten sich mit Abstand am wenigsten betrogen und hintergangen.

Zum Zeitpunkt des Scheidungsverfahrens gab es zwischen den Befragten dieses Typs und deren Partnerinnen den geringsten

Streit. Das betraf auch Fragen des Umgangsrechts. Leicht über-durchschnittlich häufig wurde den Befragten des Clusters 1 ein ge-meinsames Sorgrecht zugesprochen. Diese Männer sind gemessen an den anderen Scheidungstypen am zufriedensten mit der getrof-fenen Sorgerechtsregelung und auch die Umgangsrechte, die ih-nen eingeräumt wurden, sind am umfangreichsten. 30,7 % können ihre Kinder jederzeit sehen. Sie haben die geringsten Probleme mit der Expartnerin und führen die wenigsten gerichtlichen Aus-einandersetzungen. Auftretende Probleme mit der Expartnerin können deutlich häufiger als in den anderen Clustern gemeinsam besprochen und gelöst werden (55,7 %). Diese Männer fühlen sich am wenigsten machtlos gegenüber der Expartnerin. Die Trennung hatte auch den weitaus geringsten Einfluss auf ihren Berufsalltag und ihr gesundheitliches Wohlbefinden. Traten sie auf, so waren sie nur vorübergehender Art. Kam es doch zu einem Kontaktab-bruch, dann geschah das überdurchschnittlich häufig erst Jahre nach der Trennung. Dieser Scheidungstyp zahlt zu 85,5 % den Unterhalt für die Kinder regelmäßig. 47,7 % der Männer wollen aufgrund ihrer Erfahrungen in einer neuen Beziehung mehr auf die eigenen Bedürfnisse achten (47,7 %). Die Männer sind in der Lage, den Kindern und den Frauen ausreichend Unterhalt zu zahlen. Auf diesem Gebiet entspinnt sich daher kein zusätzliches Konfliktfeld.

Cluster 2: Schnee von gestern – ca. 24 %

Hier liegen Trennung und Auseinandersetzungen schon lange zurück. Die Männer haben sich mit der bestehenden Situation abgefunden.

Die Bildung der Befragten ist leicht unterdurchschnittlich und ihr Einkommen eher gering. Sie leben häufiger als die anderen Cluster in neuen Partnerschaften. Die Trennung bzw. Scheidung liegt in der Regel schon länger zurück und die Kinder sind zumeist schon älter (73 % über sechs Jahre).

Schuld an den Konflikten in der Partnerschaft sehen sie allein bei der Expartnerin gegeben. Gemessen an den anderen Schei-

dungstypen reichten sie häufig die Scheidung selbst ein (41,8 %).
Leicht überdurchschnittlich häufig hatten diese Männer keine
Möglichkeit, sich von den Kindern zu verabschieden (33,6 %).

Auffallend bei den Männern des Clusters 2 ist, dass sie während
der Trennungsphase überdurchschnittlich häufig mit ihren Eltern
über ihre Probleme sprachen (22,9 %), aber die Häufigkeit Hilfe
suchender Gespräche war vergleichsweise am geringsten (33,5 %).
Ihr Bedarf an professioneller Hilfe war eher unterdurchschnittlich
und war auf den Rechtsanwalt (67,5 %) fokussiert.

Beim Abschied von den Kindern fühlten sie sich »fix und
fertig« (74,9 %). So verließen diese Männer ihre Kinder mit Gefühlen des Ärgers und der Wut (20,9 %). Streitpunkte zwischen
dem Befragten der Expartnerin gab es zum Zeitpunkt des Scheidungsverfahrens, abgesehen vom Kindesunterhalt (35,0 %), eher
wenig. Die zugestandenen Umgangsrechte erlauben es ihnen, jede
zweite Woche ihre Kinder zu sehen (40,2 %). Ebenso kommt es in
der Regel kaum zu Konflikten mit der Expartnerin. Der Aussage
»Wir streiten nur noch miteinander« stimmen die Männer am
seltensten zu. Probleme werden häufig vor Gerichten ausgetragen
oder ein Rechtanwalt wird hinzugezogen (45,1 %). Sie gehen Problemen einfach aus dem Weg (36,1 %). Deshalb wird das Gefühl
der Machtlosigkeit in der Auseinandersetzung mit der Expartnerin eher selten genannt; häufiger wird nur von »vorübergehenden
seelischen Beschwerden« berichtet.

Brachen sie den Kontakt zu den Kindern ab, so ging das überdurchschnittlich häufig von der Expartnerin aus. Überdurchschnittlich viele geben an, dass es ihnen inzwischen gleichgültig
ist (20,0 %), dass der Kontakt abgebrochen wurde. Sie sind mit Abstand am wenigsten traurig und niedergeschlagen darüber. Wenn
sie keinen Unterhalt zahlen, dann setzt das nach zwei Jahren ein.
Obwohl ihre Unterhaltszahlungen ansonsten durchschnittlich
häufig zuverlässig geleistet werden, haben sie den Unterhalt in
der Regel nach mehr als zwei Jahren nach der Trennung eingestellt (56 %). Als Grund nennen sie ihr zu geringes Einkommen
(82,9 %). Im Vergleich zu den anderen Scheidungstypen kam es
hier nur in 26 % zu Handgreiflichkeiten. Kam es allerdings dazu,
dann gingen diese überdurchschnittlich häufig von der Expartnerin aus (72,7 %). Die lebensgeschichtlich schwerwiegende Konse-

quenz in diesem Cluster ist, dass die Männer keine Kinder mehr
haben wollen.

Cluster 3: Der Kampf um die Kinder – ca. 17 %

Die Männer kämpfen um ihre Kinder, aber sie führen den Kampf
mit dem Gefühl, absolut machtlos und chancenlos zu sein.

Diese Gruppe von Scheidungsvätern ist eher über gute Bildung, aber eher niedriges Einkommen geprägt. Der Anteil von
Vollerwerbstätigen liegt deutlich unter dem Durchschnitt und ca.
25 % sind überhaupt nicht erwerbstätig. Überproportional viele
von ihnen sind ledig (26,5 %) und leben nach der gescheiterten
Beziehung allein (56,2 %). Die Trennung liegt in der Regel noch
nicht so lange zurück. Das Alter der zurückgelassenen Kinder
liegt überdurchschnittlich häufig zwischen vier und zwölf Jahren.
Es könnte sich hier um sog. »neue Väter« handeln, die beruflich
zurückstecken, keine Karriere anstreben und für die die Familie
und unmittelbare Sorge für die Kinder eine hohe sinnstiftende Bedeutung hat. Mit der Trennung ist die gewählte Lebensperspektive
jedoch abhanden gekommen.

Schuld an den Konflikten weisen sie besonders häufig der Expartnerin zu. Trennung sowie Scheidung gingen nach ihrer Sicht
am häufigsten von ihr aus. Deutlich öfter als bei anderen Scheidungstypen teilte die Expartnerin den Kindern die Trennungsabsicht allein mit (59,8 %) und diesen Vätern wurde am häufigsten
keine Möglichkeit eingeräumt, sich von den Kindern angemessen
zu verabschieden (35,6 %). Sie haben deshalb das Gefühl, alles gegeben zu haben, und können die Unzufriedenheit ihrer Exfrauen
offenbar nicht verstehen. Sie konnten allerdings die Versprechung,
die ihre Intellektualität und Ausbildung verheißt, nicht durch einen guten Verdienst einlösen. Obwohl der Mann unkonventionell
war und sich emotional viel um die Kinder gekümmert hat, hat
die Mutter nach der Trennung die Kinder seinem Einfluss entzo-
gen. Angesichts dieser enttäuschenden Zurücksetzung nahmen
diese Männer am häufigsten professionelle Hilfe in Anspruch
(74,7 %). Fast 60 % wandten sich an das Jugendamt und sie sind

auch am häufigsten in Vätervereinen organisiert (25,9 %). Das
bringt die Absicht zum Ausdruck, trotz der Zurückweisung um
die Kinder zu kämpfen und sich für die typischen Ziele von Vä-
tervereinigungen zu engagieren, nämlich durch Aktivitäten dafür
Sorge zu tragen, dass ein ähnliches Schicksal anderen Männern
erspart bleibt. Es könnte sich hier um engagierte Väter handeln,
die familienpolitisch zwar gewünscht und gefordert werden, deren
partnerschaftliche Psychodynamik jedoch ein Stück weit an dieser
für beide ungewohnten Rollenflexibilität scheiterte.

Ihre Situation wird als verzweifelt erlebt. Mehr als drei Viertel (76,1 %) von ihnen hatten beim Abschied von den Kindern
das Gefühl, alles verloren zu haben, oder waren »fix und fertig«
(77,8 %) und besonders viele wussten nicht, wie es mit ihrem Leben weitergehen sollte (51,7 %). Sie fühlten sich im Vergleich mit
den anderen Scheidungsvätertypen im Moment des Abschieds von
den Kindern am häufigsten betrogen und hintergangen (30,6 %).
Sie kämpften während der Scheidungs- bzw. Trennungsphase für
das Sorge- (68,3 %) und das Umgangsrecht (73,7 %) mit Abstand
am stärksten. Ein gemeinsames Sorgerecht wurde diesen Männern
erstaunlicherweise überdurchschnittlich selten gewährt (38,0 %).
Mit der getroffenen Sorgerechtsregelung sind diese Männer im
Vergleich mit den anderen Scheidungstypen am unzufriedensten.
Den Befragten dieses Scheidungstyps wurde am häufigsten ein
14-tägiges Umgangsrecht eingeräumt (41,7 %). Überdurchschnittlich vielen Männern wurde jedoch gar kein Umgangsrecht erlaubt
(23,6 %). Zu klären wäre, ob diese Frauen die Männer deshalb
so sehr bekämpfen, weil sie ihre Mütterlichkeit bedroht wähnen,
weil die Männer den Anspruch haben, es genauso gut wie Frauen
zu können. Da sie über Zeit verfügen, können sie einerseits An-
sprüche auf viel Umgang stellen. Andererseits konnten die Frauen
weder vor noch nach der Trennung von den Männern besonders
profitieren.

Nach der Trennung kam es dann auch überdurchschnittlich
häufig zu Streitigkeiten zwischen den ehemaligen Partnern. Kommunikation zwischen ihnen und ihrer Expartnerin hielten 60,9 %
für nicht möglich, da die Expartnerin den Umgang mit den Kindern erschwert (50,0 %). Auffallend ist das Gefühl vollkommener
Machtlosigkeit gegenüber der Expartnerin (72,5 %). Hohe formale

Bildung ist offenbar nicht identisch mit Konflikt- und Durchset-
zungsfähigkeit.

Große Auswirkungen auf den beruflichen Alltag und das
gesundheitlichen Befinden werden berichtet. Der Arbeitsplatz
wurde von 21,8 % gekündigt und fast die Hälfte von ihnen klagen
über permanente seelische Beschwerden (47,3 %). Vieles spricht
dafür, dass eine Perspektive als aktiver Vater mit dominanter Fa-
milienorientierung und materieller Versorgungserwartung an die
Ehefrau nicht realisierbar war.

Die gemeinsame Zeit mit den Kindern wird überdurchschnittlich häufig nach den Wünschen der Kinder gestaltet (48,1 %). Obwohl der Umgang mit den Kindern schwierig war, geben die Väter
an, die verfügbare Zeit mit den Kindern zu genießen (47,7 %).
Überdurchschnittlich viele geben an, ihren Kindern aus Angst
vor Konsequenzen nichts zu verbieten (28,5 %). Sie versuchen am
häufigsten die Kinder für sich zu gewinnen (30,0 %). Aber Einfluss
auf wichtige, die Kinder betreffenden Entscheidungen haben sie
am seltensten (17,8 %). Auch werden vergleichsweise häufig Besuchstermine von der Expartnerin nicht eingehalten (40,3 %).
Niedergeschlagenheit (22,9 %) und die Sehnsucht nach dem alt-
vertrauten Familienleben (53,6 %) stellen sich überdurchschnittlich häufig nach dem Zusammensein mit den Kindern ein. Diese
Männer vermissen ihre Kinder nach den Besuchen sehr (62,6 %).
Sie sehen sich überdurchschnittlich häufig nur noch als Zahlväter
(37,2 %), dem die alte intensive Väterlichkeit genommen wurde.

Wenn der Kontakt zu den Kindern abbrach, so geschah das am
häufigsten gleich nach der Trennung (49,0 %). Der Abbruch ging
fast ausschließlich von der Expartnerin aus (83,3 %). Diesen Scheidungstyp trifft der Kontaktabbruch am härtesten und die Betroffenen fühlen sich machtlos (91,7 %). Sie vermissen ihre Kinder am
stärksten (83,3 %) und machen sich am häufigsten Sorgen um sie
(79,2 %). Sie reagieren überdurchschnittlich häufig mit Traurigkeit
und Niedergeschlagenheit auf den Kontaktabbruch (75,0 %). Vieles legt nahe, dass sich diese Erfahrungen in depressiven Verstim-
mungen oder klinisch relevanten Depressionen niederschlagen.

Die Indikatoren des Depressiven werden durch aggressive
Durchbrüche als ihrem Gegenteil ergänzt. Mit Abstand am häufigsten kommt es hier zu Handgreiflichkeiten während der Part-

nerschaft (38,5 %). Überdurchschnittlich häufig gingen sie von der Expartnerin aus (72,2 %).

Cluster 4: Die verlassenen Liebenden – ca. 13 %

Bei diesen Männern ist die Trennung noch sehr frisch. Sie lieben ihre Expartnerin noch immer und sehnen sich nach dem alten Familienleben. Hier findet noch kein Kampf um die Kinder statt, sondern um den Fortbestand der Familie und die Väterlichkeit.

Die Männer verfügen über eine leicht unterdurchschnittliche Bildung und entsprechendes Einkommen. Nicht erwerbstätig sind 24,4 %. Die meisten leben allein (87,0 %) und ihre Trennung ist noch nicht lange her. Das Alter der zurückgelassenen Kinder liegt besonders häufig unter sechs Jahren.

Schuld an der Trennung geben sich viele Befragte selbst oder sehen zumindest, dass beide Partner gemeinsam Schuld tragen. Diese Männer erleben sich eindeutig als die Verlassenen. Bei ca. 85 % ging der Trennungswunsch von der Partnerin aus. Zumeist war es die Partnerin, die den Kindern die anstehende Trennung mitteilte. Versuche, die Beziehung zu retten, sind besonders ausgeprägt. 73,9 % haben professionelle Hilfe gesucht.

Die Gefühle beim Abschied von den Kindern gleichen den Gefühlen beim Abschied von der Familie. Sie gehen damit einher, alles verloren zu haben (74,4 %). Sie wussten nicht, wie es in ihrem Leben weitergehen sollte (51,9 %). Gefühle des Versagens treten bei 35,3 % auf. Im Vergleich zu den übrigen Scheidungstypen wurde ihnen nicht nur am häufigsten ein gemeinsames Sorgerecht zugesprochen (62,4 %), sondern auch die umfangreichsten Umgangsrechte. Fast ein Drittel der Männer können ihre Kinder zu jedem gewünschten Zeitpunkt sehen.

Das bedeutsamste Problem mit der Expartnerin war deren Kommunikationsverweigerung (42,2 %). Der Expartnerin stehen sie überdurchschnittlich häufig machtlos gegenüber (63,7 %). Der vermutete Verlust an Lebenssinn führt in dieser Gruppe zur stärksten Beeinträchtigung des Gesundheitsbefindens und ca. 31,0 % hatten das Interesse an ihrer Arbeit verloren und mehr als die Hälfte leiden unter ständigen seelischen Beschwerden (53,3 %).

Obwohl viele dieser Väter die gemeinsame Zeit mit den Kindern genießen (46,7 %), fühlen sie sich im Vergleich mit den anderen Scheidungstypen am seltensten noch als richtige Väter (14,2 %). Der Umgang mit den Kindern gestaltet sich nicht ganz unproblematisch. Die Männer geben am häufigsten an, aus Angst vor Kontaktverlust den Kindern nichts zu verbieten (32,3 %) und zudem mit der Trauer und den Aggressionen der Kinder nicht umgehen zu können (19,8 %). Besuchstermine werden von der Expartnerin nur selten boykottiert. Über drei Viertel von ihnen (77,4 %) vermissen nach dem Zusammensein mit den Kindern das vertraute Familienleben. Am stärksten ist das nach einem Besuch (68,1 %) der Fall.

Kam es doch zu einem Kontaktabbruch, so fand dieser oft gleich nach der Trennung statt. Häufig wurde der Kontakt von diesen Männern selbst abgebrochen (20,0 %). Der Kontaktverlust wird als sehr belastend wahrgenommen. Fast 80 % der Männer geben an, aufgrund des Abbruches traurig und niedergeschlagen zu sein. Sie vermissen besonders ihre Kinder (79,2 %).

Von Handgreiflichkeiten wird eher weniger berichtet. Kam es dazu, so gingen diese häufig von beiden Partnern aus (35,9 %). Besonders geben sie auch an, selbst Initiator der körperlichen Gewalt gewesen zu sein (28,2 %).

Cluster 5: Der Rosenkrieg – ca. 16 %

Obwohl häufig bereits lange getrennt, herrscht zwischen den ehemaligen Partnern Krieg. Hier geht es um Geld, und Zorn auf die Partnerin dominiert die Vaterrolle.

Die Befragten verfügen über eher geringe Bildung und geringes Einkommen. Sie sind überdurchschnittlich häufig erwerbstätig (87,8 %). Etwa zwei Drittel von ihnen sind geschieden und leben in neuen Partnerschaften. Ihre Trennung liegt am längsten zurück. Bei den zurückgelassenen Kindern handelt es sich überproportional oft um Teenager. Sie geben die Schuld an den Konflikten fast ausschließlich der Expartnerin. Aber der Trennungswunsch ging überproportional von den Befragten selbst aus (35,5 %). Vielen von ihnen wurde keine Gelegenheit zum Abschied von den Kindern geboten (35,1 %). Großen Wert auf professionelle Hilfe legen sie nicht. Die das taten, wandten sich vor allem an einen Rechtsanwalt (71,6 %).

Beim Abschied von der Familie fühlten sie sich am häufigsten hintergangen (28,7 %) und waren am häufigsten ärgerlich und wütend (24,6 %) und sie stritten sich am häufigsten mit ihrer Expartnerin um den Kindesunterhalt (35,3 %). Sie erhielten am seltensten das gemeinsame Sorgerecht zugesprochen (35,6 %) und mit Abstand wurde ihnen am häufigsten kein Umgangsrecht eingeräumt (32,8 %). Sie sind deshalb auch besonders unzufrieden mit dieser Regelung (57,5 %).

Nach der Trennung gab es bei diesen Männern, im Vergleich mit den anderen Scheidungstypen, die meisten Probleme mit der Expartnerin. Fast zwei Drittel von ihnen wollten nicht mehr mit der Expartnerin sprechen (75,3 %). Es kam zu gerichtlichen Auseinandersetzungen (58,9 %) und der Expartnerin wird vorgeworfen, sich nicht an die Scheidungsvereinbarungen zu halten (49,4 %) und/oder ständig mehr Unterhalt zu fordern (40,6 %). Die Männer geben am häufigsten an, dass keine vernünftige Kommunikation zwischen ihnen und der Expartnerin möglich ist und dass die Expartnerin den Umgang mit den Kindern erschwert und dass Probleme am seltensten in gemeinsamen Gesprächen gelöst werden können. Als Reaktion darauf gehen diese Männer ihren Expartnerinnen am häufigsten aus dem Weg (54,9 %) und schalten am häufigsten einen Anwalt ein (54,9 %). Auffallend bei diesen Männern ist, dass fast ein Viertel von ihnen (23,5 %) aufgrund der Beziehungsprobleme den Kontakt zu den Kindern einstellte.

Sie verbringen gemeinsame Zeit im Rahmen der Besuchsregelung hauptsächlich in den eigenen vier Wänden (50,0 %). Es fällt ihnen schwer, gegenüber den Kindern den Ärger mit deren Mutter zu verschweigen (48,0 %), und bringen damit die Kinder in Loyalitätskonflikte. Einfluss auf wichtige Entscheidungen über die Kinder haben sie eher selten (23,1 %). Besuchstermine werden von den Expartnerinnen nicht eingehalten (34,1 %). Etwa ein Viertel von ihnen gibt an, nach den Besuchen der Kinder tagelang niedergeschlagen zu sein. Die Vaterrolle dieser Männer hat sich aus ihrer Sicht am stärksten verändert: Sie sehen sich nur noch als Zahlvater

(40 %). Besonders viele von ihnen sind der Auffassung, kein Vater mehr zu sein (18,5 %).

Wenn es zum Kontaktabbruch kam, dann besonders häufig erst Jahre nach der Trennung. Sie reagierten darauf in erster Linie ärgerlich (58,3 % »stinksauer«). Überdurchschnittlich viele geben an, dass ihnen der Kontaktabbruch mittlerweile gleichgültig sei (20,2 %). Den Unterhaltsverpflichtungen wurde meistens erst Jahre nach der Trennung nicht mehr nachgekommen. Der Grund ist, dass das Geld für die neue Partnerschaft gebraucht wird (21,4 %)

In der Beziehung waren körperliche Auseinandersetzungen gemessen an den anderen Scheidungstypen eher durchschnittlich häufig. Kam es zu Handgreiflichkeiten, gingen diese von beiden Partnern aus (31,1 %).

Zur Zukunft der Scheidungsdebatte und ihrer gesellschaftlichen Handhabung

Männer zeigen und sprechen durchaus über Gefühle, aber vorwiegend erst unter Verhältnissen, in denen sie sich sicher fühlen. Und wie vieles andere, tun sie es anders als Frauen. Etwas anders als Frauen zu tun, heißt jedoch nicht, nichts zu tun oder Wichtiges zu unterlassen oder dessen nicht fähig zu sein. Männer reden nicht darauf los, sondern sie prüfen die Zuverlässigkeit der Gesprächspartner, um beschämende Bloßstellungen zu vermeiden. Das hat unsere Forschung über die Bewältigung von Scheidungserfahrungen gezeigt.

In einer gesellschaftlichen Atmosphäre, in der Beschuldigungsbereitschaft gegenüber Männern weit verbreitet ist, wäre es in der Tat riskant, wenn nicht selbstgefährdend, über unbewältigte Konflikte ohne Vorkehrungen zu sprechen. Zumal solche Preisgaben für Männer mit der männlichkeitsgeschichtlichen Hypothek belastet sind, dass »Schwäche« nicht nur dem Privaten, sondern zugleich deren Funktionsfähigkeit im Arbeitsprozess zugerechnet wird. Arbeitsfähigkeit ist jedoch für die alltägliche Versorgung der Familie grundlegend. Die realitätsgerechte Fähigkeit, Angstgefühle in bedrohlichen Situationen zu verdrängen, begründet sicher die exklusive Dominanz von Männern in gefährlichen Berufen und Lebenszusammenhängen. Sie wurde zu einem grundlegenden Element für die Arbeits- und Rollenteilung von Frauen und Männern.

Im Gegensatz dazu gibt es für Frauen das menschheitsgeschichtliche Privileg, über Gefühle nicht nur reden, sondern diese weitgehend ungehemmt agieren zu dürfen. Sie können sich gehen lassen, weil von Männern erwartet wird, dass sie genau diesen situativen Kontrollverlust vermeiden, unabhängig davon, ob eine bedrohliche Situation Verdrängung oder resolutes Handeln erfordert.

Die Scheidung ist für die meisten Männer eine existentielle Krise, in der sie entschlossen sind, über vielfältige Probleme zu sprechen – aber nur, wenn die Art, wie ein Fragebogen verfasst ist, den Eindruck eines von Häme freien Interesses erkennen lässt. Eine eher exhibitionistisch anmutende Darstellung von Problemen ist Männern fremd, weil – bislang zumindest – die Preisgabe von Selbstbeherrschung ihre Funktionalität für einen strikt rationalen Arbeitsprozess in Frage stellen würde.

Dass diese Fähigkeit ein hohes Maß an Selbst- wie Fremdüberschätzung und folglich masochistisch anmutender Selbstzerstörung enthalten kann, zeigt die Sicht auf Kriegsfolgen für Männer. Früher wurde deren Leid den Grenzen der individuellen Belastungsfähigkeit oder fehlendem Mut zugeschrieben. Heute wird es als traumatische Einwirkung der Kriegsführung und -technologie eingeordnet.

Um den Bedürfnissen der Männer in Scheidungskonflikten zu entsprechen, bedarf es eines neuen gesellschaftspolitischen und professionellen Konsenses, der spezifische Beratungsangebote sicherstellt. Zu diesem Zweck muss die institutionell verfestigte Ideologie von Männern als Tätern (und Frauen als Opfern) als gängige Legitimation für die Vernachlässigung von Tätern überwunden werden. Einrichtungen, deren Arbeit auf Ideologie statt auf professioneller Ethik und wissenschaftlicher Evidenz beruht, sind durch qualifizierte neue professionelle Einrichtungen zu ersetzen. Auf diese Notwenigkeit haben bereits ich selbst (Amendt,

2009a, 2009b) wie auch Döge (2008) in einer exemplarischen Evaluation von Frauenhäusern im Freistaat Thüringen hingewiesen.

Gewalt in Scheidungsfamilien

Die gesellschaftlich unterstützte Bewältigung von Scheidungskrisen kann nur dann hilfreich sein, wenn zugrunde gelegt wird, dass es in 30 % der Konfliktverläufe zu Gewalttätigkeiten kommt. Wie schwer diese Akzeptanz fällt, belegt die Tatsache, dass fast alle Journalisten darauf verzichteten, über diesen Teil meiner Untersuchung zu berichten, der nicht nur die große Häufigkeit von Gewaltepisoden (30 %) demonstrierte, sondern darüber hinaus die signifikant überdurchschnittliche Häufigkeit fraueninitiierter Gewalthandlungen benannte. Fast gänzlich unerforscht ist allerdings die Gewalt, die Kinder im Kontext der elterlichen Scheidung gegen die Eltern, Geschwister und ihre Peergruppe richten und die von den Eltern gegen sie selbst gerichtet wird. Das Gegenteil der depressiven Verarbeitung bedarf der forscherischen Aufmerksamkeit.

Verarmung durch Scheidung

Nach der Scheidung gibt es objektive Verarmung durch Deklassierung und ebenso die subjektiv bedingte, die zur Feindseligkeit zwischen den Getrennten und zum Kampf um die Kinder führt. Wir haben deshalb versucht, die äußere Psychodynamik vom Mythos der zahlungsunwilligen Männer zu beleuchten. Denn einerseits lässt sich nicht in Abrede stellen, dass es Zahlungsverweigerer unter Scheidungsvätern gibt, die rechtswidrig nicht zahlen. Andererseits lässt sich aber nicht übersehen, dass die meisten Zahlungsverweigerungen das Ende von unerquicklichen Auseinandersetzungen zumeist über Besuchsrechte markieren. Armut und Kampfdynamik der Getrennten bestimmen wesentlich deren Zukunft. Daniel Turkat (1995; 1999) hat das *Divorce Related Malicious Mother Syndrome* und Gardener (1987) das *Parental Alienation Syndrome* (PAS) (Jopt u. Zütphen, 2000; Schröder, 2000; Rexilius, 1999) beschrieben, die zusehends ins öffentliche

Bewusstsein rücken und als klinische Syndrome in den USA klas-
sifiziert werden. Sie setzen sich aus unbewussten wie bewussten
Verhaltensweisen und Strategien vor allem der Exfrauen zusammen, die nach einer Lösung für Konflikte suchen, die sie selbst, die
Kinder wie den Exmann betreffen. Fallstudien zeigen, dass ein Teil
der geschiedenen Frauen die Kinder gegen den Vater absichtsvoll
oder latent manipulieren. Wesentlicher dürfte allerdings sein, dass
Frauen für ihre scheidungsbedingten innerpsychischen Erschütte-
rungen Ursachen und Schuld vorwiegend beim Expartner suchen.
Einiges deutet darauf hin, dass Schuldgefühle das unbewusste Motiv des destruktiven Handelns sind (Amendt, im Druck).

Zerstörung der Elterlichkeit

Zwar nehmen Vater und Mutter meist wahr, dass ihre Scheidung
den Kindern die Kontinuität des Alltags und des gemeinsamen Lebens raubt. Aber viele Eltern realisieren nicht, dass ihre Kinder die
Trennung als einen schweren Eingriff in ihr Leben empfinden –
nämlich als ungewohnte und unerwartete Aggression. Ich habe
diesen Elterlichkeitsverlust als »grundsätzliche Weltveränderung«
(Amendt, 2006, S. 290) benannt. Sie ereilt alle Scheidungskinder,
auch wenn Eltern eine sonst respektvolle Trennung zustande bringen. Sie ist Teil der systemischen Veränderungen im Eltern-Kind-
Verhältnis.

Den Elterlichkeitsverlust anzuerkennen, fällt Eltern ausnahms-
los schwer, da es sie mit der Aggression konfrontiert, die sie gegen
die Kinder gerichtet haben. Solange Scheidung allein unter Indivi-
dualisierungsaspekten gesehen wird, lassen sich die Erfahrungen
von Kindern weitgehend verleugnen. Allerdings weist das auf
eine brüchige Identifikation mit den Interessen der Kinder hin. Es
wirft auch die Frage auf, ob das *Malicious Mother Syndrome* nicht
unbewussten Schuldgefühlen wegen dieser Aggression gegen die
Kinder zuzuschreiben ist, die sich in einer wiedergutmachend ge-
meinten Umklammerung der Kinder und in einer Projektion des
Vaters als dem Aggressor äußern. In einem solchen projektiven
Verweisungszusammenhang dürften teilweise Vorwürfe stehen,
die den Vater nach der Scheidung als Inzestvater entdecken. Das

ist in 6% der geschiedenen Ehen und 11,6% der eheähnlichen Beziehungen der Fall. Beides führt letztlich zum Ausschluss des Vaters von der Beziehung zu seinen Kindern. Diese komplizierten Psychodynamiken bedürfen der Erforschung.

Letztlich bedarf es eines Diskurses, der den Zusammenhang von Lebensgestaltung als Individualisierungsprojekt mit der damit einhergehenden Zerstörung von Elternschaft und dem Leiden der Kinder darstellt (Amendt, 2006, S. 279 ff.). Jenseits der familiären Situation erschwert es das Leben der Kinder, dass die Gesellschaft ihre Erfahrungen in eine Atmosphäre des Fremden taucht. Es ist ein Beschweigen einer kontextuell an Scheidungen gebundenen Gewalt gegen Kinder. Für Kinder ist es weniger ein Zeichen der Interesselosigkeit als ein untrügliches Indiz dafür, dass sie darüber nicht sprechen sollen, weil sie ihre Eltern damit verärgern oder – noch schlimmer – beschämen könnten.

Sie erleben die Trennung als das Ende der elterlichen Paarbeziehung. Auch Erwachsenen gilt das als Wesen der Scheidung. Deshalb werden die Kinder Vater und Mutter nicht mehr in Elterlichkeit verbunden erleben, wie das bislang ihren Alltag geprägt hat. Zusätzlich bestätigen die Eltern durch ihr Verhalten, dass sie sich nicht mehr als Eltern fühlen. Denn als Vater und Mutter können sie gemeinsam nur auftreten, wenn sie ein Paar sind, das in einer erotisch-libidinösen Beziehung zueinander steht. Elterlichkeit gibt es fortan nicht mehr. Was aus der Sicht der Kinder davon übrig bleibt, sind Vater und Mutter als narzisstische und konfliktunfähige Einzelwesen. Sie sind nicht mehr vereint als ein an Ambivalenzen reiches und doch von erotischen und sexuellen Spannungen zusammengehaltenes Paar. Der Verlust der Elterlichkeit zeigt sich vor allem darin, dass Vater und Mutter ihre Absicht aufgegeben haben, die Kinder gemeinsam zu erziehen. Sie wollen sie auch nicht mehr als Paar aufwachsen sehen. Kinder nehmen es als ein Zeichen der elterlichen Abkehr wahr und als Verlust.

Deshalb können sie Vater und Mutter zukünftig immer nur in zweierlei Gestalt begegnen: zum einen als Erinnerung an eine elterlich zusammengehaltene Familiengeschichte aus der guten alten Zeit mit ihren letztlich lösbaren Konflikten und zum anderen als frei schwebender Vater oder frei schwebende Mutter der Gegenwart und einer ungewissen Zukunft.

Einfühlsame Eltern versuchen das zu überbrücken. Solche Versuche haben den Charakter von künstlichen Gebilden und dienen den Eltern eher als tröstende Beschwichtigung eigenen Unbehagens. Für Kinder ist es ein Vorgaukeln einer untergegangenen Welt. Ob Kinder solche Vorspiegelungen den Feindseligkeiten vorziehen, die sie in kindlicher Ohnmacht anlässlich von Besuchen beim »Besuchselternteil« an sich vorüberziehen lassen müssen, wissen wir nicht. Die Scheidung der Eltern ist nicht nur eine bedrückende Erfahrung; sie erschüttert wegen ihrer steigenden Häufigkeit den Glauben an die Möglichkeit langlebiger partnerschaftlicher Beziehungen.

Väterlichkeit als gesellschaftliches Projekt

Viele Faktoren bestimmen, ob Männer sich für Kinder entscheiden. Einer davon ist die Bereitschaft, Vater zu werden und nach der Geburt der Väterlichkeit eine individuelle Gestalt zu geben.

Der Kinderwunsch von Männern und Frauen hat unterschiedliche Motive. Unbestritten ist jedoch, dass der Wunsch, Vater zu werden, durch seine im Vergleich zur Frau schwächere biologisch-anatomische Fundierung sehr viel mehr eine persönliche Motivierung voraussetzt, die auf die Anerkennung der Väterlichkeit durch die Frau und die sie umgebende Kultur angewiesen ist.

Deshalb sollte dem Wunsch der Männer nach Väterlichkeit hohe Priorität zuerkannt und diese gesellschaftspolitisch unterstützt werden. Wichtige Voraussetzungen für die Annahme der Vaterschaft sind jedoch auch sichere Arbeitsbedingungen und eine sichere Partnerschaftsperspektive. Dass der Wunsch nach Vaterschaft generell nur zaghaft bei verheirateten Männern und explizit bei unverheirateten Männern gar nicht respektiert wird, verletzt nicht nur das Kindschaftsrecht von 1998 und die Rechte von Männern auf Väterlichkeit. Langfristig wird es darüber hinaus nicht ohne Folgen bleiben, wenn Väterlichkeit nur als Ergänzung von Mütterlichkeit akzeptiert wird und gleichzeitig die Liquidierung tradierter Väterlichkeitsformen betrieben wird, wie das in einer Expertise für den 12. Kinder- und Jugendbericht der Bundesregierung der Fall ist (Rabe-Kleberg, 2005). Väterlichkeit ist ihrem Wesen nach anders als Mütterlichkeit und der Versuch, die qualitativen Differenzen einer deutschen idealisierten Mütterlichkeit über gesellschaftliche Feminisierungspolitik anzuähneln, schwächt nicht nur die Väterlichkeit, sondern überfrachtet die Mütterlichkeit mit irrealen Ansprüchen. Beides geht zu Lasten der Kinder, wie die umfangreiche Forschung über die Folgen des mütterlichen Alleinerziehens zeigt (Franz, Hardt u. Brähler, 2007; Dammasch, 2001). Das gilt ebenso für das Alleinerziehen der Mütter in vollständigen Familien, in denen der Vater zulässt, dass er als Ehemann und Vater vertrieben wird (Amendt, 1994).

Literatur

Amendt, G. (1994). Wie Mütter ihre Söhne sehen. Frankfurt a. M.: Fischer Taschenbuch Verlag.

Amendt, G. (2004a). Väterlichkeit, Scheidung und Geschlechterkampf. Aus Politik und Zeitgeschehen, Mai, 19–25.

Amendt, G. (2004b). Scheidungsväter. Institut für Geschlechter und Generationenforschung, Band 6. Bremen.

Amendt, G. (2006). Scheidungsväter. Wie Männer die Trennung von ihren Kindern erleben. Frankfurt a. M.: Campus.

Amendt, G. (2008a). Die Mitschuld der Frauen an der NS-Zeit. In: Das Jüdische Echo. Europäisches Forum für Kultur und Politik, Vol. 57, 110–117.

Amendt, G. (2008b). I didn't divorce my kids! How fathers deal with familiy break-ups. Frankfurt a. M.: Campus/Chicago: Chicago University Press.

Amendt, G. (2009a). Warum das Frauenhaus abgeschafft werden muss. »Die Welt«, 16. Juni 2009. Zugriff am 30.1.2011 unter http://www.welt.de/politik/article3936899/Warum-das-Frauenhaus-abgeschafft-werden-muss. html; englische Version »Die Welt«: Why women's shelters are hotbeds of misandry, 10. August 2009. Zugriff am 30.1.2011 unter http://www.welt. de/politik/deutschland/article4295642/Why-Women-s-Shelters-Are-Hotbeds-of-Misandry.html

Amendt, G. (2009b). Schafft die Frauenhäuser ab. Brigitte, 20.8.2009. Zugriff am 30.5.2010 unter http://www.brigitte.de/gesellschaft/politik-gesellschaft/frauenhaeuser-gerhard-amendt-1031207/

Amendt, G. (2010). Frauen schlagen häufiger. »Die Welt«, 20.11.2010. Zugriff am 30.1.2011 unter http://www.welt.de/print/die_welt/debatte/article10862713/Frauen-schlagen-haeufiger.html

Amendt, G. (im Druck). Was Männer sagen, wenn sie schweigen.

Andreß, H. J., Borgloh, B., Güllner, M., Wilking, K. (2003). Wenn aus Liebe rote Zahlen werden. Über die wirtschaftlichen Folgen von Trennung und Scheidung. Wiesbaden: Westdeutscher Verlag.

Archer, J. (2000). Sex differences in aggression between heterosexual partners: A meta-analytic review. Psychological Bulletin, 126 (5), 651–680.

Blankenhorn, D. (1995). Fatherless America. Confronting our most urgent social problem. New York: Harper Perennial.

Braver, S., O'Connell, D. (1998). Divorced dads, shattering the myths. London: Penguin Putnam.

Connell, R. (1977). Ruling class – ruling culture. Studies of conflict, power & hegemony in Australian life. Cambridge: Cambridge University Press.

Dammasch, F. (2001). Das Vaterbild in den psychoanalytischen Konzepten zur kindlichen Entwicklung. Ein Beitrag zur aktuellen Triangulierungsdebatte. Analytische Kinder- und Jugendlichen-Psychotherapie, 2, 215–243.

Devereux, G. (1984). Angst und Methode in den Verhaltenswissenschaften. Frankfurt a. M.: Suhrkamp.

Döge, P. (2008). Perspektiven der Frauenhausarbeit im Freistaat Thüringen. Studie des Instituts für anwendungsorientierte Innovations- und Zukunftsforschung e. V. (IAIZ) im Auftrag des Thüringer Sozialministeriums.

Dutton, D. (2006). Rethinking domestic violence. Vancouver/Toronto: UBC Press.

Dutton, D. (2007). Thinking outside the box: Gender and court mandated therapy. In J. Hamel, T. Nicholls (Eds.): Family interventions in domestic violence. A Handbook of gender-inclusive theory and treatment. New York: Springer.

Dutton, D., Nicholls, T. (2005). The gender paradigm in domestic violence research and theory. Aggression and Violent Behavior, 10, 680–714.

Ellman, I. M. (1997). Fault divorce, and why reformers should look instead to the American Law Institute. International Journal of Law, Policy and the Family, 11 (2): 216–245.

Forsa-Studie (2002). Unterhaltszahlungen für minderjährige Kinder in Deutschland. Schriftenreihe des BMFSFJ, Band 228. Stuttgart.

Franz, M., Lensche, H., Schmitz, N. (2003). Psychological distress and socioeconomic status in single mothers and their children in a German city. Social Psychiatry and Psychiatric Epidemiology 38: 59–68.

Franz, M., Hardt, J., Brähler, E. (2007). Vaterlos: Langzeitfolgen des Aufwachsens ohne Vater im Zweiten Weltkrieg. Zeitschrift für psychosomatische Medizin und Psychotherapie, 3, 216.

Gardener, R. (1987). The parental alienation syndrome and the differentiation between fabricated and genuine child sex abuse. New Jersey: Creative Therapeutics.

Grüne NRW (2010). Männermanifest. Nicht länger Macho sein müssen.

Harned, M. S. (2001). Abused women or abused men? An examination of the context and outcomes of dating violence. Violence and Victims 16, 269–285.

Holmes, T. H., Rahe, R. H. (1967). The Social Readjustment Scale. Journal of Psychosomatic Research, Vol. II, 213–218 (zitiert in A. Dührssen, A., Die biographische Anamnese unter tiefenpsychologischem Aspekt. Göttingen: Vandenhoeck & Ruprecht, 1990).

Jopt, U., Zütphen, J. (2001). Elterliche PASsivität nach Trennung. Zur Bedeutung des betreuenden Elternteils für die PAS-Genese. In: Fabian, T., Jacobs, G., Nowara, S., Rode, I. (Hrsg.), Qualitätssicherung in der Rechtspsychologie (S. 183–197). Münster: Lit-Verlag.

Lamnek, S., Boatca, M. (Hrsg.) (2003). Geschlecht-Gewalt-Gesellschaft. Leske + Budrich.

Lamnek, S., Luedtke, J. (2005). Gewalt in der Partnerschaft: Wer ist Täter, wer ist Opfer? In H. Kury, J. Obergefell-Fuchs (Hrsg.), Gewalt in der Familie. Freiburg: Lambertus.

McManus, P., Diprete, T. (2001). Losers and winners: The financial consequences of separation and divorce for men. American Sociological Review, 66, 246–268.

Mitscherlich, M. (1985). Die friedfertige Frau. Frankfurt a. M.: Fischer.

Mitscherlich, M. (1987). Die Zukunft ist weiblich. Zürich: Pendo.

Nathanson, P., Young, K. (2001). Spreading misandry. The teaching of contempt for men in popular culture. Montreal/London: Mcgill Queens University Press.

Nathanson, P., Young, K. (2006). Legalizing misandry: From public shame to systemic discrimination against men. Montreal/London: Mcgill Queens University Press.

Peterson, R. (1996). A re-evaluation of the economic consequences of divorce. American Sociological Review, 61, 528–36.

Rabe-Kleberg, U. (2005). Feminisierung der Erziehung. Chancen oder Gefahren für die Bildungsprozesse von Mädchen und Jungen? Expertise für 12. Kinder- und Jugendbericht zum Thema »Bildung, Betreuung und Erziehung vor und neben der Schule«.

Rapp, C. (o. J.). Lies, Damned Lies, and Lenore Weitzman. Zugriff am 30.5.2010 http://www.acbr.com/biglie.htm

Rexilius, G. (1999). Kindeswohl und PAS. Zur aktuellen Diskussion des Parental Alienation Syndrome. Kindschaftsrechtliche Praxis, 2, 149–159.

Schröder, U. (2000). Umgangsrecht und falsch verstandenes Wohlverhaltensgebot. Auswirkungen auf Trennungskinder und Entstehung des sog. PA-Syndroms. Zeitschrift für das gesamte Familienrecht, 47, 592–596.

Straus, M. (1989). Physical violence in American families: Risk factors and adaptations to violence in 8,145 families. New Brunswick/London: Transaction Publishers.

Straus, M. (2004). Prevalence of violence against dating partners by male and female university students worldwide. Violence Against Women, 10, 7, 790–811.

Straus, M. (2009). Current controversies and prevalence concerning female offenders of intimate partner. Violence Journal of Aggression, Maltreatment & Trauma, 18, 552- 571. Zugriff am 30.5.2010 unter http://pubpages. unh.edu/~mas2/V75-Straus-09.pdf

Straus, M. (2010). Thirty years of denial of key research findings on partner violence: Implications for prevention and treatment. Partner Violence. Partner Abuse, 1/3.

Straus, M., Gelles, R. (2007). The Politics of research: The use, abuse, and misuse of social science data – The case of intimate partner violence. Family Court Review, 45, 42–51.

Stroup, A., Pollock, G. (1994). Economic consequences of marital dissolution. Journal of Divorce & Remarriage, 22, 37–54.

Turkat, I. (1995). Divorce-related malicious parent syndrome. Journal of Family Violence, 14/1, 95–97.

Turkat, I. (1999). Divorce-related malicious mother syndrome. Journal of Familiy Violence, 10/3), S. 253–264.

Wallerstein, J., Blakeslee, S. (1989). Second chances. New York: Tichnor & Field.

Wallerstein, J., Lewis J., Blakeslee, S. (2000). The unexpected legacy of divorce: A twenty-five year Landmark Study. London: Fusion Press.

Weiss, P. (1996). Abschied von den Eltern. Frankfurt a. M.: Suhrkamp.

Weitzman, L. (1985). The divorce revolution: The unexpected social and economic consequences for women and children in America. Massachusetts/ Washington: Free Press.

Matthias Franz

Der vaterlose Mann

Die Folgen kriegsbedingter und heutiger Vaterlosigkeit[1]

Psychohistorische Aspekte

Beginnen wir mit einem kurzen psychohistorischen Rückblick. Psychoanalytiker zielen mit ihrer Behandlung nicht primär auf Synapsen oder Neurotransmittersysteme der Gehirne ihrer Patienten, sondern sie behandeln deren Introjekte. Introjekte entsprechen Einprägungen kindheitlicher Beziehungserfahrungen mit den Eltern. Im pathologischen Fall sind es verinnerlichte emotional dysregulierte oder traumatische Interaktionsengramme. Sie nisten sich im kindlichen Unbewussten ein wie ein Seelenvirus oder wie ein Parasit, der von der kindlichen Loyalität noch des Erwachsenen zu seinen problematischen Elternbildern lebt. Sie bestimmen als Ich-synthone Fremdkörper, meist ohne bewusste Kenntnis der jeweiligen Person, lebenslang deren Selbstwertgefühl, Bindungsmuster, Erwartungen an die Mitmenschen, Verhaltenstendenzen und Gefühlsleben.

Sie organisieren als interaktionelle Attraktoren auch das Beziehungs- und Übertragungsgeschehen zwischen Analysand und Analytiker. In Form zyklischer Wiederholungen der konflikt- oder traumassoziierten Sollbruchstellen in der Emotionalität und der Beziehungsregulation des Patienten sind sie hier in einem lang andauernden Prozess einer deutenden Modifikation zugänglich. Für den professionell abgegrenzten, aber trotzdem empathischen Umgang mit diesem hochinfektiösen unbewussten Material benötigt der Analytiker selbst allerdings auch eine tiefgreifende psychoanalytische Selbsterfahrung und bewusste Kenntnis seiner eigenen Introjekte. Die Introjekte des Patienten und die durch sie etablier-

---

1 Deutlich erweiterte und aktualisierte Version eines Kongressvortrages (www.maennerkongress2010.de) auf der Grundlage von Franz, 2005.

ten Beziehungsmuster manifestieren sich im Psychoanalytiker im
anachronistischen Kontakt mit der abgewehrten problematischen
kindlichen Vergangenheit des Analysanden. Er repräsentiert insofern das konflikthafte oder traumatisierte Unbewusste des Patienten, solange dieser das noch nicht selbst bewusst ertragen kann. Er
präsentiert dem Patienten dessen Introjekte in verarbeiteter Form
als (Übertragungs-)Deutungen. Dies geschieht günstigenfalls in
Momenten, in denen ein im Übertragungsgeschehen – also in der
Beziehung zum Analytiker – aktualisierter aversiver kindlicher
Affektzustand des Patienten hierdurch reguliert, benannt, in seinen Ursachen verstanden und bewusst verarbeitet werden kann.
Dies stellt sozusagen den psychoanalytischen Normalfall dar, in
welchem der Psychoanalytiker operativ bleiben kann, weil er im
Gegensatz zum Patienten relativ angstfrei, professionell abge-
grenzt und doch einfühlsam mit den kindlichen Verstörungen im
Unbewussten des Patienten in Kontakt stehen kann.

Anders stellt sich die Situation dar, wenn sich auch der Analytiker an epochal vermittelten traumatischen Introjekten infiziert hat.
Von diesen »epidemisch« verinnerlichten Introjekten ist eine Dis-
tanzierung nicht ohne weiteres möglich, da sie und die zugehörige
Abwehrleistung referenziell für die gruppale Identität sind, in der
auch das Unbewusste des Analytikers eingebettet ist. Der Analytiker
wird in diesem Fall in der analytischen Situation genau wie auch
sein Patient durch kollektiv erlittene und verleugnete Traumata beeinflusst. Diese können sich im Fall umfassender Katastrophen in
den psychohistorischen Tiefenschichten des Unbewussten des Analytikers wie seiner Patienten niedergeschlagen. Mag die individuelle
Restneurose des Analytikers nach einer eingehenden Selbsterfahrung auf ein erträgliches Maß reduziert worden und analytische
Arbeitsfähigkeit erreicht worden sein, muss das nicht unbedingt
auch für kollektiv erlittene und deshalb nicht ohne weiteres individuell reflektierbare Traumata gelten. In der Gegenwart der analytischen Situation ertragen und verhandeln Analytiker unter diesen
Bedingungen immer auch die eigene verstörende Vergangenheit
und sind hierdurch befangen. Dies gilt auch und besonders für die
Behandlung von Konflikten oder seelischen Verletzungen, die in
Verbindung mit dysfunktionalen oder abwesenden Vätern und in
der Folge überforderten oder depressiven Müttern stehen.

Die kriegsbedingte Vaterlosigkeit

Gerade in Deutschland bestehen diesbezüglich umfassende Problemlagen. Seit vielleicht 100 Jahren werden die Identitätskerne
vieler Männer von hochtoxischen Introjekten mitbestimmt. Vier
zum Teil verheerende Generationen deutscher Väter haben bei
vielen Männern zu schwerwiegenden Beeinträchtigungen ihrer
Identitätssicherheit und zu Verzerrungen ihres Gefühlslebens geführt. Die genealogische Abfolge beginnt mit dem patriarchalisch-
wilhelminischen Vater, gefolgt vom nationalsozialistisch-soldati-
schen, dem toten und schließlich dem heutigen abwesenden Vater.
Diese Generationen haben bis in die Gegenwart spürbare Spuren
im Selbstbild vieler Männer hinterlassen. Schützengräben, Lager-
zäune, Mauern und die große heutige Einsamkeit ziehen sich bis
jetzt noch durch die Seelenlandschaften vieler vaterloser Jungen
und Männer. Man streitet sich lieber, als hier hinzuschauen. Denn
diese psychohistorischen Zusammenhänge sind außerordentlich
schmerzhaft, hochkonfliktiv, sie betreffen große Teile der Bevölkerung und sind daher nur schwer erkennbar. Und auch wissenschaftlich arbeitende Psychoanalytiker hatten und haben es daher
durchaus schwer, diese Thematik objektivierend zu betrachten. Sie
ist Gegenstand dieses Beitrages.

Das Thema der Vaterlosigkeit soll empirisch ausgehend von
der Mannheimer Kohortenstudie zur Epidemiologie psychogener
Erkrankungen (Schepank, 1987; 1990; Franz, Lieberz u. Schepank,
2000) erschlossen werden. In dieser Studie wurden 600 Männer
und Frauen der Geburtsjahrgänge 1935, 1945 und 1955 mehrfach
von Psychoanalytikern auch mit Hilfe von standardisierten Unter-
suchungsmethoden untersucht. Die zentralen Fragen waren: Wie
häufig sind psychosomatische Erkrankungen? Wie verlaufen Sie?
Was sind die Ursachen?

Ein zentraler Befund dieser Studie bestand in der – damals auf
ungläubige Kritik stoßenden – großen Häufigkeit psychischer/
psychosomatischer Erkrankungen – etwa 26 % der erwachsenen
Normalbevölkerung – und in ihrer hohen Verlaufsstabilität. Ein
ungünstiger Langzeitverlauf wurde vor allem durch ein schlechtes
Ausgangsniveau, Persönlichkeitsmerkmale, Belastungen während
der kindlichen Entwicklung und auch durch eine länger dauernde

Trennung vom Vater vorhergesagt (Franz, Lieberz, Schmitz u. Schepank, 1999a).

Dies betraf besonders die 1935 und 1945 geborenen Kriegskinder, deren Väter zu einem erschreckend hohen Anteil in den ersten Lebensjahren der Kinder nicht bei den Familien waren. Sowohl im Gruppenvergleich günstiger und ungünstiger Langzeitverläufe als auch innerhalb eines Regressionsmodells bestand ein statistisch bedeutsamer Zusammenhang zwischen einer Abwesenheit des Vaters während der prägungssensiblen ersten sechs kindlichen Entwicklungsjahre und der psychogenen Beeinträchtigung im späteren Leben (Franz, Lieberz, Schmitz u. Schepank, 1999b).

Infolge der zivilisatorischen Katastrophe der Nazidiktatur und des Zweiten Weltkrieges war in unserer Verlaufsstichprobe bei einem großen Anteil der Probanden der Vater in den frühen Entwicklungsjahren abwesend (Jahrgang 1935: 58,4 %, 1945: 41,2 %). Dieses jahrzehntelang verleugnete dramatische, kollektiv erlittene Kriegstrauma konnte sich übrigens nur aufgrund der nachfolgenden, außergewöhnlich langen und bis heute andauernden Friedensperiode in Deutschland in seinen Langzeitwirkungen nachweisen lassen. Der Effekt der kriegsbedingten Vaterlosigkeit auf die psychische Beeinträchtigung der Kriegskinder im Erwachsenenalter konnte mittels der Daten der Mannheimer Kohortenstudie erstmals in Deutschland auch statistisch belegt werden. Es zeigte sich bei den Probanden, bei denen der Vater nicht präsent war, noch 50 Jahre später eine signifikant stärkere psychische Beeinträchtigung als bei den ehemaligen Kriegskindern, die konstant über einen Vater verfügten.

Ebenso wie die durch die Mannheimer Studie beschriebene große Häufigkeit und Verlaufsstabilität psychischer/psychosomatischer Erkrankungen wurde anfänglich auch dieser zentrale, epidemiologisch nachweisbare Zusammenhang in Deutschland weiter verleugnet und in Frage gestellt. Die durch die Kriegsereignisse erzwungene Identifikation mit aversiven Vateraspekten (der abwesende Vater, der tote Vater, der idealisierte Vater, der Vater als traumatisiertes Opfer, der Vater als brutaler Täter) und die Introjektion der dazugehörigen Mutterbilder (die traumatisierte, aus der Beziehung zum Kind dissoziierte Mutter, die emotional verschlossene Mutter, die depressiv abwesende und bedürftige

Mutter, die verleugnende Mutter) führten bei einer Vielzahl der betroffenen Kinder zu abwesenden oder idealisierten inneren Elternbildern und Entwicklungsstörungen, die, bezogen auf den traumatischen Bereich, sowohl eine gestörte Wahrnehmung äußerer Fakten als auch eine beeinträchtigte emotionale Binnenwahrnehmung und damit auch eine gestörte Einfühlungs- und Beziehungsfähigkeit nach sich zogen. Die in großen Teilen der Bevölkerung resultierenden Wahrnehmungsbrüche und die entsprechenden Verdrängungs- und Verleugnungsbedürfnisse führten aus Loyalität und Liebe zu den beschädigten inneren Elternbildern und aus Gründen der Abwehr traumatischer Ängste zu einem breiten und verschwiegenen Konsens, den Krieg und seine emotionalen Langzeitfolgen nicht zu intensiv zur Kenntnis zu nehmen. Dieser nicht zuletzt von Teilen der Tätergeneration auch beförderte kollektive Neglekt des Kriegstraumas behinderte sogar die Wahrnehmung objektiver Fakten, auch mit der Folge einer verweigerten Kenntnisnahme der Leidenszustände deutscher kindlicher Kriegsopfer. Indirekte Hinweise auf diese Langzeitfolgen und die enorme Abwehrarbeit sind die in Deutschland von weiten Teilen der Bevölkerung erlebten emotionalen Entlastungsreaktionen nach dem Mauerfall 1989 (Entlastung von Schuldgefühlen) oder in Reaktion auf den Film »Das Wunder von Bern« von Sönke Wortmann 2003 (Benennung und Anerkennung des Traumas der verlorenen Vaterbeziehung).

Diese auch von Wissenschaftlern getragene Abwehrreaktion ist wegen des Umfanges der Katastrophe und des mit ihr verknüpften Leidens, der Schuld und der Verantwortung aus heutiger Sicht in Ansätzen nachvollziehbar. Der wissenschaftliche Blick auf die psychohistorischen Zusammenhänge des kriegsbedingten Vaterverlustes konfrontiert auch Wissenschaftler mit dem kaum erträglichen Blick auf Millionen Tote, davon oft auch aus der eigenen Familie. Daher führte unsere Arbeitsgruppe zusammen mit der Gruppe von Elmar Brähler eine epidemiologische Replikationsstudie an einer repräsentativen Stichprobe ehemaliger deutscher Kriegskinder durch (Franz, Hardt u. Brähler, 2007).

Diese Untersuchung ging erneut der Frage nach, ob sich Langzeitfolgen kriegsbedingter Vaterlosigkeit tatsächlich noch heute bei den ehemalig betroffenen Kriegskindern feststellen lassen.

883 Personen einer repräsentativen deutschen Stichprobe von durchschnittlich 68 Jahren wurden untersucht. Und tatsächlich berichteten – diesmal sogar noch 60 Jahre später – vaterlos aufgewachsene Kriegskinder als Erwachsene wiederum von signifikant stärker ausgeprägten psychischen Problemen als die ehemaligen Kriegskinder, welche mit dem Vater aufwuchsen. Besonders depressive Beschwerden, soziale Ängste und Misstrauen wurden von den vaterlos aufgewachsenen Kriegskindern häufiger genannt als von denen, deren Väter bei den Familien waren. Das heißt, dass insbesondere beziehungsregulative Kompetenzen wie Gefühlswahrnehmung, Bindungssicherheit und Vertrauen bei den vaterlos aufgewachsenen Kriegskindern beeinträchtigt waren – und sind. Diese Effekte waren auch dann noch signifikant, wenn verschiedene konfundierende Variablen (z. B. Flucht, Ausbombung) berücksichtigt wurden.

Die Ergebnisse bestätigten also die Resultate der Mannheimer Kohortenstudie und sie belegen, dass ein Aufwachsen ohne Vater lebenslange ungünstige Folgen haben kann. Mittlerweile liegen eine Fülle von historischen (Ewers, 2006), soziologischen (Grundmann, Hoffmeister u. Knotz, 2009) und klinischen Untersuchungen (Radebold, 2000; Janus, 2006; Böwing, Schmidt u. Schröder, 2007) sowie Fallberichten Betroffener (Bode, 2009) vor, welche diese Zusammenhänge ebenfalls eindrucksvoll bestätigen. Allerdings stellt der kriegsbedingt fehlende Vater für sich allein noch keine alleinig hinreichende Erklärung für die erhöhten psychischen/psychosomatischen Beeinträchtigungen der ehemaligen Kriegskinder dar (Franz, 2006). Natürlich vermittelt sich das Fehlen des Vaters auch der Mutter. Diese wird nach Verlust ihres Ehemannes sowie nach Verlust ihrer sozialen Absicherung unter Kriegs- und Nachkriegsbedingungen zumeist psychisch belasteter oder auch depressiver die Beziehung zu ihrem Kind gestalten als eine Mutter, die gemeinsam mit ihrem Mann die anstehenden Nöte bewältigen konnte.

Radebold (2000; 2004) hat in mehreren richtungsweisenden Beiträgen den historischen und psychoanalytischen Hintergrund unserer epidemiologischen Befunde erhellt. Allein schon die in die Millionen gehenden Zahlen der toten, vermissten und kriegsgefangenen Männer verdeutlichen in bedrückender Weise, warum

die Kriegsfolgen über Jahrzehnte hinweg in ihrer traumatischen
Qualität kollektiv verdrängt und hinsichtlich der Fakten verleugnet wurden – vielleicht verleugnet werden mussten. In Folge
des Zweiten Weltkrieges starben etwa vier Millionen deutsche
Soldaten – über sechs Jahre hinweg im Mittel jeden Tag mehr als
2000 –, darunter auch viele Väter. Etwa elf Millionen zurückkeh-
rende Kriegsgefangene waren häufig so schwer traumatisiert, dass
sie in ihren Familien über Jahre hinweg Fremde blieben oder sich
von ihr trennten. Die Scheidungsrate im Nachkriegsdeutschland
war enorm hoch. Für zahlreiche Kinder der Kriegs- und Nachkriegszeit bedeutete dies eine Kindheit ohne Vater. Ungezählte
andere hatten eine gestörte Beziehung zu einem kriegstraumati-
sierten Vater. Dies ist bis heute in vielen psychotherapeutischen
Behandlungen der Kriegskindergeneration ein leidvolles und zuvor jahrzehntelang verdrängtes zentrales Thema.

Ein Foto, das ein US-amerikanischer Panzerkommandant im
April 1945 beim Einrollen in das zerbombte Düsseldorf von seinem
Panzer herab aufgenommen hat, zeigt eine erschütternde Szene,
die diese Zusammenhänge in hochverdichteter Form festhält: Am
Straßenrand sitzt eine weinend zusammengebrochene Frau in ab-
gerissenen Schuhen und Kleidern hingekauert auf dem Bordstein.
Mit ihrem rechten Arm klammert sie sich Halt suchend an ihrem
vielleicht gerade vierjährigen Jungen fest, die Finger sind dabei zur
Faust zusammengeballt, sie ergreifen, schützen und bergen das
Kind nicht. In ihrer linken Hand umklammert die Mutter ein Ta-
schentuch, sie ist völlig in ihren Schmerz versunken, weint verzweifelt mit dem Kopf an der Brust des wie ein kleiner Soldat aufrecht
stehenden Jungen in sich hinein. Die Mutter sucht Trost bei ihrem
Kind, das ihr diesen nicht geben kann. Wohl aber wird es die Verzweiflung und die Erschütterung der Mutter spüren und vielleicht
auch schuldhaft auf sich beziehen. Der Junge, dem das Gesicht der
Mutter nicht als Spiegel zur Verfügung steht, drückt seine linke
Wange seitlich an die Stirn der Mutter und schaut mit unverwand-
tem Blick dem Panzerkommandanten geradewegs in die Kamera.
Die Augen ängstlich geweitet, die Augenbrauen mit angedeuteter
Wut zusammengezogen, die Mundwinkel traurig nach unten, fragt
ein stummer aber auch unverwandter, feindselig-versteinerter Blick:
Wer hat meine Mutter so zerstört? In einer völligen Rollenumkehr

schützt der parentifizierte Junge seine regrediert klammernde
Mutter. In seiner rechten Hand hält er eine kindliche Waffe, einen
Stock. Man könnte denken, dass er ihn 20 Jahre später als Waffe
gegen den Panzerkommandanten wenden könnte. Der Junge wird
möglicherweise ein Leben lang auf die Entwicklung seiner eigenen
emotionalen Fähigkeiten verzichten und stattdessen versuchen, die
Depression seiner Mutter zu besiegen – und hieran wahrscheinlich
scheitern. Er wird sich über die hierdurch entstehenden Schuldgefühle schließlich an der Depression seiner Mutter anstecken, wie an
einer sozial vermittelten Infektionskrankheit. Und vielleicht werden
Wissenschaftler 60 Jahre später die Spätfolgen in ihren Fragebögen
und Gesprächen aufspüren.

Die Konstellation dieser verlassenen, depressiv bedürftigen, das
Kind letztlich an seiner Entwicklung hindernden Mutter war besonders für die betroffenen Jungen hochproblematisch, wenn auf
der anderen Seite auch noch der väterliche Entwicklungspartner
als Identifikationsfigur und Beziehungsalternative fehlte. Ein fast
allen Nachkriegskindern in Deutschland von ihren Müttern oder
Großmüttern vorgesungenes Kinderlied beschreibt die depressive
Programmatik. Es handelt sich um die im Gegensatz zur Urfassung
des Liedes separationsbehindernde Zweitfassung vom »Hänschen
klein« von Frömmel aus dem Jahre 1899: *Hänschen klein ging allein* (Separationswunsch) *in die weite Welt hinein* (etwa zweijähriger Junge in der Ablösung). *Stock und Hut* (phallisch-narzisstische
Attribute des Jungen, der sich mit einem Mann identifizieren
möchte) *steht ihm gut, er ist wohlgemut* (narzisstisch-explorative
Funktionslust). *Aber* (die depressiv bindende) *Mutter weinet sehr,
hat ja nun kein Hänschen mehr* (narzisstisches Defizit bei Besetzung des Kindes als sicherndes Selbstobjekt, Mutter ist ohne
Hänschen nichts mehr wert und hilflos). *Da besinnt* (Identifikation des Jungen mit den Bedürfnissen seiner Mutter, männliches
Identifikationsdefizit) *sich das Kind* (nicht mehr der »Junge«, der
hat seine Männlichkeit verloren), *kehrt nach Haus geschwind –*
und leidet als erwachsener Mann vielleicht an einer Angstneurose
oder wird seine Gretel nicht recht froh machen.

Ein ähnliches Motiv findet sich übrigens im Märchen »Hänsel
und Gretel«, in dem die Hexe, die für die separationsfeindlich erlebten, bedürftigen und schließlich verschlingenden Aspekte des

frühen Mutterbildes steht, prüft, ob denn das »Fingerchen« von Hänsel etwa schon so sehr gewachsen ist, dass die männliche Verselbständigung droht, der nur noch mit dem archaischen Akt des Auffressens des Kindes begegnet werden kann. Das heißt auch, dass im Gegensatz zum depressiv-symbiotisch besser kontrollierbaren Mädchen (»Du bist wie ich – ich bin wie du«) die Männlichkeit des Jungen eine ständige Provokation für eine depressive Mutter darstellt, da dessen kleine Männlichkeit die sexuelle Alterität und gefürchtete Getrenntheit per se schon immer symbolisiert. Von daher ist die unempathische, vom Jungen als Kastrationsandrohung oder inzestuös erlebte – zum Beispiel hygienisch-rituelle – Vereinnahmung seiner Genitalität auch ein nicht seltener Aspekt eines depressiven mütterlichen Übergriffs. Mathias Hirsch nimmt in seinem Beitrag in diesem Band aus psychoanalytischer Sicht hierzu eingehend Stellung.

Es sei in diesem Zusammenhang auf eine sehr populäre Nachkriegsvariante von »Hänschen klein« hingewiesen: »Junge, komm bald wieder, bald wieder nach Haus. Junge, fahr nie wieder, nie wieder hinaus. Ich mach mir Sorgen, Sorgen um dich. Denk auch an morgen, denk auch an mich …« Dieser Schlager wurde von dem brav mit der Mama identifizierten Matrosenjungen Freddy Quinn 1963 in tränenfeuchter Millionenauflage verbreitet. Heintje hat dann wenig später 1967 auf diese mütterliche Bitte hin ebenso anrührend wie einträglich geantwortet, dass die Mama doch nicht mehr um ihren Jungen weinen solle. Es war aber zum Weinen, was nur wenige Jahre zuvor und im weiteren Verlauf mit Folgen bis heute mit Millionen Söhnen und Vätern geschehen war. Insofern tritt unter dem Schutz der schlagerhaften Negation der eigentlichen Ursachen die kollektiv abgewehrte Trauer zuverlässig als verschobener Affekt wieder zu Tage. »Man« – auch Männer weinten verstohlen – weinte über Freddy und Heintje, weil man sich in dem Jungen, der nicht gehen darf, wiedererkannte, ohne es wirklich bemerken zu müssen. Was Sigmund Freud als Wiederkehr des Verdrängten bezeichnete, ermöglichte der Schlagerindustrie damals (wie heute) die kommerziell ertragreiche emotionale Entsorgung allzu bedrückender Erinnerungen.

Weitere Entwurzelungserfahrungen wie Bombardierung, Kinderlandverschickung, Flucht, Lagerhaft, Vertreibung führten bei zahlreichen Kriegskindern zu einer kumulativen Traumatisierung in den prägungssensiblen frühen Entwicklungsjahren. Die erlittenen Verluste konnten in einer Vielzahl der Fälle nicht betrauert werden. Die deutsche »Heldenmutter« oder »Kriegerwitwe« zeigte in der Öffentlichkeit keine Trauer, sondern ergab sich häufig schweigend in ihre Rolle – gestützt von ihrem Kind. In einer Vielzahl der Fälle erfolgten ein sozialer Rückzug und eine alexithyme Erstarrung der familiären Beziehungsmuster, die ihrerseits zu der anhaltenden depressiven Disposition der vaterlos aufgewachsenen Kriegskinder beitrugen. Insbesondere zahlreiche Jungen litten unter einem abwesenden Vater wie auch unter einem idealisierten Vaterbild – das Uniformfoto mit schwarzem Trauerstreifen über einer Ecke auf dem Wohnzimmerschrank – oder gerieten durch Parentifizierung aufgrund der Bedürftigkeit der Mutter in eine überfordernde familiäre Position, dessen Zentrum von einer depressiven Mutter mit latenten und vom Kind verinnerlichten Schuldzuweisungen beherrscht wurde. Dies führte gerade bei vielen betroffenen, oft unvollständig von der Mutter gelösten Männern zu einer funktionalen Identität, die während der Aufbaujahre des westdeutschen Nachkriegswirtschaftswunders eine scheinbar reibungslose Anpassung im Sinne einer Pseudonormalität (während des Kalten Krieges diesmal aber wenigstens auf Seiten der »Gewinner«) erlaubte, im Umgang mit familiären Beziehungskrisen und emotionalen Konflikten im sozialen Nahbereich jedoch häufig keine einfühlungsfähige Partnerschaftlichkeit ermöglichte. Die tiefe Enttäuschung an den operativ kompetenten, aber emotional distanten Männern und Vätern der Täter-/Opfergeneration trug mit einiger Wahrscheinlichkeit in Deutschland zum Entstehen der Frauenbewegung wie auch zu der ideologisch organisierten Vatersuche der 68er-Bewegung bei. Zumindest legt das demonstrative Hochhalten und Vorantragen idealisierter Politpatriarchen auf den Transparenten der 68er-Demonstrationszüge ein derartiges Hintergrundmotiv nahe.

Die entwicklungspsychologische Bedeutung des Vaters aus psychoanalytischer Sicht

Diese Überlegungen und Befunde zur biographischen Langzeit-wirkung des fehlenden Vaters werden gestützt durch psychoanaly-tische und entwicklungspsychologische Konzepte zur Bedeutung des Vaters für die kindliche Entwicklung (Abelin, 1971).

Zunächst allerdings erschien der Vater in der Anfangszeit der Psychoanalyse in der triebtheoretischen Konzeption der ödipalen Phase Sigmund Freuds (1856–1939) als eher bedrohlicher Rivale und distantes Autoritätsmodell. Insbesondere der Junge stand diesem Vaterbild als einer zumindest latent gewaltbereiten (»kas-trierenden«) Autorität gegenüber, die den Verzicht auf die Mutter und eine trotzige Unterordnung als Voraussetzung der späteren Identifikation mit dem Vater erzwang. Der Vater steht in dieser Sichtweise eher nicht auf der Seite des Jungen sondern ihm po-tenziell feindselig gegenüber. Auch das Vaterbild Paul Federns (1871–1950) im Anschluss an den Ersten Weltkrieg im Entwurf der von ihm erstmals begrifflich so angesprochenen »vaterlosen Gesellschaft« stellt sich alles andere als positiv dar. Der Vater wurde hier nach den Vernichtungsexzessen des Ersten Weltkrieges und nach dem endlich erzwungenen Rücktritt des Kaisers und sei-ner Militärs auch auf gesellschaftlicher Ebene als erbarmungslose, menschenverachtende militärische Autoritätsmaschine konzipiert, deren Sturz und Verlust die Gesellschaft als Ganzes im Sinne ei-nes antiautoritären sozialistischen Entwicklungsprojektes – so die Hoffnung Federns – voranbringen würde. Allerdings sah Federn schon die idealisierende Führerbedürftigkeit und narzisstische Unmündigkeit vieler Deutscher nach dem Ersten Weltkrieg mit Skepsis.

Mit Melanie Klein (1882–1960) blicken wir – auch was den Va-ter angeht – wiederum eher in ungemütliche archaische Abgründe. Der Phallus des Vaters fusioniert im kindlichen Erleben – aus Sicht Melanie Kleins – im Inneren der Mutter mit dieser zu einem auf sich selbst zentrierten, triebhaft erregten, das Kind ausschlie-ßenden Großobjekt. Diese Formation steht gewissermaßen in der Nachfolge der »bösen Brust« ebenfalls für stark ängstigende, kata-strophische Aspekte des frühkindlichen Phantasielebens, die für das Kind mit stark aggressiven Affektspannungen und emotional dysregulierten Ausstoßungserfahrungen einhergehen.

Erst mit Winnicott (1896–1971) kommt es zu einer an den kindlichen Entwicklungsbedürfnissen orientierten Relativierung der aversiven väterlichen Attribute und der Vater erscheint im Lichte der auf beide Eltern gerichteten Bindungswünsche des Kindes zumindest als »fördernder Umweltfaktor«. Greenacre (1894–1989) geht über diese Sichtweise hinaus und betont die Wichtigkeit des Vaters in der Übungsphase des Kleinkindes, welchem er eine Progression gegen den Sog des symbiotischen Mutterbildes ermöglicht. Bei Mahler (1897–1985) schließlich mildert der Vater die Wirksamkeit ambivalenter Aspekte des Mutterbildes in der Wiederannäherungskrise gegen Ende des zweiten Lebensjahres. Er erspart so dem Kind pathologische Abspaltungsprozesse und ermöglicht ihm eine progressive Entwicklung und Strukturbildung. Greenson (1911–1979) betont die Wichtigkeit der Lösung der Identifikation des Jungen mit der Mutter. Bei einem Misslingen dieser Lösung beschreibt Greenson als Lösungsversuche die feminine Anpassung oder überkompensierte männliche Identität.

Heute lassen sich aus entwicklungspsychologischer Sicht vier Entwicklungsschritte beschreiben, bei denen die emotionale Präsenz eines fürsorglichen und empathischen Vaters für die Entwicklung des Kindes von besonders großer Bedeutung ist.

Direkt nach der Geburt kann der Vater die Mutter dabei unterstützen, dem Säugling eine sichere Bindung und Urvertrauen zu vermitteln, indem er die Mutter entlastet. Dies gelingt ihm dann besonders gut, wenn er sich mit den wechselseitig ablaufenden zyklischen Einfühlungsprozessen der Mutter-Kind-Dyade und den dahinter stehenden Spiegelungsbedürfnissen von Baby und Mutter identifizieren kann. Wenn er sich ausgeschlossen oder entwertet fühlt, wenn er das Kind zum Beispiel unbewusst als Rivalen erlebt oder kindlich-eifersüchtig auf die Bindung und Zuwendung der Mutter zum Baby reagiert, wird es dieser schwerer fallen, eine entspannte, auf das Erleben des Kindes zentrierte Wahrnehmungs- und Einfühlungsfähigkeit zu entwickeln. Darüber hinaus wird der Vater schon sehr früh und bereits vom Säugling als von der Mutter unabhängige und besondere Person wahrgenommen, auf die sich auch die Achtmonatsangst nicht erstreckt. In empiri-

schen Untersuchungen ließ sich belegen, dass Väter von Anfang an
einen von Müttern graduell unterschiedlichen Interaktionsstil mit
ihren Kindern realisieren. Sie betonen eher motorisch-spielerische
und stimulativ-explorative Aspekte in ihrer Beziehung zum Kind,
während in der Beziehungsgestaltung der Mutter eher körperliche
Nähe und feinfühlige Zentrierung auf affektive Prozesse wichtig
sind (Russel u. Saebel, 1997).

Diese separative Funktion des Vaters unterstützt die dann
folgende Entwicklung der Selbständigkeit des Kindes, wenn es
im Alter von ein bis zwei Jahren beginnt, sich von der Mutter zu
lösen. Die durch die Reifung der körperlichen Funktionen und
mentalen Fähigkeiten zwangsläufig verstärkten Trennungsbestre-
bungen und die in diesem Zusammenhang ebenfalls auftretende
Trennungsangst und Enttäuschungswut des Kindes kann der Vater moderieren und mildern, wenn er sich ihm als tragfähige Beziehungsalternative vermittelt, innerhalb welcher das Kind seine
Selbstständigkeit weiter in die Umwelt hinein entwickeln kann.
Der Vater kann dem Kind gewissermaßen demonstrieren, dass es
möglich ist, die Mutter sowohl zu lieben, das heißt abhängig von
ihr zu sein, als auch sich angstfrei von ihr zu trennen, also auch
unabhängig von ihr zu sein. Er kann dem Kind die Lebensfähig-
keit einer anderen Beziehung als der zur Mutter erfahrbar machen
und die Dyade in eine Welt vielfältiger Beziehungsmöglichkeiten
erweitern.

Diese »Triangulierung« bewirkt bei dem Kind einen weiteren
Rückgang archaischer Phantasien und Ängste und trägt zu einer
Reifung einer realitätsgerechteren Aggressionsverarbeitung bei.
Sie hilft dem Kind, sich von seiner Allmacht zu verabschieden,
ohne in den Horror traumatisch-dyadischer Abhängigkeit (»Ge-
fressenwerden«) oder dysregulierter Ausgestoßenheit zu versin-
ken. In der familiären Wirklichkeit ist der Vater hochwillkommen,
wenn er der Mutter, die in der Wiederannäherungskrise gegen
Ende des zweiten Lebensjahres auch manchmal überfordert ist
von der gleichzeitigen Adressierung kindlicher Verzweiflung und
kindlichen Hasses, das Kind entlastend »abnehmen« kann und
mit ihm explorativ die Dinge übt, die ihm noch nicht in der er-
träumten Perfektion gelingen wollen.

Schließlich kann der Vater in den späteren Entwicklungsstadien

die Entwicklung der Geschlechtsidentität des Kindes nachhaltig fördern. Hierzu trägt das zwischen Töchtern und Söhnen stärker nach
geschlechtstypischen Rollen differenzierende Verhalten von Vätern
bei (Siegal, 1987). Bei der Bewältigung dieses im Alter zwischen
etwa drei bis sechs Jahren anstehenden Reifungsschrittes ist der
Vater als emotional präsente männliche Identifikationsfigur und als
Liebespartner der Mutter für die Entwicklung einer stabilen, selbst-
bewussten sexuellen Identität des Jungen von prägender Bedeutung.
Insofern ist die Präsenz eines emotional verfügbaren Vaters für Jungen in dieser Phase von besonderer Wichtigkeit. Auch eine noch so
einfühlsame weibliche Bezugsperson oder alleinerziehende Mutter
kann einem heranwachsenden Jungen nicht vermitteln, wie es sich
eines Tages anfühlen könnte, ein auch sexuell selbstbewusster und
beziehungsfähiger Mann zu sein. Wenn sie es – zum Beispiel beim
Fehlen des Vaters und ohne eigentliche Wertschätzung für den Vater – doch versucht, kann es durchaus sein, dass der Junge ängstlich reagiert. Diese Versuche können vom Jungen – auch in einer
weiblich dominierten Kita-Umgebung – als intrusive Entfremdung
erlebt werden, wenn er sich dadurch die ängstigende Frage stellt:
»Soll ich hier auch zum Mädchen gemacht werden?«
    Die hieraus erwachsenden Verunsicherungsgefühle und Ängste
um seine kleine Männlichkeit können den Jungen, wie bereits
Greenson es beschrieb, entweder in eine feminisierende Anpassung (hochloyales Muttersöhnchen) oder in eine angestrengte,
überkompensierte Scheinmännlichkeit (narzisstisch verunsicherter Macho) hineinmanövrieren. Wenn dann auch noch in Kitas
oder Grundschulen unreflektiert und präferenziell weibliche Er-
ziehungsziele und Rollenbilder vermittelt werden, können latente
(Kastrations-)Ängste bei den betreffenden Jungen durchaus zu
einem provokant wirkenden Hilferuf nach einer väterlichen Bezugsperson eskalieren. Dies zieht dann nicht selten kontraproduk-
tive erzieherische Maßnahmen oder das Etikett einer »hyperkine-
tischen Störung« nach sich, wenn nicht verstanden wird, worum
es eigentlich geht: um die ängstliche Absicherung der als bedroht
erlebten männlichen Identität des kleinen Jungen. Zahlreiche Jungen in unseren Kitas, die als hyperaktiv angesehen werden, zeigen
im Grunde an der Verhaltensoberfläche ihres eigentlich normalen
Bewegungsdranges nichts anderes als eine angstgetriebene Such-

bewegung nach männlicher Identifikation und Anleitung. Diesen
Vaterhunger kennt jeder Vater, der seine Kinder in den Kinder-
garten bringt und am Gehen gehindert wird, weil eine Schar
von Jungen an ihm hängt und mit ihm spielen will. Ritalin® oder
ähnliche Substanzen sind in diesem Fall sicher keine kindgerechte
Lösung. Aber auch für die Entwicklung und Festigung der sexuellen Identität des Mädchens ist in dieser Phase der spielerischen
Erprobung späterer weiblicher Kompetenzen die kindgerechte
Begleitung und Wertschätzung durch den Vater sehr wichtig. Die
Fähigkeit des Vaters, auf die werbend erprobenden Rollenspiele
seiner Tochter kindgerecht einzugehen, ist von großer Bedeutung
für die Festigung der weiblichen Identität der Tochter jenseits der
mütterlichen Symbiose. Entsprechend dramatisch und verheerend
sind die oft lebenslang wirksamen Folgen sexuell missbräuchlicher
Übergriffe für Mädchen – wie auch für Jungen.

Insgesamt wirkt sich ein intensives väterliches Engagement
bereits bei Vorschulkindern positiv auf soziale und kognitive
Kompetenzen wie Empathie und späteren Schulerfolg sowie auf
die Verinnerlichung moralischer Standards aus (Fthenakis, 1999;
Sarkadi, Kristiansson, Oberklaid u. Bremberg, 2008). Gerade für
Jungen sind die unbewusst eingeschriebenen Bilder vom eigenen
Vater identitätsbildend. Für sie bleiben der Vater und seine Art,
mit Belastungen und Herausforderungen umzugehen, lebenslang
ein unbewusst referenzielles Modell bei der Bewältigung späterer
eigener Schwellen- und Krisensituationen, von Verlusten und
auch von Krankheit und Sterben.

Die trennungsbedingte Vaterlosigkeit

Aufgrund dieser Zusammenhänge kann die Abwesenheit des Vaters die Entwicklung vor allem von Jungen langfristig negativ beeinflussen (Franz u. Lensche, 2003). Ausgehend von den Befunden
der Mannheimer Kohortenstudie zur lebenslangen Wirksamkeit
eines früh erlittenen Vaterverlustes gewann die Frage nach den
Folgen der heutigen, vor allem trennungsbedingten, Vaterlosigkeit
deshalb zunehmend an Interesse.

Neben der Kleinfamilie, bestehend aus zwei oder drei Kindern, der Mutter, die sich in den ersten Jahren vorwiegend den Kindern widmet, und einem Vater, der als wirtschaftlicher Versorger einer Berufstätigkeit nachgeht, haben sich in den letzten Jahrzehnten mit der Flexibilisierung unserer Lebensverhältnisse auch andere Familienformen entwickelt. Diese reichen von den unverheiratet mit ihren Kindern zusammenlebenden Elternpaaren über die Patchworkfamilien bis hin zu den Alleinerziehenden. Soziale Benachteiligungen bestimmter Familienkonstellationen sind bei schwindendem sozialen Zusammenhalt jedoch mit Risiken auch für die Kinder verbunden.

Auch wenn vom Fehlen des Vaters wesentlich mehr Kinder betroffen sind, wird die Diskussion um die früh abwesende Mutter kontroverser und mit großer öffentlicher Aufmerksamkeit geführt. Dies wird beispielsweise in der aktuellen Auseinandersetzung um die Schaffung neuer Krippenplätze für die Kleinkindbetreuung im ersten Lebensjahr deutlich. Möglicherweise wird die Vorstellung von der das Baby im ersten Lebensjahr »verlassenden« Mutter von vielen Menschen als latent bedrohlich wahrgenommen und löst dementsprechend heftige Affekte aus. Der auch politisch nachdrücklich vorgetragene Anspruch der wachsenden Gruppe von sozial den Mittelschichten angehörenden Müttern auf Krippenplätze als Voraussetzung zur Verwirklichung beruflicher Erfolgschancen, persönlicher Entwicklung und Teilhabe an der gesellschaftlichen Machtverteilung facht den Geschlechterkampf jedenfalls immer wieder medienwirksam an. Die Forderung nach altersgerechter Berücksichtigung der frühkindlichen Bindungs- und Entwicklungsbedürfnisse fällt demgegenüber deutlich leiser aus und ist weniger in der öffentlichen Wahrnehmung.

Auffällig an dieser Diskussion um die Krippenerziehung von Kleinkindern ist die häufig vorgetragene Behauptung, auch eine noch so frühe Krippenunterbringung sei nicht von Nachteil für das Kind. Kinder, die im ersten Lebensjahr noch nicht wissen, geschweige denn kritisieren können, wie ihnen geschieht, werden aber möglicherweise einen Preis dafür zu zahlen haben (vgl. Belsky, 2002; Ahnert, 2009), wenn in Einrichtungen der Früherziehung bereits im ersten Lebensjahr keine qualitativ exzellent ausgebildete, bindungsorientiert und feinfühlig agierende sowie gut bezahlte professionelle Bezugspersonen beiderlei Geschlechts konstant und ausreichend (etwa 1:3) zur Verfügung stehen. Hier besteht ganz erheblicher Bereitstellungs- und Qualifizierungsbedarf. Ein Teil des Preises wird wohl in Form einer weithin ebenfalls institutionellen Unterbringung der Alten zurückerstattet werden. Auch hier werden sich sicherlich die Stimmen finden, die meinen, es gäbe nichts Besseres für sie.

In Konturen zeichnet sich jedenfalls ein politisch gewollter Großtrend ab, der einer solchen Entwicklung Vorschub leisten könnte. Angesichts des zunehmenden Wettbewerbs und des Globalisierungsdrucks sowie rückläufiger Zahlen an qualifizierten Arbeitskräften und an Geburten erscheint es volkswirtschaftlich sinnvoll, die möglichst frühe Berufstätigkeit gerade der gutausgebildeten Mütter zu fördern, um einer destabilisierenden relativen Verarmung auch der Mittelschichten durch Berufstätigkeit entgegenzuwirken und die Finanzierung der alternden Gesellschaft zu sichern. Bezogen auf die individuelle Lebensplanung kann dieser Trend im politischen Diskurs zwanglos als emanzipatorischer Individuationsgewinn propagiert und persönlich auch als Selbstverwirklichung erlebt werden. Damit die Mütter, die sich für diese Option entscheiden würden, auf – zumeist weiblich betreute – Krippenplätze für ihre Kleinkinder zurückgreifen können, sollen diese bei uns – wie bereits in anderen europäischen Ländern auch – in erheblichem Umfang auf- und ausgebaut werden.

Unbestreitbar ist ein positiver Einfluss öffentlicher Kinderbetreuung, wenn Kinder in sozialen Mangelmilieus mit überforderten Eltern, zum Teil vernachlässigt und misshandelt, aufwachsen. In solchen Fällen wird eine Mitbetreuung durch eine qualitativ gut ausgestattete Einrichtung die Folgen für das Kind mildern können. Allerdings werden in diesem Zusammenhang das in Deutschland im internationalen Vergleich immer noch unzureichende Ausbildungsniveau und die niedrige Bezahlung von Erzieherinnen (und den viel zu wenigen Erziehern) zu selten thematisiert. Lehrinhalte zur Bindungstheorie oder zur Bedeutung der teilnehmenden Spiegelung durch eine feinfühlige Bezugsperson für die externe Stressregulation und Gehirnentwicklung des Kindes sucht man in den Ausbildungscurricula vergebens.

Bei einer großen Anzahl alleinerziehender Mütter bewirken die mit diesem Familienstatus einhergehenden psychosozialen Belastungen eine strukturelle Überforderung, die zusammen mit dem Fehlen des Vaters bei den betroffenen Kindern zu langfristig wirksamen Entwicklungsrisiken führen kann. Von Bedeutung sind hier unter anderem das Alter des Kindes zum Zeitpunkt der Trennung, die Dauer der Abwesenheit des Vaters, die Verfügbarkeit von »Ersatzvätern« oder auch das Andauern destruktiver Konflikte der Eltern. Die natürlich nicht bei allen Kindern aus Einelternfamilien, aber im gruppenstatistischen Mittel doch beeinträchtigte soziale Entwicklung, vermehrte psychische oder emotionale Belastungen, Verhaltensauffälligkeiten, häufigeres delinquentes Verhalten oder auch geringere Schulleistungen von Kindern aus Einelternfamilien sind belegt (Hetherington, Cox u. Cox, 1985; Chase-Lansdale et al., 1995; McLanahan, 1999; Sadowski, Ugarte, Kolvin, Kaplan u. Barnes, 1999; Lipman, Boyle, Dooley u. Offord, 2002; Gilman, Kawachi, Fitzmaurice u. Buka, 2003; Ringback Weitoft, Hjern, Haglund u. Rosen, 2003; Franz, Lensche u. Schmitz, 2003; Franz, 2005; Hagen u. Kurth, 2007; Walser u. Killias, 2009). Belastungsverstärkend wirkt eine negativ erlebte Beziehung des Kindes zur Mutter (O'Connor, Hawkins, Dunn, Thorpe u. Golding, 1998) wie zum Vater (Schmidt-Denter u. Beelmann, 1997; Amato, 1999; Amato u. Booth, 2000a). Das Ausmaß elterlicher Konflikte vor und nach einer Trennung gehört dabei zu den gut gesicherten Einflussfaktoren auf das kindliche Wohlbefinden (Amato u. Keith, 1991; Cherlin, Chase-Lansdale u. McRae, 1998; Amato u. Booth, 2000a; 2000b).

Die Gruppe der alleinerziehenden Mütter und vaterlosen Kinder stellt eine seit Jahrzehnten kontinuierlich wachsende, inzwischen große Minderheit dar (BMFSFJ, 2010; MASFS, 2009). Aufgrund ihrer Lebenssituation sind sie häufig hohen Belastungen ausgesetzt und dabei nicht selten auch allein gelassen. Diese Belastungen müssen nicht immer krisenhafter Art sein. Oft sind sie auch nach Überwindung der akuten Trennungssituation noch über einen längeren Zeitraum wirksam und teilen sich dann über die betroffenen Mütter auch deren Kindern und schließlich wieder der Gesellschaft mit.

Vor dem Hintergrund der lange unterschätzten entwicklungspsychologischen Bedeutsamkeit des Vaters erscheint das strukturelle Vaterdefizit unserer heutigen Gesellschaft daher als problematisch. Bereits in Zweielternfamilien sind Väter über weite Bereiche der frühkindlichen Entwicklung nur wenig präsent. Sehr viele Väter sind aufgrund ihrer Versorgerfunktion berufsbedingt abwesend, etwa 23 % nehmen derzeit die gesetzliche Elternzeit in Anspruch, die meisten davon jedoch lediglich die zwei Monate, die zur Erlangung der Vollauszahlung des Elterngeldes erforderlich sind. Trotz öffentlich eingeforderter und propagierter neuer Rollenleitbilder versorgen und betreuen Väter ihre Kinder seltener als die Mütter. Allerdings scheint sich der zeitliche Anteil heutiger Väter an der Gesamtbetreuungszeit ihrer Kinder im Generationenvergleich in den letzten Jahrzehnten doch erhöht zu haben (Pleck, 1997). Nach einer Erhebung des Bundesfamilienministeriums an über 5400 Haushalten widmeten sich die zumeist voll berufstätigen Väter ihren Kindern täglich knapp $1\,^{1}/_{4}$ Stunden, Mütter $2\,^{3}/_{4}$ Stunden (BMFSFJ, 2003). Das eklatante Fehlen männlicher Bezugspersonen in Kindergärten und Grundschulen ist in diesem Zusammenhang bedeutungsvoll und für die Identitätsbildung besonders der Jungen alleinerziehender Mütter sicherlich oft problematisch. Schließlich bewirken tendenziell väterfeindliche Umgangs- und Sorgerechtsregelungen oder väterlicher Rückzug nach Scheidung bei einer Vielzahl von Kindern ein spürbares Vaterdefizit.

Zahlreiche vaterlos aufwachsende Jungen wachsen so bei uns ohne ein reales, emotional präsentes männliches Identifikationsmodell auf. Das Erfahrungsdefizit an realer Männlichkeit und emotional präsenter Väterlichkeit führt nicht nur zu einer Verunsicherung besonders der betroffenen Jungen, sondern trägt sicherlich auch zu dem großen kommerziellen Erfolg medial vermittelter, häufig destruktiver Männerbilder bei. Dieses männliche Identifikationsdefizit und die unterliegende Vatersehnsucht wird von medialen Kunstprodukten, beispielsweise Kinofilmen wie »Matrix«, »Terminator« oder »Starwars« (für die Kleinen »Nemo« oder »Harry Potter«), mit großem kommerziellen Erfolg vermarktet. In diesen epischen Erfolgsstreifen geht es stereotyp darum, dass ein kleiner vaterloser Junge von weisen, hyperphallisch bewaffneten und technisch brillanten Ersatzvätern zu einem großen starken Mann herangebildet wird. In den gemeinsamen

Gegnern – allgegenwärtige, parasitäre oder umfassend bedrohliche und weltvernichtende Maschinenwelten – sind unschwer die allmächtigen Verfolger paranoider kleinkindlicher Ängste wiederzuerkennen. Diese Ängste entspringen aus psychoanalytischer Sicht einer als bedrohlich erlebten oder auch phantasierten hilflosen Abhängigkeit von einer – unempathischen oder depressiven, vielleicht auch überforderten oder misshandelnden – emotional nicht zur Verfügung stehenden »maschinenhaften« Bezugsperson der frühen Kinderjahre, zu der sich dem Kind keine triangulierende Alternative vermittelte (im Filmtitel »Matrix« wird dies sogar direkt ausgesprochen). Diesen archaischen (maternaldyadischen) Mächten bietet der Junge im Film schließlich die männliche Stirn und siegt mit der Hilfe des idealisierten väterlichen Mentors, der ihn für diese Aufgabe zuvor mit den Insignien phallischer Macht (Laserschwerter und ähnliche Instrumente) ausgestattet hat.

Die auf den sichernden und aggressionsmoderierenden Vater gerichteten Entwicklungs- und Bindungswünsche zahlreicher vaterloser Kinder sind hier unschwer zu identifizieren. Als mediale Platzhalter und kommerziell genutzte Projektionsfiguren bedienen diese Helden latent persistierende, noch auf einen früher abwesenden, aber als stark und fürsorglich ersehnten Vater bezogene kindliche Bindungswünsche und stehen zur illusionären Massentriangulierung gewinnbringend zur Verfügung. Befriedigt werden diese auf reale Interaktion mit lebendigen Männern und Vätern gerichteten kindlichen Bedürfnisse durch derartige Medienprodukte sicherlich nicht – mit möglicherweise fatalen Folgen für eine destruktiv unterlegte phallische Identität und nicht zuletzt auch für das resultierende latent negative Frauenbild vieler Jungen. Breite Bevölkerungsschichten erkennen ihre eigenen dyadischen Ängste und ihre Vaterbedürftigkeit in solchen und anderen Medienprodukten und PC-Spielen wieder, ohne dieses bewusst (und damit auch leidvoll) registrieren zu müssen. Es ist empfehlenswert, sich diese Filme, welche die unbewussten Beziehungsphantasien vieler unserer männlichen Patienten im Alltag widerspiegeln, auch einmal unter dem Aspekt der Triangulierungskonflikte vaterlos aufgewachsener Jungen anzuschauen. Es ist allerdings auch beschämend mitzuerleben, wie aus dem kollektiv verdrängten Leid vieler solcher Jungen auch noch per illusionärer Manipulation verwertender Gewinn gezogen wird.

Zusätzlich zu dem transgenerational tradierten kollektiv-kriegstraumatischen und dem strukturellen Vaterdefizit unserer heutigen Gesellschaft ist also die wachsende Gruppe der alleinerziehenden Mütter und ihrer Kinder von dem Fehlen des Partners und Vaters in besonderer Weise betroffen. In Deutschland wächst die Anzahl von Einelternfamilien, wie in den meisten westlichen Industrieländern, seit Jahrzehnten kontinuierlich. Der Anteil der Alleinerziehenden an allen Familien mit Kindern stieg in Deutschland in den letzten Jahrzehnten von 8 % im Jahr 1970 über 13 % im Jahr 1985 auf etwa 26 % im Jahr 2004 (Jesse u. Sander, 1999; Statistisches Jahrbuch für die Bundesrepublik Deutschland, 2005, S. 47). Etwas andere, von der Tendenz aber analoge Angaben zur Steigerung des Anteils Alleinerziehender in Deutschland zwischen 1972 (knapp 7 %) und 2008 (19 %) finden sich bei MASFS (2009).

2004 betrug die amtliche Zahl der Alleinerziehenden mit Kindern unter 18 Jahren in Deutschland etwa 2,3 Millionen (ca. 81 % Mütter). 21,7 % (3,2 Millionen) aller Kinder unter 18 Jahren wuchsen 2004 in Deutschland in einer Einelternfamilie auf. Aufgrund einer formal deutlich restriktiveren Definition des Statusmerkmals »alleinerziehend« sanken diese Angaben des Statistischen Bundesamtes ab 2006.

Diesen Angaben zufolge leben heute etwa 1,6 Millionen Alleinerziehende (ca. 90 % Mütter) mit Kindern unter 18 Jahren in Deutschland (BMFSFJ, 2010). Ihr Anteil an allen Familien mit Kindern unter 18 Jahren, deren Zahl in 2009 auf etwa 8,2 Millionen gesunken ist, beträgt etwa 19 % (Statistisches Bundesamt, 2010). In urbanen Zentren und sozialen Brennpunkten liegen diese Raten erheblich höher. Das Thema der konflikthaft gescheiterten Liebesbeziehung dominiert: Im Bundesdurchschnitt sind etwa 59 % der Alleinerziehenden geschieden oder verheiratet getrennt (Statistisches Bundesamt, 2010).

Zahlreiche Studien zeigen, dass der Alleinerziehenden-Status mit Risiken für die Mütter und auch für die betroffenen Kinder assoziiert ist. Alleinerziehende Mütter haben ein stark erhöhtes Armutsrisiko, leiden häufiger unter sozialer Randständigkeit, biographischen Brüchen oder einer beeinträchtigten Bildungs- und

Berufsentwicklung. Dies und die latente Konfrontation mit den eigenen Konfliktbeiträgen, Schuldgefühlen und Selbstzweifeln führen zu höheren gesundheitlichen und psychosomatischen Belastungen. Natürlich sind nicht alle alleinerziehenden Mütter in dieser Weise beeinträchtigt, viele kommen mit ihrer Situation gut zurecht oder auch besser, besonders wenn zuvor Gewalt oder Alkohol die Paarbeziehung prägten.

Nach Brand und Hammer (2002) sind allerdings lediglich 35,3 % der Alleinerziehende mit ihrer Lebenssituation zufrieden. Etwa zwei Drittel leiden unter verschiedenen Problemlagen wie Unzufriedenheit mit der beruflichen Situation (22,3 %), belastete Familiensituationen (21,3 %), Schwierigkeiten in der Kleinkindbetreuung (12,8 %) oder soziale Isolation (8,3 %). Für eine große Anzahl der alleinerziehenden Mütter stellen die geschilderten Risikokonstellationen eine Überforderung dar, die zusammen mit dem Fehlen des Vaters bei den betroffenen Kindern zu Entwicklungsstörungen und Verhaltensauffälligkeiten bis sogar ins Erwachsenenalter hinein beitragen kann.

Welche Auswirkungen haben nun das Fehlen der Väter, Trennung oder Scheidung auf die Lebenssituation, auf die körperliche und seelische Gesundheit alleinerziehender Mütter und ihrer Kinder? Da die gesundheitliche Lage und Entwicklungsrisiken von Kindern stark von der Lebenssituation ihrer Eltern abhängig sind (Egle u. Hardt, 2005), sollen zunächst im Überblick Befunde zu sozioökonomischen und psychosozialen Belastungen alleinerziehender Mütter vorgestellt werden.

Die Situation alleinerziehender Mütter

Armut

Zahlreiche Studien belegen das stark erhöhte Armutsrisiko Alleinerziehender. Armut und ein niedriger Sozialstatus sind bei Alleinerziehenden deutlich häufiger als bei verheirateten Müttern (Franz, 2005; Drucksache 16/3451 des Deutschen Bundestages vom 16.11.2006). 2009 waren 31 % der alleinerziehenden Mütter von Transferzahlungen wie Sozialhilfe oder Hartz IV abhängig (Statistisches Bundesamt 2010), bei den Müttern in Paarfamilien waren es lediglich 6 %. 31 % der Alleinerziehenden erhielten 2009 trotz Erwerbstätigkeit Arbeitslosengeld II (zit. n. Statisches Bundesamt 2010, S. 25).

Daher überrascht der hohe Anteil von Sozialhilfeempfängerinnen unter den alleinerziehenden Müttern nicht. Der Sozialhilfestatistik zufolge (zit. in Helfferich et al., 2003) bezogen 27,1 % aller alleinerziehenden Frauen bereits 1999 Sozialhilfe, wobei dieser Anteil mit der Anzahl der Kinder noch deutlich höher steigt. In einer Zusammenstellung des Robert-Koch-Institutes Berlin (Helfferich et al., 2003) weisen die berücksichtigten Armutsindikatoren in die gleiche Richtung.

In einer eigenen Untersuchung (»Düsseldorfer Alleinerziehenden-Studie«, Franz u. Lensche, 2003; Franz et al., 2003) an einer Komplettkohorte von über 5000 fünf- bis siebenjährigen Schulneulingen betrug der Anteil der Kinder in Einelternfamilien 18 %. Der sozioökonomische Status der alleinerziehenden Mütter war im Vergleich zur Kontrollgruppe der verheirateten Mütter in allen Statusindikatoren signifikant erniedrigt. Sie verfügten eher über niedrigere Bildungsabschlüsse, arbeiteten doppelt so häufig vollzeitig wie verheiratete Mütter und gaben trotzdem ein wesentlich geringeres monatliches Haushaltsnettoeinkommen an. Der Anteil der Mütter, die ein monatliches Gesamthaushaltsnettoeinkommen von pauschal über 5000 (damals noch) DM angaben, betrug bei den Alleinerziehenden 2,3 %, in der Kontrollgruppe 26,6 %. Auch das nach OECD (Bundesministerium für Arbeit und Sozialordnung, 2001) korrigierte Netto-Pro-Kopf-Einkommen für jedes

Haushaltsmitglied zeigte eine stärkere Gewichtung in den unteren Einkommenskategorien bei den alleinerziehenden Müttern. Entsprechend war deren subjektive Einkommenszufriedenheit signifikant geringer, die Sozialhilferate gegenüber der Kontrollgruppe um mehr als das Zehnfache massiv erhöht.

Gesundheitliche Risiken

Studien zur gesundheitlichen Situation alleinerziehender Mütter stammen zumeist aus dem angelsächsischen und skandinavischen Raum. Generell wurde in den meisten Studien bei alleinerziehenden Müttern zum Teil unabhängig vom sozioökonomischen Status ein erhöhtes Risiko für verschiedene – auch körperliche – Erkrankungen gefunden. Dazu zählen beispielsweise kardiovaskuläre Erkrankungen (Higgins, Young, Cunningham u. Naylor, 2006; Young, Cunningham u. Buist, 2005), chronische Erkrankungen und allgemeine Befindlichkeitsstörungen (Benzeval, 1998; Curtis u. Pennock, 2006; Helfferich, Hendel-Kramer u. Klindworth, 2003; Sperlich u. Collatz, 2006; Westin u. Westerling 2006).

Dies gilt auch in Ländern mit sehr unterschiedlichen Sozialleistungen für alleinerziehende Mütter (Wider u. Bodenmann, 1995; Sarfati u. Scott, 2001). Nach Gove und Shin (1989) und Ringback Weitoft, Haglund und Rosen (2000) besteht bei geschiedenen und getrennt lebenden Personen ein erhöhtes Risiko für körperliche, aber auch psychische Erkrankungen, Suizid, Unfälle, Alkoholismus. Ringback Weitoft, Haglund und Rosen (2000) fanden an einer großen schwedischen Stichprobe sogar ein um 70 % erhöhtes Mortalitätsrisiko für Alleinerziehende auch nach Berücksichtigung des sozioökonomischen Status und vorher bestehender Erkrankungen. Die erhöhte Sterblichkeit alleinerziehender Mütter stand in Verbindung mit einem erhöhten Suizidrisiko, Gewalteinwirkung und Alkoholproblemen.

In großen epidemiologischen Studien aus Großbritannien (Shouls, Whitehead, Burstroem u. Diderichsen, 1999) blieben alleinerziehende Mütter im Vergleich zu verheirateten Frauen über größere Zeiträume zeitstabil gesundheitlich beeinträchtigter trotz zwischenzeitlicher deutlicher politischer und ökonomischer Veränderungen. Whitehead, Burstroem und Diderichsen (2000) fanden in Großbritannien und Schweden einen etwa gleich großen Unterschied in der Selbsteinschätzung der Gesundheitssituation und im Auftreten von chronischen Erkrankungen zum Nachteil der alleinerziehenden im Vergleich zu verheirateten Müttern, obwohl die politischen und sozialen Rahmenbedingungen in beiden Ländern sehr unterschiedlich sind. In England lebten etwa 58 % der Alleinerziehenden in Armut, in Schweden dagegen nur ca. 10 %. Dies spricht dafür, dass neben dem sozioökonomischen Status auch andere Faktoren das Erkrankungsrisiko Alleinerziehender beeinflussen.

Saul und Payne (1999) befragten in einer epidemiologischen Studie in Großbritannien über 16.000 Personen zu gesundheitlichen Beeinträchtigungen und ihrer soziökonomischen Situation. Es zeigte sich, dass der sozioökonomische Status und der Eineltern-Status am höchsten mit psychosomatischen Erkrankungen korreliert waren. Auf der Datengrundlage des Bundesgesundheitssurveys 1998 errechneten Helfferich, Hendel-Kramer und Klindworth (2003) eine signifikant höhere Belastung alleinerziehender Mütter durch allgemeine Befindlichkeitsstörungen, Schmerzen und verschiedene, vorwiegend chronische Erkrankungen wie Bronchitis, Nierenerkrankungen und Leberentzündungen. Die subjektive Einschätzung ihres Gesundheitszustandes und der gesundheitsbezogenen Lebensqualität war dementsprechend in der Gruppe der alleinerziehenden Mütter signifikant schlechter. McIntyre et al. (2003) wiesen auf die schlechte Ernährungslage armer alleinerziehender Mütter hin.

Depressivität

Eine erhöhte Beeinträchtigung durch Depressivität und Ängste bei Alleinerziehenden wurde in kulturell und wirtschaftlich sehr unterschiedlichen Ländern wie Kanada (Lipman, 1997; Cairney, Boyle, Offord u. Racine, 2003), den USA (Gove u. Shin, 1989; Walters, 1993), Großbritannien (Blaxter, 1990; Brown u. Moran, 1997; Baker u. North, 1999), China (Cheung u. Liu, 1997), Puerto Rico (Burgos, Lennon, Bravo u. Guzman, 1995), Deutschland (Franz u.

Lensche, 2003; Franz, Lensche u. Schmitz, 2003) und Schweden (Ringback et al., 2000) gefunden. Verschiedene Autoren beschreiben eine starke Assoziation von Depressivität und Alleinerziehenden-Status im Vergleich zu Personen in Partnerschaft auch noch nach Berücksichtigung von psychosozialen Ressourcen und Sozialstatus (Cotten, 1999; Ringback Weitoft et al., 2000).

So untersuchten Cairney et al. (2003) an einer kanadischen Bevölkerungstichprobe (N = 2921) den Einfluss von Kindheitsbelastungen, chronischen und aktuellen Stressoren und sozialer Unterstützung auf das Ausmaß der Depressivität bei alleinerziehenden Müttern. Die Prävalenz depressiver Störungen war bei den Alleinerziehenden doppelt so hoch wie in der Kontrollgruppe in Partnerschaft lebender Mütter. Ebenso gaben die Alleinerziehenden erhöhte Kennwerte für adverse Kindheitsbelastungen, chronische und aktuell belastende Stressoren, sowie eine verringerte soziale Unterstützung an, so dass sich ca. 40 % der erhöhten Depressionsbelastung der alleinerziehenden Mütter auf diese Einflussfaktoren zurückführen ließ. Auch noch nach zusätzlicher Kontrolle des Sozialstatus und des Alters war die erhöhte Depressivität mit dem Alleinerziehenden-Status assoziiert.

Targosz et al. (2003) untersuchten 5281 Frauen der Zufallsstichprobe des British National Survey of Psychiatric Morbidity auf das Vorkommen depressiver Störungen und sozialer Benachteiligung. Alleinerziehende Mütter wurden verglichen mit anderen Müttern und Frauen, welche nicht in elterliche Sorgefunktionen eingebunden waren. Die Häufigkeit depressiver Episoden betrug bei den alleinerziehenden Müttern 7 % und war damit dreifach erhöht gegenüber den anderen Gruppen. In dieser – allerdings von Laieninterviewern durchgeführten – Untersuchung war nach statistischer Kontrolle sozialer Ressourcen das Depressionsrisiko Alleinerziehender nicht spezifisch erhöht.

In der Düsseldorfer Alleinerziehenden-Studie (Franz u. Lensche 2003; Franz et al., 2003) war die mittlere psychische/psychosomatische Gesamtbeeinträchtigung der alleinerziehenden Mütter im Vergleich zur Kontrollgruppe ebenfalls statistisch signifikant erhöht. Dies galt besonders für die Depressivität, die bei den alleinerziehenden Müttern auch in dieser Untersuchung deutlich höher ausgeprägt war. Besonders hohe psychische Belastungen

zeigten alleinerziehende Mütter ohne weitere Unterstützungs-
person für ihr Kind, jüngere sowie arme alleinerziehende Mütter
(Franz et al., 2003).

Eine bessere Ausbildung, ein gesichertes Arbeitsverhältnis
sowie umfangreiche und qualitativ zufriedenstellende supportive
Netzwerke werden als protektive Faktoren für geringere Depressivität und Ängste und als wichtig für ein besseres Wohlbefinden
Alleinerziehender beschrieben (Whitehead et al., 2000; Plummer
u. Koch-Hattem, 1986; Nestmann u. Stiehler, 1998). Funktionelle
und emotional supportive soziale Netze sind für alleinerziehende
Mütter zur Bewältigung der geschilderten Mehrfachbelastungen
von besonderer Wichtigkeit. Allerdings sind sowohl die quantitativen Kennwerte als auch die qualitativ wahrgenommene Güte
des sozialen Netzes bei alleinerziehenden Müttern im Vergleich
zu denen verheirateter Mütter schlechter ausgeprägt (Helfferich et
al., 2003). Die im Alltag gelebte intime, wechselseitige Vertrauens-
und Liebesbeziehung, die sich zahlreiche Alleinerziehende wünschen, kann im Erleben der Betroffenen aber weder durch Support
der Herkunftsfamilie noch durch Freunde und Bekannte ersetzt
werden (Nestmann u. Stiehler, 1998).

Bislang wenig untersucht sind Persönlichkeitsfaktoren, die
auf Seiten Alleinerziehender eine konflikthafte Partnerwahl oder
eine Trennung begünstigen. Die kindliche Erfahrung elterlicher
Konflikte oder Trennung erhöht jedoch die Wahrscheinlichkeit
eigener späterer Beziehungskonflikte oder Trennung/Scheidung.

Suchterkrankungen

Suchterkrankungen können in belastend erlebten Lebenssituatio-
nen auch als Folge eines selbstschädigenden Bewältigungsverhal-
tens verstanden werden. Von daher ist es nicht überraschend, dass
in verschiedenen epidemiologischen Untersuchungen bei alleinerziehenden Müttern ein erhöhtes Risiko für Suchterkrankungen
beschrieben wurde. Dies gilt beispielsweise für Alkoholmiss-
brauch (Ringback Weitoft et al., 2000) und Nikotinabhängigkeit.
In der Stichprobe des Mikrozensus 1999 (Helfferich et al., 2003)
war der Anteil regelmäßig rauchender Mütter bei den alleiner-

ziehenden mit 45,6 % doppelt so hoch wie bei den verheirateten Müttern (23,6 %).

Siahpush, Borland und Scollo (2002) untersuchten die Häufigkeit der Nikotinabhängigkeit an einer großen epidemiologischen australischen Stichprobe von 1184 alleinerziehenden Müttern und den möglichen Einfluss sozioökonomischer Faktoren. Insgesamt 46,3 % der alleinerziehenden Mütter rauchten, wobei insbesondere die jüngeren, schlechter ausgebildeten und ärmeren von ihnen betroffen waren. Jedoch auch nach Kontrolle dieser Einflüsse bestand ein starker spezifischer Effekt des Alleinerziehenden-Status. Die alleinerziehenden Mütter hatten im Vergleich zu in Partnerschaft lebenden Müttern ein 2,4-fach erhöhtes Risiko zu rauchen und ein zweifach erhöhtes Risiko verglichen mit alleinlebenden Frauen.

In einer vom Umfang allerdings nicht vergleichbaren deutschen Erhebung (Franke, Mohn, Sitzler, Welbrink u. Witte, 2001; Fragebogenerhebung, auswertbarer Rücklauf 25,8 %, N = 850) zur Prävalenz von Abhängigkeitserkrankungen bei Frauen waren unter den Frauen mit einem hohen Alkoholkonsum alleinerziehende Mütter mit 57,9 % deutlich überrepräsentiert gegenüber Frauen, die mit ihrem Kind und einem Partner zusammenlebten (36,8 %). Es ist davon auszugehen, das sich die gesundheitsgefährdenden Einwirkungen des Rauchens auch den mit im Haushalt lebenden Kindern oder auch bereits vorgeburtlich vermitteln (Scharte u. Bolte, 2011).

Gravierende Folgen für die Kinder – besonders für die Jungen

Aufgrund der geschilderten Mehrfachbelastungen sind etwa 30 bis 40 % der alleinerziehenden Mütter in ihrer emotionalen Zuwendungsfähigkeit ihren Kindern gegenüber beeinträchtigt und oft selbst unterstützungsbedürftig. Die durch die erhöhte ökonomische, psychosoziale und gesundheitliche Belastung alleinerziehender Mütter gegebene chronische Überforderung kann sich zahlreichen Studien zufolge negativ auf die Entwicklung, das Wohlbefinden und das Verhalten betroffener Kinder bis in das

Erwachsenenalter auswirken (Hetherington et al., 1985; Morash u. Rucker, 1989; McLanahan u. Booth, 1999; Amato, 1994, 2000, 2001; Gilman et al., 2003).

Bekannte Risikofaktoren für die spätere Entwicklung eines Kindes sind häufig mit einer psychischen und sozialen Überforderung oder gesundheitlichen Beeinträchtigungen ihrer Mütter verknüpft. Hierzu zählen psychische Störungen (Bromet, Sonnega u. Kessler, 1998; Egle u. Hoffmann, 1997; Tress, Reister u. Gegenheimer, 1989) und schwere körperliche Erkrankungen der Mutter (Dührssen, 1984; Egle u. Hoffmann, 1997; Werner u. Smith, 1992), chronische elterliche Disharmonie (Werner u. Smith, 1992; Sadowski et al., 1999; Gilman et al., 2003; Amato u. Booth, 2001), unkompensierte berufsbedingte Abwesenheit der Mutter im ersten Lebensjahr (Baydar u. Brooks-Gunn, 1991), emotionale Ablehnung und Unerwünschtheit des Kindes (Amendt u. Schwarz, 1992; Matejcek, 1991; Kubicka, 1995), jugendliches Alter (Fergusson, Horwood u. Lynskey, 1994; Lieberz u. Schwarz, 1987) und niedrige Schulbildung der Mutter (Lieberz u. Schwarz, 1987; Werner u. Smith, 1992). Die vorliegenden Untersuchungen weisen insgesamt darauf hin, dass Einflüsse, welche Mütter in ihrer mütterlichen Fürsorge und Bindungsfähigkeit beeinträchtigen können, zu einem erhöhten gesundheitlichen Entwicklungsrisiko des Kindes beitragen.

Von besonderer Bedeutung erscheint in diesem Zusammenhang aus psychosomatischer und bindungstheoretischer Sicht die erhöhte Depressivität vieler alleinerziehender Mütter, weil diese eine suboptimale Versorgung der Kinder bewirken kann. Ganz allgemein kann eine anhaltende und stärker ausgeprägte maternale Depressivität die Wahrnehmung von und die Einfühlung in kindliche Bedürftigkeitssignale einschränken. Zahlreiche empirische Studien, auch an großen Stichproben, belegen eine bei depressiv beeinträchtigten Müttern herabgesetzte Qualität der intuitiven elterlichen Einfühlung und Zuwendung mit Folgen für die Kinder (Brody u. Forehand, 1988; Murray, Kempton, Woolgar u. Hooper, 1993; Simons u. Johnson, 1996; Lipman et al., 2002; Forehand, Jones, Brody u. Armistead, 2002; McLearn et al., 2006; Trapolini, McMahon u. Ungerer, 2007; Ashman, Dawson u. Panagiotides, 2008; Foster, Garber u. Durlak, 2008; Evans et al., 2009; Riley et al.,

2009; Goodman et al., 2010; Kouros u. Garber, 2010). Eine länger
andauernde mütterliche Depressivität bewirkt eine mimische Verarmung des Gesichtes, das dem Kind daraufhin nicht mehr in seiner wichtigen Funktion als interaktiver teilnehmender Spiegel und
zur Affektmarkierung zur Verfügung steht (Field, 1994; Jonsson
et al., 2001; Fonagy, Gergely, Jurist u. Target, 2004; Franz, 2007;
Bolten u. Schneider, 2010).

Depressive Störungen gehen darüber hinaus mit weiteren emotionalen Beeinträchtigungen einher. Bei Depressiven besteht ein
verringertes Interesse an sozialer Interaktion und eine selektiv re-
duziertes Wahrnehmen und Erkennen emotional positiver Reize
(Bradley, Mogg u. Lee, 1997; McCabe u. Toman, 2000; Eizenman
et al., 2003). Dagegen zeigen Depressive im Gegensatz zu Gesunden keine inhibierte Reaktivität auf emotional aversive Signale
(Hill u. Dutton, 1989; McCabe u. Gotlib, 1995; Nunn, Mathews
u. Trower, 1997). Bezogen auf das Erkennen von affektexpressiver
Gesichtsmimik wurde hierzu passend bei klinisch depressiven Patienten eine verminderte Leistungsfähigkeit beim Erkennen emotional positiver Gesichtsmimik gefunden (Archer, Hay u. Young,
1992; George et al., 1998; Suslow, Junghanns u. Arolt, 2001). In
einer Untersuchung an depressiven Patienten wiesen Mandal und
Bhattacharya (1985) nach, dass diese im Vergleich zu gesunden
Kontrollen ein schlechteres Erkennen affektexpressiver Mimik
zeigen. Innerhalb der Gruppe der depressiv erkrankten Patienten
wurde aversive Gesichtsmimik (Trauer, Wut, Angst) besser erkannt als die positiven Affekte (Freude).

Diese Befunde sprechen dafür, dass elterliche Empathie und
Feinfühligkeit, welche essentiell wichtig für das emotionale Lernen (und damit auch für die Gehirnentwicklung; Newport, Stowe
u. Nemeroff, 2002) des Kleinkindes und dessen zuverlässige und
angemessene Stressregulation durch die Bindungsperson sind,
bei auf Dauer depressiven Müttern beeinträchtigt sein können.
Eine stärker ausgeprägte mütterliche Depressivität kann daher
die elterliche Zuwendung auf kindliche Bedürftigkeitssignale hin
einschränken. Darüber hinaus könnte die selektive Sensitivität
depressiver Mütter für emotional aversive Informationen und Gesichtsmimik die mimische Affektexpression des Kindes geradezu
auf den Ausdruck von Trauer oder Angst hin konditionieren, um

dem Kind so wenigstens auf diesem Wege die Nähe und Aufmerksamkeit der (depressiven) Bindungsperson zu gewährleisten. Passend hierzu wurden bei Kleinkindern depressiver Mütter in elektrophysiologischen Studien nicht nur EEG-Veränderungen im Frontalhirnbereich gefunden, sondern auch eine vermehrte negative mimische Affektexpression (Dawsen, Panagiotides, Klinger u. Spieker, 1997). Daher stellt der Befund einer bei alleinerziehenden Müttern im Durchschnitt erhöhten Depressivität einen bedeutsamen Risikofaktor auch für die Entwicklung der betroffenen Kinder dar (Murray et al., 1999).

Überspitzt könnte man also formulieren, dass sich das Kind an einer anhaltenden Depression der Mutter »anstecken« kann, wenn es die Depressivität der Mutter schuldhaft verinnerlicht und in einer parentifizierenden Rollenumkehr versucht die Mutter zu »therapieren«, dabei aber auf die Entwicklung seiner eigenen Emotionalität, Identität und Autonomie verzichten muss. Die Wahrscheinlichkeit einer solchen interaktionell vermittelten »Infektion« oder Verinnerlichung der mütterlichen Depression steigt bei Fehlen einer alternativen (triangulierenden) Bezugsperson oder eben des Vaters.

Nach elterlicher Trennung sind Kinder alleinerziehender Müttern häufig noch weiteren Risiken ausgesetzt: verschlechterte sozioökonomische Lage und Wohnsituation (Franz u. Lensche, 2003; Franz et al., 2003; Helfferich et al., 2003), erhöhte perinatale Mortalität (Forssas, Gissler, Sihvonen u. Hemminki, 1999), somatische Erkrankungen (Williams, 1990), Lern- und Kommunikationsprobleme (Hogan, Msall, Rogers u. Avery, 1997), aggressive Verhaltensstörungen (besonders bei Jungen), Verminderung des kindlichen Selbstwertgefühls und Nachlassen der schulischen Leistungen (Hetherington et al., 1985; McLanahan, 1999; Amato, 1999; Walser u. Killias, 2009), Schulabbruch, Arbeitslosigkeit, bei Mädchen aus Einelternfamilien eine erhöhte Wahrscheinlichkeit für Frühschwangerschaften (McLanahan, 1999). Belastungsverstärkend wirkt eine negativ erlebte Mutter-Kind-Beziehung (O'Connor et al., 1998) oder eine negativ erlebte Beziehung zum Vater (Schmidt-Denter u. Beelmann, 1997; Amato, 1999; Amato u. Booth, 2000a). Das Ausmaß elterlicher Konflikte vor und nach einer Trennung gehört dabei zu den gut gesicherten Einflussfaktoren auf das kindliche Wohlbefinden (Amato u. Keith, 1991; Cherlin et al., 1998; Amato u. Booth, 2000a). Heute vorliegende Studien lassen eine altersbezogene Einschätzung möglicher Entwicklungsrisiken von Trennungs- bzw. Scheidungskindern zu, die im Folgenden dargestellt werden.

Vorschulalter

Clarke-Stewart, Vandell, McCartney, Owen und Booth (2000) untersuchten bei 170 alleinerziehenden Müttern die Auswirkungen elterlicher Trennung auf dreijährige Kleinkinder. Kinder aus Zweielternfamilien wurden hinsichtlich ihrer kognitiven und sozialen Fähigkeiten, Bindungssicherheit und Problemverhalten deutlich besser eingeschätzt als die Kinder alleinerziehender Mütter. Nach statistischer Kontrolle des mütterlichen Bildungsstandes und des Familieneinkommens waren diese Gruppenunterschiede jedoch nicht mehr bedeutsam.

Thrane, Sondergaard, Schonheyder und Sorensen (2005) untersuchten an über 5000 dänischen Kindern die Häufigkeit der Klinikaufenthalte während der ersten beiden Lebensjahre. Die höchste Hospitalisierungsrate aufgrund kindlicher Infektionserkrankungen fanden die Autoren bei Kindern von alleinerziehenden Müttern mit niedriger Schulbildung.

In der Düsseldorfer Alleinerziehenden-Studie, die an Müttern von Kindern im Vorschulalter von fünf bis sechs Jahren durchgeführt wurde, war die Ausprägung von Depressivität aller Mütter hoch positiv mit Verhaltensauffälligkeiten ihrer Kinder korreliert (Franz u. Lensche, 2003; Franz et al., 2003). Besonders die Jungen alleinerziehender Mütter zeigten signifikant stärker ausgeprägte Verhaltensstörungen als die Jungen aus Zweielternfamilien. Dies ist in der betreffenden Altersstufe von etwa fünf Jahren nicht unplausibel, da in diesem Alter bei den Jungen in besonderer Weise die Erprobung und Konsolidierung der Geschlechtsidentität erfolgt. Das Fehlen oder die eingeschränkte Verfügbarkeit des Vaters ist daher für Jungen in dieser Entwicklungsphase offenbar besonders ungünstig.

In einer Teilstichprobe (N = 60) von Kindern alleinerziehender Mütter, denen ein Angebot zu einer gruppentherapeutischen Intervention unterbreitet wurde, waren 83 % der Jungen und 57 % der Mädchen – also ein ungewöhnlich hoher Anteil – unsicher gebunden (GEV nach Gloger-Tippelt u. König, 2003). Dieser Befund wird von einer Untersuchung zum Bindungsverhalten alleinerziehender Mütter gestützt, in welcher Gaffney, Greene, Wiczorek-Deering und Nugent (2000) ebenfalls einen gehäuft unsicheren Bindungsstil bei alleinerziehenden Müttern beschrieben. Ein unsicheres Bindungsmuster wiederum stellt einen empirisch belegten Risikofaktor für die weitere kindliche Entwicklung dar.

Schulalter

Zahlreiche Untersuchungen belegen den im Mittel beeinträchtigten Schulerfolg von Kindern aus Einelternfamilien. Lipman et al. (2002) untersuchten anhand der Daten des kanadischen National Longitudinal Survey of Children and Youth (1994–1995) Kinder von alleinerziehenden Müttern und aus Zweielternfamilien im Grundschulalter zwischen sechs und elf Jahren (N = 9398). Wiederum zeigten die Kinder alleinerziehender Mütter eine beeinträchtigte soziale Entwicklung, psychische Verhaltensauffälligkeiten und geringere Schulleistungen. Die Assoziation mit dem Familienstatus war jedoch abgeschwächt, wenn andere Risikofaktoren wie das Haushaltseinkommen berücksichtigt wurden. Mütterliche Depressivität und adverse Haltung dem Kind gegenüber standen in engem Zusammenhang mit einer beeinträchtigten kindlichen Entwicklung.

Im Rahmen der Kölner Längsschnittstudie (Schmidt-Denter, 2000) wurden 46 von ursprünglich 60 Kindern im Alter zwischen vier und zehn Jahren ab 1990 nach Trennung der Eltern über sechs Jahre hinweg viermal untersucht. Wenngleich die Stichprobe klein und nicht repräsentativ war, ist diese Studie aufgrund der langen Verlaufsbeobachtung und der differenzierten Untersuchungsmethodik wertvoll. 48 % der Kinder wurden einem kontinuierlich hochbelasteten Verlaufstyp zugeordnet. Eine schlechte Beziehung zum Vater, ein bestrafender Erziehungsstil der Mutter, ein geringes Alter der Kinder (fünf Jahre) zum Zeitpunkt der Trennung und Sorgerechtskonflikte waren bei ihnen häufig. 34 % der Kinder erreichten nach initialer Hochbelastung im Verlauf eine deutliche Besserung. Eine intensive Kommunikation mit Mutter und Geschwistern sowie ein positiv verstärkender mütterlicher Erziehungsstil waren mit diesem Cluster assoziiert. Lediglich 18 % der Scheidungskinder waren zu keinem Zeitpunkt wesentlich beeinträchtigt. Diese Kinder verfügten über eine positive Beziehung zur Mutter und zum Vater, es bestanden keine sorgerechtlichen Konflikte zwischen den Eltern, der mütterliche Erziehungsstil war nicht bestrafend-entwertend und die Kinder dieses Verlaufstyps waren zum Zeitpunkt der Trennung relativ älter (neun Jahre). Als wesentliche Risikofaktoren für die kindliche Entwicklung nach elterlicher Trennung konnten in dieser Studie eine erhöhte Komplexität der familiären Strukturen, elterliche Konflikte sowie ein geringes Alter der betroffenen Kinder identifiziert werden.

McDougall et al. (2004) zeigten an einer großen kanadischen Bevölkerungsstichprobe mit fast 23.000 Kindern, dass Kinder aus Einelternfamilien zwischen sechs und elf Jahren signifikant stärker in ihrer aktiven motorischen Entfaltung beeinträchtigt waren als Kinder aus Zweielternfamilien. Ähnliche Befunde berichten Hesketh, Crawford und Salmon (2006) für eine australische Stichprobe von etwa 2500 Kindern.

Scharte und Bolte (2011) fanden in einer großen deutschen Stichprobe von über 18.000 Kindern im Alter von fünf bis sieben Jahren (Anteil alleinerziehender Mütter bei 10 %) einen deutlich schlechteren Gesundheitszustand bei den Kindern alleinerziehender Mütter. Besonders die Jungen wurden von ihren Müttern deutlich häufiger übergewichtig, verhaltensauffälliger oder hyperaktiv eingeschätzt als die Jungen von Müttern aus Paarfamilien. Die Mädchen aus Einelternfamilien zeigten gehäuft Verhaltensprobleme und waren doppelt so häufig an Asthma erkrankt wie Mädchen aus Paarfamilien. Ebenso waren die Kinder alleinerziehender Mütter doppelt so häufig zu Hause Passivrauchen ausgesetzt. Darüber hinaus fanden sich bei den Einelternfamilien die deutlich schlechteren Wohnbedingungen.

Kinder und Jugendliche

In einer umfassenden schwedischen Untersuchung an über einer Million Kindern und Jugendlichen wurde bei den Kindern aus Einelternfamilien ein mehrfach erhöhtes Risiko für verschiedene Erkrankungen und Verhaltensauffälligkeiten gefunden. Ringback Weitoft et al. (2003) fanden in dieser zwischen 1991 und 1998 durchgeführten Studie bei Kindern (wiederum besonders bei Jungen) Alleinerziehender ein zwei- bis vierfach erhöhtes Risiko für psychische Erkrankungen, suizidales Verhalten, Unfälle, Suchterkrankungen auch nach statistischer Kontrolle des Sozialstatus sowie für psychische Erkrankung der Eltern. In einer primärärztlich versorgten Stichprobe von fast 2500 Kindern und Jugendlichen zwischen vier und 17 Jahren fanden Zwaanswijk, Verhaak, van der Ende, Bensing und Verhulst (2005) ebenfalls eine erhöhte Rate von psychischen Auffälligkeiten bei Kindern aus Einelternfamilien.

Hagen und Kurth (2007) untersuchten auf der Datenbasis der KiGGS-Studie des Robert-Koch-Institutes in Deutschland Kinder zwischen drei und zehn Jahren, die entweder bei beiden Eltern oder bei ihren alleinerziehenden Müttern lebten. Es zeigte sich, dass die Kinder alleinerziehender Mütter durchweg auffälligere Werte in psychosozialen Belastungsindikatoren aufwiesen als die Kinder aus Zweielternfamilien. Dies galt beispielsweise für Verhaltensauffälligkeiten, emotionale Probleme und hyperaktives Verhalten besonders der Jungen (bei Jungen alleinerziehender Mütter mit etwa 20 % doppelt so häufig angegeben wie bei denen aus Zweielternfamilien). Auch Übergewicht und sportliche Inaktivität waren bei den Kindern – wiederum eher bei den Jungen – der alleinerziehenden Mütter deutlich häufiger wie auch Probleme mit Freunden oder in Kita und Grundschule.

Eine kriminalsoziologische Studie aus der Schweiz untersuchte den Zusammenhang von Delinquenz und Status der Herkunftsfamilie bei 5200 Kindern und Jugendlichen (Walser u. Killias, 2009). Es waren deutliche Zusammenhänge zwischen Familienstatus und der Delinquenz nachzuweisen. Die Kinder – erneut besonders die Jungen – sog. Patchworkfamilien wiesen in allen untersuchten Deliktkategorien (u. a. Ladendiebstahl, Körperverletzung und

Drogenverkauf) die weitaus größten Häufigkeiten auf, gefolgt von
den Kindern aus Einelternfamilien und mit deutlichem Abstand
von Kindern aus Zweielternfamilien.

Adoleszenz und junges Erwachsenenalter

Bei Jugendlichen und jungen Erwachsenen aus Einelternfamilien
fand Amato in verschiedenen großangelegten epidemiologischen
Untersuchungen ebenfalls Hinweise auf negative Langzeitwirkungen. Diese erreichten im Mittel schlechtere Bildungsabschlüsse und
niedrigere Einkommen (Amato u. Keith, 1991). Ihre Partnerbeziehungen schilderten sie instabiler und konflikthafter, sie waren von
einer erhöhten Scheidungsrate betroffen (Amato u. Booth, 1991;
Amato, 1996). Ihre Beziehungen zu den Eltern waren belasteter
(Amato, Loomis u. Booth, 1995; Amato, 2005), ihre allgemeine
Lebenszufriedenheit geringer im Vergleich zu Erwachsenen, die
als Kinder mit beiden Eltern aufwuchsen. In einem Struktur-
gleichungsmodell identifiziert Amato drei zentrale Konsequenzen
der elterlichen Trennung: den geringeren Schulerfolg, konflikt-
haftere Partnerbeziehungen und eine schlechtere Beziehung zu den
Eltern auch im jungen Erwachsenenalter. Diese Faktoren sagten
innerhalb des Modells in hohem Grade die bei den Scheidungskindern verringerte Lebenszufriedenheit voraus.

Bemerkenswerterweise berichtet Kirby (2002) aufgrund seiner
Untersuchung einer repräsentativen Stichprobe US-amerikanischer Jugendlicher – ganz in Analogie zur erhöhten Prävalenz der
Nikotinabhängigkeit alleinerziehender Mütter – eine bei Jugendlichen nach elterlicher Trennung signifikant erhöhte Wahrscheinlichkeit, ebenfalls mit dem Rauchen zu beginnen.

Das Erleben der elterlichen Trennung und deren Folgen sind
in Abhängigkeit von den jeweiligen Umständen für einige Kinder
aber belastender als für andere. Amato und Booth (2000b) haben
in einer Langzeitverlaufsuntersuchung gezeigt, dass insbesondere
das Ausmaß der elterlichen Konflikte im Vorfeld der Trennung einen Einfluss auf die Langzeitentwicklung der betroffenen Kinder
hat. Führt die Trennung zur Beendigung einer (z. B. durch chronische Ehekonflikte, Drogen oder Gewalt) belasteten Familiensitu-

ation, stellt eine stabilisierte und supportive Einelternfamilie für das Kind die relativ bessere Entwicklungsumgebung dar. Kommt es hingegen in einer äußerlich relativ konfliktarmen, aber latent unglücklichen Elternbeziehung zu einer Trennung, beispielsweise weil ein Elternteil sich persönlich von einem attraktiveren Partner eine größere Zufriedenheit verspricht, kann ein trennungsbedingter Übergang in eine vom Kind belastender erlebte familiäre Situation durchaus zu größeren Anpassungs- und Entwicklungsproblemen führen. Auch ein hohes Ausmaß elterlicher Konflikte nach der Trennung (z. B. wegen Unterhaltszahlungen, Besuchsregelungen, Sorgerechts- oder Erziehungsfragen) trägt zu langfristigen psychischen Beeinträchtigungen der betroffenen Kinder und Jugendlichen bei (Amato u. Booth, 2000b).

Bauman, Silver und Stein (2006) untersuchten den Einfluss eines niedrigen sozioökonomischen Status, ethnischer Zugehörigkeit und des familiären Eineltern-Status auf die kindliche Gesundheit an fast 58.000 Kindern unter 18 Jahren. Der Eineltern-Status hatte einen eigenen Risiko erhöhenden Effekt auf die Gesundheit der jeweiligen Kinder.

Erwachsenenalter

In einer kasuistischen Langzeitverlaufsstudie an Scheidungskindern konnten Wallerstein, Lewis und Blakeslee (2002) deren Entwicklung nach der elterlichen Trennung im Kindesalter bis ins Erwachsenenalter verfolgen. Diese Autoren beschreiben ebenfalls spätere Beziehungskonflikte und eine allgemein verringerte Lebenszufriedenheit in der von ihnen über 25 Jahre hinweg untersuchten Gruppe von Trennungskindern. Die weiter bestehenden seelischen Beeinträchtigungen und Verwundungen waren dabei häufig durchaus subtil, hinter einer Fassade angepassten sozialen Funktionierens, im emotionalen Bereich aber bei entsprechend differenzierter qualitativer Diagnostik fassbar.

In einer epidemiologischen Untersuchung konnten auch Sadowski et al. (1999) zeigen, dass elterliche Trennung zu einem erhöhten Risiko für depressive Erkrankungen im späteren Leben beiträgt. Eine eindrucksvolle Längsschnittstudie hierzu legten

Gilman et al. (2003) vor. Sie untersuchten über 1000 Erwachsene, deren Mütter bereits vor und sieben Jahre nach Geburt der Studienteilnehmer hinsichtlich der familiären Kohäsion und des sozioökonomischen Status befragt worden waren. Die Studienteilnehmer selbst wurden zwischen 18 und 39 Jahren in strukturierten Interviews auf depressive Erkrankungen hin untersucht. Elterliche Trennung war noch Jahrzehnte später mit einem erhöhten Depressionsrisiko verbunden, unabhängig davon, ob die Mutter erneut geheiratet hatte oder nicht. Besonders stark waren diese Effekte unter den Bedingungen eines ausgeprägten und andauernden elterlichen Trennungskonfliktes. Die Lebenszeitprävalenz für Depression bei den als Kinder hiervon betroffenen Erwachsenen liegt mit ca. 40 % etwa doppelt so hoch wie bei Kindern aus Zweielternfamilien. Ein erniedrigter sozioökonomischer Status der Eltern war ebenfalls ein signifikanter Langzeitprädiktor für eine spätere depressive Erkrankung im Erwachsenenalter.

Friedman et al. (1995) fanden in einer Langzeitstudie zu Prädiktoren der Langlebigkeit eine verringerte Lebenserwartung von Erwachsenen aus Scheidungsfamilien. Negative Langzeitauswirkungen auf den sozialen Erfolg, Beziehungsstabilität und gesundheitsgefährdendes Verhalten erwachsener 32-jähriger ehemaliger Scheidungskinder fanden Huurre, Junkkari und Aro (2006) in einer Langzeitverlaufsstudie (N = 1471). Thomson, Lizardi, Keyes und Hasin (2008) konnten in einer sehr großen epidemiologischen US-amerikanischen Stichprobe auch nach Kontrolle potenziell konfundierender Variablen eine deutlich erhöhte Rate von Alkoholproblemen bei erwachsenen Personen nachweisen, die als Kinder oder Jugendliche eine elterliche Trennung erlebten.

Interventionsmöglichkeiten

Die vorliegenden Studien belegen die überdurchschnittliche psychosoziale und gesundheitliche Belastung alleinerziehender Mütter und ihrer häufig vaterlos aufwachsenden Kinder. Dabei tragen

folgende Faktoren zu einer langfristig wirksamen Risikoerhöhung für die Entwicklung dieser Kinder bei:
- niedriger sozioökonomischer Status (Armut, schlechtere Schul-/Ausbildung),
- fehlende soziale Unterstützung der Mutter,
- schlechterer Gesundheitszustand der Mutter,
- erhöhte psychische Beeinträchtigung der Mutter (Depressivität, Suchterkrankungen),
- konflikthafte Beziehung der Mutter zum Vater des Kindes,
- abwesender Vater,
- fehlende alternative Bezugsperson für das Kind.

Je nach Ausprägung dieser nicht immer für Alleinerziehende spezifischen Einflussfaktoren (Kelly, 2000; McMunn, Nazroo, Marmot, Boreham u. Goodman, 2001) lassen sich in verschiedenen Studien Langzeiteffekte auch bei den später erwachsenen Kindern aus Trennungsfamilien nachweisen. Diese erstrecken sich auf den schulischen und sozioökonomischen Erfolg (geringer), die Qualität der späteren Partnerschaft (konflikthafter, häufigere Trennungen), die Beziehung zu den Eltern (stärker beeinträchtigt), die Lebenszufriedenheit (geringer) und die seelische Gesundheit (stärker beeinträchtigt). Diese Effekte sind zwar nicht sehr stark, denn die Risken werden durch zahlreiche intervenierende, kompensatorisch wirkende Einflüsse moderiert. Vielen Kindern aus Trennungsfamilien gelingt deshalb auch eine zumindest äußerlich erfolgreiche Entwicklung. Aufgrund der großen und zunehmenden Häufigkeit elterlicher Trennung kommt diesen Zusammenhängen aber doch eine hohe gesellschaftliche Bedeutsamkeit zu (Amato, 1999; 2005). Insofern bieten die genannten Einflusfaktoren auch sozialpolitische Ansatzpunkte zu einer langfristig wirksamen Prävention der Folgen elterlicher Konflikte und Trennung.

Generell sollte möglichst frühzeitig bereits dem Entstehen chronisch unglücklicher Elternbeziehungen oder einer frühen Vaterentbehrung und der damit verbundenen Risiken für die Kinder entgegengewirkt werden. Als denkbare Maßnahmen erscheinen
- die Förderung des emotionalen Lernens und der Aggressionsbewältigung bereits im Kindergarten- und Grundschulalter,

- eine (dringend notwendige) qualifiziertere Ausbildung und bessere Bezahlung der Erzieher/-innen,
- eine stärkere Präsenz qualifizierter männlicher Erzieher und Lehrer in Kindergärten und Grundschulen,
- entwicklungspsychologisch und bindungstheoretisch fundierte Information junger Eltern (»Elternschule«, »Elterntrainings«),
- eine auch materiell wesentlich bessere Unterstützung junger Familien,
- routinemäßige Screenings zur Identifikation besonders belasteter alleinerziehender Mütter bereits während der Schwangerschaft, in Geburtskliniken, bei kinderärztlichen Routineuntersuchungen, in Kindergärten und bei der Einschulung,
- Einübung eines erwachsenen Interessenausgleiches und konstruktiven Konfliktverhaltens sowie Thematisierung kindlicher Entwicklungsbedürfnisse und der Langzeitverantwortung der Elternschaft bereits in der Schule (»Beziehungslehre«),
- eine stärkere gesellschaftliche (Selbst-)Wertschätzung von Männern auch in ihrer besonderen Bedeutung für die Entwicklung ihrer Kinder,
- eine verbesserte Wahrnehmung der spezifischen Entwicklungsbedürfnisse von Jungen.

Im Trennungsfall sollten sich Eltern im Interesse des Kindes beraten lassen (Whiteside u. Becker, 2000); entsprechende Angebote existieren, Anreize fehlen allerdings in der Regel. Dabei sind derartige Beratungen in anderen bindungskritischen Zusammenhängen – zum Beispiel der Schwangerschaftsunterbrechung – sogar gesetzlich verpflichtend. Das elterliche Sorgerecht sollte im Scheidungsfall nach Möglichkeit gemeinsam beiden Eltern zugesprochen werden. Verbleibt das Kind nach der Trennung bei der Mutter, sollte der Vater – wenn keine gravierenden Gegengründe bestehen – ein Umgangsrecht erhalten und auch intensiv wahrnehmen.

Spezielle niedrigschwellige Beratungs- und Hilfsangebote sollten stark belasteten jungen Familien und besonders Alleinerziehenden (Franz, 2009; Franz, Weihrauch, Buddenberg u. Schäfer, 2009; Franz et al., 2010; www.palme-elterntraining.de) und ihren Kindern (Fthenakis, 1995) aktiv unterbreitet und gegebenenfalls mit materiellen Unterstützungsleistungen verknüpft werden.

Alleinerziehende und ihre Kinder könnten bereits in Geburtskliniken, Kindergärten, im Rahmen kinderärztlicher Routineuntersuchungen oder in der Schuleignungsuntersuchung identifiziert werden und spezielle Beratungs- und Unterstützungsangebote erhalten. Unterstützungsprogramme für besonders belastete Alleinerziehende sollten auf die Besserung einer bestehenden Depression oder Suchtproblematik und die Förderung der Elternkompetenzen abzielen. In diesem Bereich sollten sich auch unsere Jugendämter wesentlich stärker engagieren. Ermutigende Modelle wie zum Beispiel das Dormagener Modell existieren und sind sehr erfolgreich (Trzeszkowski, 2008).

PALME – ein präventives bindungsorientiertes Elterntraining für alleinerziehende Mütter und ihre häufig vaterlosen Kinder

Anhand eines Beispiels sollen Möglichkeiten zur Intervention aufgezeigt werden. Fast 40 % der alleinerziehenden Mütter der Düsseldorfer Alleinerziehenden-Studie äußerten auf Befragen einen Unterstützungs- und Hilfewunsch. Dieser reichte von psychologischer Erziehungsberatung, finanzieller Beratung, rechtlicher Beratung bis hin zu Psychotherapie. Die allermeisten Mütter waren jedoch nicht in Unterstützungsangebote eingebunden. Neben fehlenden Angeboten ist häufiger Hintergrund, dass viele alleinerziehende Mütter überlastet oder demoralisiert und deshalb zur aktiven Suche und Inanspruchnahme von Hilfsangeboten nicht immer in der Lage sind. Deshalb sollten Hilfsangebote, die auf diese Bevölkerungsgruppe abzielen, im jeweiligen Sozialraum aktiv aufsuchend angeboten werden.

Angesichts der demographischen Trends wachsender Anzahl psychosozial belasteter alleinerziehender Mütter und großer Anzahl der Kinder, die eine Trennung ihrer Eltern erleben oder von vornherein vaterlos aufwachsen, sowie der hiermit häufig verbundenen problematischen Langzeiteffekte erscheint eine möglichst frühe spezifische Unterstützung besonders belasteter alleinerziehender Mütter als wirklich sinnvolle Maßnahme.

Die Anzahl vorliegender Studien zu therapeutischen Hilfen und Prävention in diesem Bereich ist jedoch trotz des Bedarfes gering. Metaanalysen (Barlow, Coren u. Stewart-Brown, 2003; Barlow, Smailagic, Ferriter, Bennett u. Jones, 2010) zu Elterntrainings belegten für einige Programme positive Effekte auf Depression, Angst und Selbstwert der Mütter und fünf Programme bewirkten zumindest kurzfristig positive Effekte bei den Kindern (Barlow u. Parsons, 2003). O'Halloran und Carr (2000) identifizierten für eine qualitative Metaanalyse neun Studien zu Interventionen nach Scheidung oder Trennung. In sechs dieser Studien fokussierten die Interventionen überwiegend auf die Kinder, zwei verglichen kindzentrierte mit Eltern-Kind-Interventionen und eine Studie verglich eine alleinige elternzentrierte Intervention mit einer Eltern-Kind-zentrierten. Die Effektstärken der Studien variierten stark, die geringe Anzahl der Studien ließ eine Analyse hinsichtlich wirksamerer oder weniger wirksamer Interventionen nicht zu.

Wolchik et al. (2002) randomisierten mehr als 200 Mütter, die ein Kind im Alter zwischen neun und zwölf Jahren hatten und sich von ihrem Partner scheiden ließen, in eine von drei Bedingungen: (1) Kontrolle, (2) elf Gruppensitzungen und zwei Einzelgespräche für die Mütter und (3) wie (2) plus elf Gruppensitzungen für die Kinder. Dabei zeigte sich sechs Jahre später ein deutlicher Effekt bei den Kindern der Interventionsgruppen: Die nun 15- bis 18-Jährigen zeigten weniger psychische Symptome und hatten weniger psychische Erkrankungen, tranken weniger Alkohol, nahmen weniger Drogen zu sich als die Kinder und Jugendlichen der Kontrollgruppe. Der Effekt trat in etwa gleichem Maße bei den Kindern der Gruppen 2 und 3 auf, so dass eine indirekte Wirkung, vermittelt über die Mutter-Kind-Beziehungen, anzunehmen ist. Das Programm für die Mütter enthielt unter anderem Elemente, die die Qualität der Beziehung zu den Kindern verbessern halfen, aber auch Elemente, die auf einen effektiven Gehorsam zielten.

Lipman und Boyle (2005) und Lipman et al. (2007) identifizierten als wichtigen Wirkfaktor eines Elterntrainings für alleinerziehende Mütter eine ausgeprägte Gruppenkohäsion, berichteten aber gleichwohl von einer nur geringen Reichweite und Effektivität eines auf soziale Unterstützung und Erziehung ausgelegten zehnwöchigen Programms. Ebenfalls nur relativ schwache Effekte eines neunwöchigen Elterntrainings (STEPP) für alleinerziehende Mütter hyperaktiver Kindern berichten Chacko et al. (2008). In Deutschland existierte bislang kein speziell für alleinerziehende Mütter und ihre Kinder entwickeltes präventives Elterntraining. Aufgrund ihrer Problem- und Bedarfslagen benötigen viele alleinerziehende Mütter und ihre häufig vaterlos aufwachsenden Kinder jedoch ein besonders für ihre konkrete Lebenssituation zugeschnittenes Hilfsangebot.

Auf der Datengrundlage der Düsseldorfer Alleinerziehenden-Studie wurde vor diesem Hintergrund ein entsprechendes Elterntraining »PALME« (Franz et al., 2009; www.palme-elterntraining.de) zur Unterstützung alleinerziehender Mütter mit Kindern im Vorschulalter in jahrelanger interdisziplinärer Zusammenarbeit konzeptionell entwickelt, erfolgreich erprobt und nach wissenschaftlicher Evaluation in zahlreichen Kitas bundesweit eingeführt. PALME steht für »Präventives Elterntraining für alleinerziehende Mütter, geleitet von Erzieherinnen und Erziehern«. Es handelt sich um ein zielgruppenspezifisches Unterstützungsprogramm für die wachsende Gruppe alleinerziehender Mütter und ihrer Kinder. PALME ermöglicht dieser Gruppe in Deutschland erstmalig den niedrigschwelligen Zugang zu einem bindungsorientierten und emotionszentrierten präventiven Unterstützungsangebot.

In seiner theoretischen Fundierung ist das Konzept von PALME gruppal interaktionell-psychodynamisch orientiert. Bindungstheoretische Aspekte und die Entwicklung emotionaler Kompetenzen werden mit besonderer Gewichtung integriert. Natürlich kann PALME den Vater nicht ersetzen. Aber über selbstwertstabilisierende Interventionen und eine gezielte Verringerung bestehender psychischer Beeinträchtigungen werden die emotionalen und intuitiven Elternkompetenzen der Mütter gestärkt, der Paarkonflikt von der gemeinsamen Elternverantwortung getrennt und auch die Bedeutung des Vaters fokussiert. Damit wird mittelbar auch eine Entlastung der betroffenen Kinder erreicht.

Das strukturierte Gruppenprogramm richtet sich aufgrund seines präventiven Ansatzes an alleinerziehende Mütter mit Kindern in Kindertagesstätten. Es umfasst 20 thematisch-inhaltlich aufei-

nander aufbauende Gruppensitzungen, die sich in vier Module
gliedern:
- Biographie/emotionales Selbstbild der Mütter,
- Einfühlung in die kindlichen Bindungs-/Entwicklungsbedürf-
  nisse, Wahrnehmung der kindlichen Affektsignale,
- familiäre Gesamtsituation/Trennung von Paarkonflikt und
  Elternverantwortung/Bedeutung des Vaters für die kindliche
  Entwicklung,
- Finden neuer Lösungen/Entwicklung sozialer Kompetenzen
  auf Verhaltensebene.

In jeder Gruppensitzung werden passend zum jeweiligen Modul
und Themenschwerpunkt relevante Informationen gegeben, um
den Müttern eine verbesserte Situationskontrolle zu ermöglichen.
In den Gruppensitzungen selbst werden anhand von gruppendy-
namischen Rollenspielen, Kleingruppenarbeit und emotionszentrierten sowie affektmobilisierenden Übungseinheiten typische
Konflikte der alleinerziehenden Mütter thematisiert und bearbeitet. Hauptziel hierbei sind die Trennung der gemeinsamen Elternverantwortung für das Kind von der Ebene des Paarkonfliktes und
der Perspektivenwechsel zugunsten des Kindes. Schließlich werden in kindgerechten Mutter-Kind-Übungen für zu Hause (z. B.
körper- und emotionszentrierte Übungen, gemeinsame kreative
Aktivitäten) die mütterliche Einfühlung und Beziehungsaufnahme
zum Kind vertieft. Ein Angebot zur Betreuung der Kinder der alleinerziehenden Mütter begleitet die Durchführung der Gruppe.
Zentrale Ziele dieses Elterntrainings sind die
- Besserung bestehender Selbstwertprobleme, Schuldgefühle und
  Depressivität,
- genauere und differenziertere Wahrnehmung der kindlichen
  Affekte und Bedürfnisse,
- Stärkung der intuitiven Elternfunktionen (Feinfühligkeit),
- bindungsorientierte Stabilisierung der Mutter-Kind-Beziehung,
- Bearbeitung unbewusster Delegationen (z. B. Parentifizierung
  des Kindes oder Entwertung dessen Beziehung zum Vater),
- Einübung sozialer und elterlicher Kompetenzen auf Verhaltens-
  ebene.

Geleitet werden die PALME-Gruppen von einem weiblich-männlichen Leiterpaar. Dieses Leitungspaar stellt ein wesentliches Merkmal der PALME-Gruppen dar, da hierdurch den teilnehmenden Müttern die Möglichkeit von korrektiven Erfahrungen hinsichtlich ihres Männer- und auch (elterlichen) Beziehungsbildes ermöglicht wird. Im Sinne eines nichtnormativen Lernmodells wird den Müttern eine emotional funktionale Mann-Frau-Beziehung erlebbar gemacht. Dies ist für viele teilnehmende alleinerziehende Mütter von Bedeutung, da nicht nur die eigene Partnerbeziehung, sondern häufig auch bereits die Beziehung der eigenen Eltern stark belastend und konflikthaft erfahren wurde.

Für die Durchführung der PALME-Gruppen werden hierfür geeignete Erzieherinnen und Erzieher oder Angehörige anderer sozialer Berufe in mehrtägigen strukturierten Schulungen zu Gruppenleiter/-innen qualifiziert. Die Schulung umfasst neben theoretischen Kenntnissen, beispielsweise zur Bindungstheorie, Entwicklungspsychologie oder Gruppendynamik, auch die detaillierte Vermittlung des umfangreichen PALME-Manuals, das mittlerweile als Buchveröffentlichung vorliegt (Franz, 2009). Es handelt sich um ein hochstrukturiertes und didaktisch aufbereitetes Manual, das geschulten Gruppenleitern die Durchführung der PALME-Gruppen ermöglicht.

Innerhalb eines kontrollierten, randomisierten Forschungsdesigns konnten die positive Wirksamkeit dieses Elterntrainings auf die seelische Belastung sowie die emotionalen Kompetenzen der teilnehmenden alleinerziehenden Mütter nachgewiesen werden (Franz et al., 2009; 2010). Im Urteil der Erzieher und Erzieherinnen in den jeweiligen Kindertagesstätten nahmen die Verhaltensauffälligkeiten der Kinder der an PALME teilnehmenden Mütter ab. Die teilnehmenden Mütter selbst waren mit diesem Elterntraining sehr zufrieden. Sie gaben an, ihr Kind besser verstehen und sich auch besser in das emotionale Erleben ihrer Kinder einfühlen zu können. Darüber hinaus sank besonders die Depressivität der teilnehmenden Mütter von einem Wert, der einer starken klinischen Beeinträchtigung entsprach, herab bis fast in den Normalbereich. Dies ist deshalb von besonderer Bedeutung, da sich die Depressivität einer Mutter, wenn sie über einen längeren Zeitraum hinweg besteht, dem Kind unausweichlich mitteilt und, wie darge-

stellt, das Risiko der Entwicklung von Verhaltens- und Leistungs-
störungen des Kindes erhöht.

Es wird im Sinne eines prospektiv zu prüfenden Modells angenommen, dass durch das PALME-Programm zunächst die
Depressivität der Mütter abnimmt. Hierdurch wird ein Rückgang
der depressionstypisch eingeschränkten, dysfunktionalen Affektregulation und Affektwahrnehmung möglich, wodurch die
mütterliche Feinfühligkeit und ihre empathischen Elternkompetenzen gestärkt werden. Dies kann sich in der Folge positiv auf
die Mutter-Kind-Beziehung auswirken. Diese Annahmen werden
durch entsprechende Einschätzungen der teilnehmenden Mütter
gestützt. Eine hierdurch mögliche verbesserte Abstimmung innerhalb der Mutter-Kind-Beziehung könnte schließlich auch den
beobachteten Rückgang der kindlichen Verhaltensauffälligkeiten
erklären. In eigenen Untersuchungen konnte der starke Zusammenhang zwischen mütterlicher Depressivität und kindlichen
Verhaltensauffälligkeiten belegt werden (Franz u. Lensche, 2003;
Franz et al., 2003). Die erzielten Effekte bestanden noch über
sechs Monate nach Beendigung weiter.

PALME ist insgesamt ein Beispiel für ein wirksames Elterntraining, das speziell für alleinerziehende Mütter und ihre zumeist
ohne Alltagskontakt zum Vater aufwachsenden Kinder entwickelt
wurde. Es zeigt, dass derartige Programme bei dieser besonders
unterstützungsbedürftigen Bevölkerungsgruppe emotionales Lernen und konstruktive Veränderungen im Alltag erfolgreich fördern
können.

PALME richtet sich zwar zunächst an alleinerziehende Mütter.
Jedoch profitieren mittelbar auch gerade die besonders belasteten
Jungen von einer Besserung der maternalen Depression und einer
Deeskalation des elterlichen Paarkonfliktes, wenn es der oft auch
tief gekränkten und verletzten Mutter (wieder) gelingt, den Tren-
nungskonflikt von der gemeinsamen elterlichen Verantwortung zu
separieren und den Vater des Jungen vielleicht nicht mehr stereotyp verallgemeinernd zu entwerten oder den Umgang mit ihm zu
erschweren. Mit Hilfe von PALME kann die eingangs geschilderte
depressive Mutter ihren bedürftigen Griff nach dem Kind ein
Stück weit lockern und dabei sich und ihrem Kind den Entwick-

lungsraum geben, den sie sich selbst in aller Regel eigentlich für ihr Kind auch wünscht.

Nachteilig ist sicher die noch fehlende Einbindung der Väter in dieses Programm. Allerdings wird in einer nächsten Entwicklung PALME auch in einer Variante für alleinerziehende Väter oder die Expartner zur Erprobung anstehen. Das »M« in PALME könnte jedenfalls nicht nur für Mütter, sondern auch für Männer stehen. Die Bereitschaft vieler Väter und Männer, sich entsprechende Hilfe und Unterstützung zu suchen und in Anspruch zu nehmen, scheint jedenfalls zu wachsen.

Mittlerweile wurden aufgrund der ermutigenden Resultate PALME-Gruppen in zahlreichen weiteren Kommunen erprobt und fest etabliert. Nicht unerwähnt bleiben soll, dass PALME 2010 mit dem renommierten Heigl-Preis ausgezeichnet wurde. Die bemerkenswerten Effekte, die geschulte Erzieher und Erzieherinnen mit Hilfe des PALME-Elterntrainings erzielen konnten, zeigen darüber hinaus auch noch, welches professionelle Potenzial hier nutzbar ist. Dabei ist PALME ein äußerst ökonomisches, niedrigschwelliges Verfahren, das von den Müttern sehr gut angenommen wird. Im deutschsprachigen Raum stellt es ein bisher einzigartiges Angebot dar. Von daher erscheint es sinnvoll, PALME-Gruppen im Regelangebot der kommunalen psychosozialen Versorgung, in Kitas, in Beratungsstellen oder psychotherapeutischen Praxen anzubieten. Mittlerweile wird dieses Programm auch in ersten Mutter-Kind-Kliniken im Rahmen einer Reha-Maßnahme angeboten.

Letztlich ist dieses Elterntraining selbst ein »Kind« der Mannheimer Kohortenstudie. Die – bedingt durch das kollektiv erlittene und lange verleugnete Trauma des Krieges – auch für die Forscher manchmal schmerzhafte Entdeckung der lebenslangen Wirksamkeit kindlicher Vaterlosigkeit in den Daten der Mannheimer Kohortenstudie eröffnete den Blick auf die heutige zumeist trennungsbedingte Vaterlosigkeit und deren ebenfalls lebenslang prägenden Folgen für die betroffenen Kinder in einer Gesellschaft, in der das väterliche Element einer spürbaren Schwächung und stellenweise sogar fehlender Wertschätzung ausgesetzt ist. Männlich dominierte Funktionseliten und die von ihnen ausgehenden auch medial vermittelten suggestiven Entwicklungs- oder besser Karrierephantasien (männliche Identität durch Leistung oder Sieg über die Konkurrenten?), aber auch das heutige Erziehungsmatriarchat der frühen Kinderjahre stellen keinen wirklichen Ersatz dar für die von den Kindern und besonders den heranwachsenden Jungen dringend benötigte emotionale Präsenz des Vaters und männlicher Vorbilder. Dies gilt im Hinblick auf die »Väter«, die ihre Söhne zu Millionen in den Krieg schickten, wie für eine Gesellschaft, die sich möglicherweise immer weniger in die Entwicklungsbedürfnisse nach persönlicher Bindung, Spiegelung und Ermutigung ihrer zunehmend auffällig werdender Kinder einfühlen und im Gegenteil auch noch über psychopharmakologische Scheinlösungen kommerziell von den Folgen profitieren möchte. Ein Widerspruch, der nicht nur weiterer wissenschaftlicher Aufarbeitung, sondern auch einer wachsenden gesellschaftlichen Aufmerksamkeit bedarf.

Literatur

Abelin, E. L. (1971). The role of the father in the separation-individuation process. In: J. McDevitt, C. Settlage, (Eds.), Separation-individuation: Essays in honor of Margaret S. Mahler (pp. 229–252). New York: Int. Univ. Press.

Ahnert, L. (2009). Krippenforschung multimethodal und interdisziplinär: Methoden und Befunde der Wiener Krippenstudie. Tagung der Deutschen Gesellschaft für Erziehungswissenschaften, Berlin. Zugriff am 27.02.2011 unter http://www.pdfk.de/KrippenTagung/Vortrag2_Ahnert_19.11.2009_Krippentagung.pdf

Amato, P. R. (1994). Life-span adjustment of children to their parents' divorces. Future of Children, 25, 1031–1042.

Amato, P. R. (1996). Explaining the intergenerational transmission of divorce. Journal of Marriage and the Family, 58, 628–640.

Amato, P. R. (1999). Children of divorced parents as young adults. In E. M. Hetherington (Ed.), Coping with divorce, single parenting, and remarriage. London: Lawrence Erlbaum.

Amato, P. R. (2000). The consequences of divorce for adults and children. Journal of Marriage and the Family, 62, 1269–1287.

Amato, P. R. (2001). Children of divorce in the 1990s: An update of the Amato and Keith (1991) meta-analysis. Journal of Family Psychology, 15 (3), 355–370.

Amato, P. R. (2005). The impact of family formation change on the cognitive, social, and emotional well-being of the next generation. Future Child, 15 (2), 75–96.

Amato, P. R., Booth, A. (1991). Consequences of parental divorce and marital unhappiness for adult well-being. Social Forces, 69, 895–914.

Amato, P. R., Booth, A. (2000a). Relationship with parents. In R. P. Amato (Ed.), A generation at risk (pp. 45–83). Harvard University Press.

Amato, P. R., Booth, A. (2000b). Psychological well-being. In R. P. Amato (Ed.), A generation at risk (pp. 182–208). Harvard University Press.

Amato, P. R., Booth, A. (2001). The legacy of parents' marital discord: consequences for children's marital quality. Journal of Personality and Social Psychology, 81, 627–638.

Amato, P. R., Keith, B. (1991). Parental divorce and the well-being of children: A meta-analysis. Psychological Bulletin, 110, 26–46.

Amato, P. R., Loomis, L., Booth, A. (1995). Parental divorce, marital conflict, and offspring wellbeing during early adulthood. Social Forces, 73, 895–915.

Amendt, G., Schwarz, A. (1992). Das Leben unerwünschter Kinder. Frankfurt a. M.: Fischer.

Andreß, H. J., Lohmann, H. (2000). Die wirtschaftlichen Folgen von Trennung und Scheidung. Schriftenreihe des Bundesministeriums für Familie, Senioren, Frauen und Jugend, Band 180. Stuttgart: Kohlhammer.

Archer, J., Hay, D. C., Young, A. W. (1992). Face processing in psychiatric conditions. British Journal of Clinical Psychology, 31, 45–61.

Ashman, S. B., Dawson, G., Panagiotides, H. (2008). Trajectories of maternal depression over 7 years: relations with child psychophysiology and behavior and role of contextual risks. Dev. Psychopathol., 20 (1), 55–77.

Baker, D., North, K. (1999). Does employment improve the health of lone mothers? The ALSPAC Study Team. Avon Longitudinal Study of Pregnancy and Childhood. Social Science and Medicine, 49 (1), 121–131.

Barlow, J., Parsons, J. (2003). Group-based parent-training programmes for improving emotional and behavioural adjustment in 0–3 year old children. Cochrane Database of Systematic Reviews, 1: CD003680.

Barlow, J., Coren, E., Stewart-Brown, S. (2003). Parent-training programmes for improving maternal psychosocial health. Cochrane Database of Systematic Reviews, 4: CD002020. DOI: 10.1002/14651858.CD002020.pub2.

Barlow, J., Smailagic, N., Ferriter, M., Bennett, C., Jones, H. (2010). Group-based parent-training programmes for improving emotional and behavioural adjustment in children from birth to three years old. Cochrane Database of Systematic Reviews, 3: CD003680.

Bauman, L. J., Silver, E. J., Stein, R. E. (2006). Cumulative social disadvantage and child health. Pediatrics, 117 (4), 1321–1328.

Baydar, N., Brooks-Gunn, J. (1991). Effects of maternal employment and child-care arrangements on preschoolers' cognitive and behavioral outcomes: Evidence from the Children of the National Longitudinal Survey of Youth. Developmental Psychology, 27 (6), 932–945.

Belsky, J. (2001). Developmental risks (still) associated with early child care. Journal of Child Psychology and Psychiatry, 42, 845–859.

Benzeval, M. (1998). The self-reported health status of lone parents. Soc. Sci. Med., 46 (10), 1337–1353.

Berman, W. H., Turk, D. C. (1981). Adaptation to divorce: Problems and coping strategies. Journal of Marriage and the Family, 43 (2), 179–189.

Blaxter, M. (1990). Health and lifestyles. London: Tavistock/Routledge.

Bode, S. (2009). Die vergessene Generation: Die Kriegskinder brechen ihr Schweigen. Stuttgart: Klett-Cotta.

Böwing, G., Schmidt, K. U. R., Schröder, S. G. (2007). Erfüllen kriegstraumatisierte, gerontopsychiatrische Patienten die PTSD-Kriterien? Psychiatrische Praxis, 34, 1–7.

Bolten, M., Schneider, S. (2010). Wie Babys vom Gesichtsausdruck der Mutter lernen. Eine experimentelle Untersuchung zur familialen Transmission von Ängsten. Kindheit und Entwicklung, 19 (1), 4–11.

Bradley, B. P., Mogg, K., Lee, S. C. (1997). Attentional biases for negative information in induced and naturally occurring dysphoria. Behaviour Research and Therapy, 35 (10), 911–927.

Brand, D., Hammer, V. (2002). Balanceakt alleinerziehend. Lebenslagen, Lebensformen, Erwerbsarbeit. Wiesbaden: Westdeutscher Verlag.

Brody, G. H., Forehand, R. (1988). Multiple determinants of parenting: Research findings and implications for the divorce process. In E. M. Hetherington, J. D. Arasteh (Eds.), Impact of divorce, single parenting, and stepparenting on children (pp.117–133). London: Lawrence Erlbaum.

Bromet, E., Sonnega, A., Kessler, R. C. (1998). Risk factors for DSM-III-R posttraumatic stress disorder: findings from the National Comorbidity Survey. American Journal of Epidemiology, 147, 353–361.

Brown, G., Moran, P. (1997). Single mothers, poverty and depression. Psychological Medicine, 27, 21–33.

BMFSFJ – Bundesministerium für Familie, Senioren, Frauen und Jugend (Hrsg.) (2003). Wo bleibt die Zeit? Die Zeitverwendung der Bevölkerung 2001/02.

BMFSFJ – Bundesministerium für Familie, Senioren, Frauen und Jugend (Hrsg.) (2010). Familienreport 2010. Leistungen, Wirkungen, Trends. Berlin: Druck Vogt GmbH.

Bundesministerium für Arbeit und Sozialordnung (2001). Lebenslagen in Deutschland (2001) Der erste Armuts- und Reichtumsbericht der Bundesregierung. http://www.bma.bund.de/de/sicherung/armuts-bericht/index.htm. Berlin: Bundesministerium für Arbeit und Sozialordnung.

Burgos, N. M., Lennon, M. C., Bravo, M., Guzman, J. (1995). Depressive symptomatology in single women heads of households in Puerto Rico: A comparative analysis. Women and health, 23, 1–18.

Cairney, J., Boyle, M., Offord, D. R., Racine, Y. (2003). Stress, social support and depression in single and married mothers. Social Psychiatry and Psychiatric Epidemiology, 38, 442–429.

Chacko, A., Wymbs, B. T., Flammer-Rivera, L. M., Pelham, W. E., Walker, K. S., Arnold, F. W., Visweswaraiah, H., Swanger-Gagne, M., Girio, E. L., Pirvics, L. L., Herbst, L. (2008). A pilot study of the feasibility and efficacy of the Strategies to Enhance Positive Parenting (STEPP) program for single mothers of children with ADHD. Journal of Attention Disorders, 12 (3), 270–80.

Chase-Lansdale, P. L., Cherlin, A. J., Kiernan, K. E. (1995). The long-term effects of parental divorce on the mental health of young adults. A developmental perspective. Child development, 66, 1614–1634.

Cherlin, A. J., Chase-Lansdale, P. L., McRae, C. (1998). Effects of parental divorce on mental health throughout the life course. American Sociological Review, 63, 239–249.

Cheung, C. K., Liu, E. S. (1997). Parental Distress and Children's Problems among Single-Parent Families in China. The Journal of Genetic Psychology, 158, 261–270.

Clarke-Stewart, K. A., Vandell, D. L., McCartney, K., Owen, M. T., Booth, C. (2000). Effects of parental separation and divorce on very young children. Journal of Family Psychology, 14, 304–326.

Cotton, S. (1999). Marital status and mental health revisited: Examining the importance of risk factors and resources. Family Relations, 48, 225–233.

Curtis, L. J., Pennock, M. (2006). Social assistance, lone parents and health: what do we know, where do we go? Can. J. Public Health, 97 Suppl 3, 4–10, 4–11.

Dawsen, G., Panagiotides, H., Klinger, L. G., Spieker, S. (1997). Infants of depressed and non-depressed mothers exhibit differences in frontal brain electrical activity during the expression of negative emotions. Dev. Psychol., 33, 650–656.

Dührssen, A., (1984). Risikofaktoren für die neurotische Krankheitsentwicklung. Ein Beitrag zur psychoanalytischen Geneseforschung. Zeitschrift für Psychosomatische Medizin und Psychoanalyse, 30, 18–42.

Egle, U. T., Hoffmann, S. O. (1997). Psychosoziale Risiko- und Schutzfaktoren in Kindheit und Jugend als Prädisposition für psychische Störungen im Erwachsenenalter. Gegenwärtiger Stand der Forschung. Der Nervenarzt, 68, 683–695.

Egle, U. T., Hardt, J. (2005). Pathogene und protektive Entwicklungsfaktoren für die spätere Gesundheit. In U. T. Egle, S. O. Hoffmann, P. Joraschky (Hrsg.), Sexueller Missbrauch, Misshandlung, Vernachlässigung (3. Aufl.) (S. 20–43). Stuttgart: Schattauer.

Evans, J., Xu, K., Heron, J., Enoch, M. A., Araya, R., Lewis, G., Timpson, N., Davies, S., Nutt, D., Goldman, D. (2009). Emotional symptoms in children: The effect of maternal depression, life events, and COMT genotype. tJ. Med. Genet. B. Neuropsychiatr. Genet., 5, 150B (2), 209–218.

Ewers, H. H., Mikota, J., Reulecke, J., Zinnecker, J. (Hrsg.) (2006). Erinnerungen an Kriegskindheiten: Erfahrungsräume, Erinnerungskultur und Geschichtspolitik unter sozial- und kulturwissenschaftlicher Perspektive. Weinheim: Juventa.

Eizenman, M., Yu, L. H., Grupp, L., Eizenman, E., Ellenbogen, M., Gemar, M., Levitan, R. D. (2003). A naturalistic visual scanning approach to assess selective attention in major depressive disorder. Psychiatry Res., 118, 117–128.

Fergusson, D. M., Horwood, L. J., Lynskey, M. T. (1994). Structure of DSM-III-

R criteria for disruptive childhood behaviors: Confirmatory factor models.
Journal of the American Academy of Child and Adolescent Psychiatry, 33,
1145–1155.

Field, T. (1994). The effects of mother's physical and emotional unavailability
on emotion regulation. Monogr. Soc. Res. Child Dev., 59 (2–3), 208–27.

Fonagy, P., Gergely, G., Jurist, E. L., Target, M. (2004). Affektregulierung,
Mentalisierung und die Entwicklung des Selbst. Stuttgart: Klett-Cotta.

Forehand, R., Jones, D. J., Brody, G. H., Armistead, L. (2002). Positive parenting and child psychosocial adjustment in inner-city single-parent African
American families. The role of maternal optimism. Behav. Modif., 26,
464–81.

Forssas, E., Gissler, M., Sihvonen, M., Hemminki, E. (1999). Maternal predictors of perinatal mortality: The role of birthweight. International Journal of
Epidemiology, 28, 475–478.

Foster, C. J., Garber, J., Durlak, J. A. (2008). Current and past maternal depression, maternal interaction behaviors, and children's externalizing and
internalizing symptoms. J. Abnorm Child Psychol., 36 (4), 527–537.

Franke, A., Mohn, K., Sitzler, F., Welbrink, A., Witte, M. (2001). Alkohol- und
Medikamentenabhängigkeit bei Frauen. Weinheim: Juventa.

Franz, M. (2005). Langzeitfolgen von Trennung und Scheidung. In U. T. Egle
et al. (Hrsg.), Sexueller Missbrauch, Misshandlung, Vernachlässigung (3.
Aufl.) (S. 116–128). Stuttgart: Schattauer.

Franz, M. (2006). Die biografische Langzeitwirkung kriegsbedingter Vaterlosigkeit. Befunde aus der Mannheimer Kohortenstudie. In L. Janus (Hrsg.),
Geboren im Krieg (S. 69- 84). Gießen: Psychosozial-Verlag.

Franz, M. (2008). Vom Affekt zum Gefühl und Mitgefühl. Zur entwicklungs-
psychologischen und neurobiologischen Bedeutung der teilnehmenden
Spiegelung für die emotionale Entwicklung des Kindes. In: M. Franz, B.
West-Leuer (Hrsg.), Bindung, Trauma, Prävention (S. 15–38). Gießen:
Psychosozial-Verlag.

Franz, M. (2009). PALME – Präventives Elterntraining für alleinerziehende
Mütter, geleitet von Erzieherinnen und Erziehern. Unter Mitarbeit von
T. Buddenberg, J. Güttgemanns, D. Rentsch, (2. Aufl.). Göttingen: Vanden-
hoeck & Ruprecht.

Franz, M., Lensche, H. (2003). Alleinerziehend – alleingelassen? Die psychosoziale Beeinträchtigung alleinerziehender Mütter und ihrer Kinder in
einer Bevölkerungsstichprobe. Zeitschrift für Psychosomatische Medizin
und Psychotherapie, 49, 115–138.

Franz, M., Lieberz, K., Schmitz, N., Schepank, H. (1999a). An decade of spon-
taneous long-term course of psychogenic impairment in a community
population sample. Social Psychiatry and Psychiatric Epidemiology, 34,
651–656.

Franz, M., Lieberz, K., Schmitz, N., Schepank, H. (1999b). Wenn der Vater
fehlt. Epidemiologische Befunde zur Bedeutung früher Abwesenheit für
die psychische Gesundheit im späteren Leben. Zeitschrift für Psychosomatische Medizin und Psychotherapie, 45, 113–127.

Franz, M., Lieberz, K., Schepank, H. (Hrsg.) (2000). Seelische Gesundheit und neurotisches Elend. Der Langzeitverlauf in der Bevölkerung. Wien: Springer.

Franz, M., Lensche, H., Schmitz, N. (2003). Psychological distress and socioeconomic status in single mothers and their children in a German city. Social Psychiatry and Psychiatric Epidemiology, 38, 59–68.

Franz, M., Hardt, J., Brähler, E. (2007). Vaterlos: Langzeitfolgen des Aufwachsens ohne Vater im zweiten Weltkrieg. Zeitschrift für Psychosomatische Medizin und Psychotherapie, 53 (3), 216–227.

Franz, M., Weihrauch, L., Buddenberg, T., Schäfer, R. (2009). PALME – Wirksamkeit eines bindungsorientierten Elterntrainings für alleinerziehende Mütter und ihre Kinder. Psychotherapeut, 54, 357–369.

Franz, M., Weihrauch, L., Buddenberg, T., Güttgemanns, J., Haubold, S., Schäfer, R. (2010). Wirksamkeit eines bindungstheoretisch fundierten Elterntrainings für alleinerziehende Mütter und ihre Kinder: PALME. Kindheit und Entwicklung, 19, 90–101.

Frick, J., Krause, D., Vortmann, H. (1990). Die ökonomische Situation von Alleinerziehenden in der DDR und BRD in den 80er Jahren. Kinderbetreuung muss erhalten und ausgebaut werden. Wochenbericht. DIW 57, 598–603.

Friedman, H. S., Tucker, J. S., Schwartz, J. E., Tomlinson-Keasey, C., Martin, L. R., Wingard, D. L., Criqui, M. H. (1995). Psychosocial and behavioral predictors of longevity. The aging and death of the »Termites«. American Psychologist, 50, 69–78.

Fthenakis, W. E. (1995). Gruppeninterventionsprogramm für Kinder mit getrennt lebenden oder geschiedenen Eltern: TSK – Trennungs- und Scheidungskinder. Weinheim: Beltz.

Fthenakis, W. E. (1999). Engagierte Vaterschaft (S.133–146). Opladen: Leske + Budrich.

Gaffney, M., Greene, S. M., Wieczorek-Deering, D., Nugent, J. K. (2000). The concordance between mother-infant attachment at 18 months and maternal attachment 10 years later among married and single mothers. Irish Journal of Psychology, 21, 154–170.

Gardner, R. A. (1987). The parental alienation syndrome and the differentiation between fabricated and genuine sexual abuse. Cresskill, N. J.: Creative Therapeutics.

George, M. S., Huggins, T., McDermut, W., Parekh, P. I., Rubinow, D., Post, R. M. (1998). Abnormal facial emotion recognition in depression: serial testing in an ultra-rapid-cycling patient. Behav. Modif., 22, 192–204.

Gilman, S. E., Kawachi, I., Fitzmaurice, G. M., Buka, S. L. (2003). Family disruption in childhood and risk of adult depression. Am. J. Psychiatry, 160, 939–946.

Gloger-Tippelt, G., König, L. (2003). Die Einelternfamilie aus der Perspektive von Kindern. Entwicklungspsychologisch relevante Befunde unter besonderer Berücksichtigung der Bindungsforschung. In J. M. Fegert, U. Ziegenhain (Hrsg.), Hilfen für Alleinerziehende (S. 126–147). Weinheim: BeltzVotum.

Goodman, S. H., Rouse, M. H., Connell, A. M., Broth, M. R., Hall, C. M.,

Heyward, D. (2010). Maternal depression and child psychopathology: A meta-analytic review. Clin. Child Fam. Psychol. Rev., doi:10.1007/s10567-010-0080-1.

Gove, W. R., Shin, H. (1989). The psychological well-being of divorced and widowed men and women. Journal of Family Issues, 10, 122–144.

Grundmann, M., Hoffmeister, D., Knoth, S. (Hrsg.) (2009). Kriegskinder in Deutschland zwischen Trauma und Normalität. Botschaften einer beschädigten Generation. Berlin/Münster: Lit-Verlag.

Hagen, C., Kurth, B. M. (2007). Gesundheit von Kindern alleinerziehender Mütter. ApuZ, 42, 25–31.

Helfferich, C., Hendel-Kramer, A., Klindworth, H. (2003). Gesundheit alleinerziehender Mütter und Väter. Gesundheitsberichterstattung des Bundes, Heft 14, Robert-Koch-Institut.

Hesketh, K., Crawford, D., Salmon, J. (2006). Children's television viewing and objectively measured physical activity: associations with family circumstance. Int. J. Behav. Nutr. Phys. Act, 3, 36.

Hetherington, E. M., Cox, M., Cox, R. (1985). Long-term effects of divorce and remarriage on the adjustment of children. Journal of the American Academy of Child Psychiatry, 24, 518–530.

Higgins, J. W., Young, L., Cunningham, S., Naylor, P. J. (2006). Out of the mainstream. low-income, lone mothers life experiences and perspectives on heart health. Health Promotion Practice, 7 (2), 221–233.

Hill, A. B., Dutton, F. (1989). Depression and selective attention to self-esteem threatening words. Personality and Individual Differences, 10, 915–917.

Hogan, D. P., Msall, M. E., Rogers, M. L., Avery, R. C. (1997). Improved disability population estimates of functional limitation among American children aged 5–17. Maternal and Child Health Journal, 1, 203–216.

Huurre, T., Junkkari, H., Aro, H. (2006). Long-term psychosocial effects of parental divorce: a follow-up study from adolescence to adulthood. Eur. Arch. Psychiatry Clin. Neurosci., 256 (4), 256–263.

Jesse, A., Sander, E. (1999). Wohlbefinden und Stressverarbeitungsstrategien bei alleinerziehenden und nicht Alleinerziehenden Frauen. In E. Sander (Hrsg.), Trennung und Scheidung. Die Perspektive betroffener Eltern (S. 54–74). Weinheim: Deutscher Studien Verlag.

Janus, L. (Hrsg.) (2006). Geboren im Krieg. Gießen: Psychosozial-Verlag.

Jonsson, C. O., Clinton, D. N., Fahrman, M., Mazzaglia, G., Novak, S., Sorhus, K. (2001). How do mothers signal shared feeling-states to their infants? An investigation of affect attunement and imitation during the first year of life. Scand. J. Psychol., 42, 377–381.

Kelly, J. B. (2000). Children's adjustment in conflicted marriage and divorce: A decade review of research. J. Am. Acad. Child Adolesc. Psychiatry, 39, 963–973.

Kirby, J. B. (2002). The influence of parental separation on smoking initiation in adolescents. J. Health Soc. Behav., 43, 56–71.

Kouros, C. D., Garber, J. (2010). Dynamic associations between maternal depressive symptoms and adolescents' depressive and externalizing symptoms. J. Abnorm. Child Psychol., 38 (8), 1069–81.

Kubicka, L. (1995). Children from unwanted pregnancies in Prague, Czech Republic revisited at age thirty. Acta Psychiatrica Scandinavicae, 91, 361–369.

Lieberz, K., Schwarz, E. (1987). Childhood stress and neurosis. Results of a control group study. Zeitschrift für Psychosomatische Medizin und Psychoanalyse, 33, 111–118.

Lipman, E. L. (1997). Single mothers in Ontario: Sociodemographic, physical and mental health characteristics. Canadian Medical Assocation Journal, 156, 639–645.

Lipman, E. L., Boyle, M. H. (2005). Social support and education groups for single mothers: a randomized controlled trial of a community-based program. Canadian Medical Association Journal, 173 (12), 1451–1456.

Lipman, E. L., Boyle, M. H., Dooley, M. D., Offord, D. R. (2002). Child well-being in single-mother families. J. Am. Acad. Child Adolesc. Psychiatry, 41, 75–82.

Lipman, E. L., Waymouth, M., Gammon, T., Carter, P., Secord, M., Leung, O., Mills, B., Hicks, F. (2007). Influence of group cohesion on maternal well-being among participants in a support/education group program for single mothers. Am. J. Orthopsychiatry, 77 (4), 543–9.

Mandal, M. K., Bhattacharya, B. B. (1985). Recognition of facial affect in depression. Percept. Mot. Skills, 61, 13–14.

MASFS – Ministerium für Arbeit und Sozialordnung, Familien und Senioren Baden-Württemberg (Hrsg.) (2009). Familien in Baden-Württemberg. Zugriff am 27.02.2011 unter http://www.fafo-bw.de/BevoelkGebiet/FaFo/Familien_in_BW/R20093.pdf

Matejcek, Z. (1991). Die langfristige Entwicklung unerwünscht geborener Kinder. In H. Teichmann, B. Meyer-Probst, D. Roether, Risikobewältigung in der lebenslangen psychischen Entwicklung (S. 117–128). Berlin: Verlag Gesundheit.

McCabe, S. B., Gotlib, I. H. (1995). Selective attention and clinical depression: performance on a deployment-of-attention task. J. Abnorm. Psychol., 104, 241–245.

McCabe, S. B., Toman, P. E. (2000). Stimulus exposure duration in a deployment-of-attention task: Effects on dysphoric, recently dysphoric and non-dysphoric individuals. Cognition and Emotion, 14, 125–142.

McDougall, J., King, G., de Wit, D. J., Miller, L. T., Hong, S., Offord, D. R., LaPorta, J., Meyer, K. (2004). Chronic physical health conditions and disability among Canadian school-aged children: a national profile. Disabil. Rehabil, 26 (1), 35–45.

McIntyre, L., Glanville, N. T., Raine, K. D., Dayle, J. B., Anderson, B., Battaglia, N. (2003). Do low-income lone mothers compromise their nutrition to feed their children? Canadian Medical Association Journal, 168, 686–691.

McLanahan, S. (1999). Father absence and the welfare of children. In E. M. Hetherington (Ed.), Coping with divorce, single parenting, and remarriage: A risk and resiliency perspective (pp. 117–145). London: Lawrence Erlbaum.

McLanahan, S., Booth, K. (1989). Mother-only families: Problems, prospects, and politics. Journal of Marriage and the Family, 51, 557–580.

McLearn, K. T., Minkovitz, C. S., Strobino, D. M., Marks, E., Hou, W. (2006). The timing of maternal depressive symptoms and mother's parenting practices with young children. Implications for pediatric practice. Pediatrics, 118 (1), 174–182.

McMunn, A. M., Nazroo, J. Y., Marmot, M. G., Boreham, R., Goodman, R. (2001). Children's emotional and behavioural well-being and the family environment: findings from the Health Survey for England. Soc. Sci. Med., 53, 423–440.

Morash, M., Rucker, L. (1989). An explanatory study of the connection of mother's age at childbearing to her children's delinquency in four data sets. Crime and Delinquency, 35, 45–93.

Murray, L., Kempton, C., Woolgar, M., Hooper, R. (1993). Depressed mothers' speech to their infants and its relation to infant gender and cognitive development. Journal of Child Psychology and Psychiatry and Allied Disciplines, 34, 1083–1101.

Murray, L., Sinclair, D., Cooper, P., Ducournau, P., Turner, P., Stein, A. (1999). The socioemotional development of 5-year-old children of postnatally depressed mothers. J. Child Psychol. Psychiatry, 40 (8), 1259–1271.

Nestmann, F., Stiehler, S. (1998). Wie allein sind Alleinerziehende? Soziale Beziehungen alleinerziehender Frauen und Männer in Ost und West. Opladen: Leske + Budrich.

Neubauer, E. (1988). Alleinerziehende Mütter und Väter – Eine Analyse der Gesamtsituation. Schriftenreihe des Bundesministeriums für Jugend, Familie, Frauen und Gesundheit, Bd. 219.

Newport, D. J., Stowe, Z. N., Nemeroff, C. B. (2002). Parental depression: animal models of an adverse life event. Am. J. Psychiatry, 159, 1265–1283.

Nunn, J. D., Mathews, A., Trower, P. (1997). Selective processing of concern-related information in depression. Br. J. Clin. Psychol., 36, 489–503.

O'Connor, T. G., Hawkins, N., Dunn, J., Thorpe, K., Golding, J. (1998). Family type and depression in pregnancy: Factors mediating risk in a community sample. Journal of Marriage and the Family, 60, 757–770.

O'Halloran, M., Carr, A. (2000). Adjustment to parental separation and divorce. In A. Carr (Ed.), What works with children and adolescents? A critical review of psychological interventions with children, adolescents and their families (pp. 259–277). London/New York: Routledge.

Pleck, J. H. (1997). Paternal involvement: Levels, sources, and consequences. In: M. E. Lamb (Ed.), The role of the father in child development (pp. 66–103). New York: John Wiley.

Plummer, L. P., Koch-Hattem, A. (1986). Family stress and adjustment to divorce. Family Relations, 35, 523–529.

Radebold, H. (2000). Abwesende Väter. Göttingen: Vandenhoeck & Ruprecht.

Radebold, H. (2004). Kindheiten im II. Weltkrieg und ihre Folgen. Gießen: Psychosozial-Verlag.

Riley, A. W., Coiro, M. J., Broitman, M., Colantuoni, E., Hurley, K. M., Bandeen-Roche, K., Miranda, J. (2009). Mental health of children of low-income depressed mothers: influences of parenting, family environment, and raters. Psychiatr. Serv., 60 (3), 329–336.

Ringback Weitoft, G., Haglund, B., Rosen, M. (2000). Mortality among lone mothers in Sweden: A population study. Lancet, 355, 1215–1219.

Ringback Weitoft G., Hjern, A., Haglund, B., Rosen, M. (2003). Mortality, severe morbidity, and injury in children living with single parents in Sweden: a population-based study. Lancet, 361, 289–295.

Russel, A., Saebel, J. (1997). Mother-son, mother-daughter, father-son, and father-daugther. Are they distinct relationships? Developmental Review, 17, 111–147.

Sadowski, H., Ugarte, B., Kolvin, I., Kaplan, C., Barnes, J. (1999). Early life family disadvantages and major depression in adulthood. British Journal of Psychiatry, 174, 112–120.

Sarfati, D., Scott, K. M. (2001). The health of lone mothers in New Zealand. N. Z. Med. J., 114, 257–260.

Sarkadi, A., Kristiansson, R., Oberklaid, F., Bremberg, S. (2008). Father's involvement and children's developmental outcomes: A systematic review of longitudinal studies. Acta Paediatr., 97, 153–158.

Saul, C., Payne, N. (1999). How does the prevalence of specific morbidities compare with measures of socio-economic status at small area level? Journal of Public Health Medicine, 21, 340–347.

Scharte, M., Bolte, G. (2011). Kinder alleinerziehender Frauen in Deutschland: Gesundheitsrisiken und Umweltbelastungen. Bayerisches Landesamt für Gesundheit und Lebensmittelsicherheit München.

Schepank, H. (Hrsg.) (1987). Psychogene Erkrankungen der Stadtbevölkerung. Eine epidemiologisch-tiefenpsychologische Feldstudie in Mannheim. Heidelberg: Springer.

Schepank, H. (Hrsg.) (1990). Verläufe. Heidelberg: Springer.

Schmidt-Denter, U. (2000). Entwicklung von Trennungs- und Scheidungsfamilien: Die Kölner Längsschnittstudie. In K. A. Schneewind (Hrsg.), Familienpsychologie im Aufwind. Brückenschläge zwischen Forschung und Praxis (S. 203–221). Göttingen: Hogrefe.

Schmidt-Denter, U., Beelmann, W. (1997). Kindliche Symptombelastungen in der Zeit nach einer ehelichen Trennung- Eine differentielle und längsschnittliche Betrachtung. Zeitschrift für Entwicklungspsychologie und Pädagogische Psychologie, 29, 26–42.

Schneider, N, F., Krüger, D., Lasch, V., Limmer, R., Matthias-Bleck, H. (2001). Alleinerziehen – Vielfalt und Dynamik einer Lebensform. Schriftenreihe des Bundesministeriums für Familie, Senioren, Frauen und Jugend, Band 199. Stuttgart: Kohlhammer.

Shouls, S., Whitehead, M., Burstroem, B., Diderichsen, F. (1999). The health and socioeconomic circumstances of British lone mothers over the last two decades. Population Trends, 95, 41–45.

Siahpush, M., Borland, R., Scollo, M. (2002). Prevalence and socio-economic correlates of smoking among lone mothers in Australia. Aust. N. Z. J. Public Health, 26, 132–135.

Siegal, M. (1987). Are sons and daughters treated more differently by fathers than by mothers? Developmental Review, 7, 183–209.

Simons, R. L., Johnson, C. (1996). Mother's parenting. In R. L Simons, Understanding differences between divorced and intact families (pp. 83 ff.). London: Sage Publications.

Sperlich, S., Collatz, J. (2006). Ein-Elternschaft – eine gesundheitsriskante Lebensform? Reanalyse der Daten aus Vorsorge- und Rehabilitationseinrichtungen für Mütter und ihre Kinder. Praxis klinische Verhaltensmedizin und Rehabilitation, 19 (72), 127–137.

Statistisches Jahrbuch BRD (1999).

Statistisches Jahrbuch BRD (2005).

Statistisches Bundesamt (Hrsg.) (2010). Alleinerziehende in Deutschland. Ergebnisse des Mikrozensus 2009 Statistisches Bundesamt, Wiesbaden. Zugriff am 27.02.2011 unter http://www.destatis.de/jetspeed/portal/cms/Sites/destatis/Internet/DE/Presse/pk/2010/Alleinerziehende/pressebroschuere__Alleinerziehende2009,property=file.pdf.

Stegmann, D. (1997). Lebensverläufe Alleinerziehender in West- und Ostdeutschland. Wiesbaden: Bundesinstitut für Bevölkerungsforschung.

Suslow, T., Junghanns, K., Arolt, V. (2001). Detection of facial expressions of emotions in depression. Percept. Mot. Skills, 92, 857–68.

Targosz, S., Bebbington, P., Lewis, G., Brugha, T., Jenkins, R., Farrell, M., Meltzer, H. (2003). Lone mothers, social exclusion and depression. Psychol. Med., 33, 715–722.

Thompson, R. G. Jr, Lizardi, D., Keyes, K. M., Hasin, D. S. (2008). Childhood or adolescent parental divorce/separation, parental history of alcohol problems, and offspring lifetime alcohol dependence. Drug Alcohol. Depend., 98 (3), 264–269.

Thrane, N., Sondergaard, C., Schonheyder, H. C., Sorensen, H. T. (2005). Socioeconomic factors and risk of hospitalization with infectious diseases in 0- to 2-year-old Danish children. Eur. J. Epidemiol., 20. (5), 467–474.

Trapolini, T., McMahon, C. A., Ungerer, J. A. (2007). The effect of maternal depression and marital adjustment on young children's internalizing and externalizing behaviour problems. Child Care Health Dev., 33 (6), 794–803.

Tress, W., Reister, G., Gegenheimer, L. (1989). Mental and physical resiliency in spite of a stressful childhood. In M. Brambring, F. Loesel, H. Skowronek, Children at risk: Assessment, longitudinal research, and intervention (pp. 173–185). Berlin: de Gruyter.

Trzeszkowski, G. (2008). NeFF – ein Netzwerk für Familien. Das Dormagener Modell »Willkommen im Leben«. Evangelische Jugendhilfe, 4, 1–4.

Wallerstein, J. S., Lewis, J. M., Blakeslee, S. (2002). Scheidungsfolgen – Die Kinder tragen die Last. Eine Langzeitstudie über 25 Jahre. Münster: Votum.

Walser, S., Killias, M. (2009). Jugenddelinquenz im Kanton St. Gallen. Bericht zuhanden des Bildungsdepartementes und des Sicherheits- und Justizdepartements des Kantons St. Gallen, Zürich.

Walters, V. (1993). Stress, anxiety and depression: women's accounts of their health problems. Social Science and Medicine, 36, 393–402.

Weitzman, L. J. (1985). The divorce revolution: The unexpected social and economic consequences for women and children in America. New York: Free Press.

Werneck, H. (1998). Übergang zur Vaterschaft. Auf der Suche nach den »Neuen Vätern«. Wien: Springer.

Werner, E. E., Smith, R. S. (1992). Overcoming the odds: High risk children from birth to adulthood. New York: Cornell University Press.

Westin, M., Westerling, R. (2006). Health and healthcare utilization among single mothers and single fathers in Sweden. Scandinavian Journal of Public Health, 34, 182–189.

Whitehead, M., Burstroem, B., Diderichsen, F. (2000). Social policies and the pathways to inequalities in health: A comparative analysis of lone mothers in Britain and Sweden. Social Science and Medicine, 50, 255–270.

Whiteside, M. F., Becker, B. J. (2000). Parental factors and the young child's postdivorce adjustment: a meta-analysis with implications for parenting arrangements. Journal of Family Psychology, 14, 5–26.

Wider, R., Bodenmann, G. (1995). Eine Vergleichsuntersuchung zwischen alleinerziehenden und verheirateten Müttern bezüglich Zufriedenheit und Belastungen. In M. Perrez, J. Lambert, C. Ermert, B. Plancherel, Familie im Wandel (S. 113–122). Freiburg/Schweiz: Universitätsverlag.

Williams, D. R. (1990). Socioeconomic differentials in health: A review and redirection. Social Psychology Quarterly, 52, 81–99.

Wolchik, S. A., Sandler, I. N., Millsap, R. E., Plummer, B. A., Greene, S. M., Anderson, E. R., Dawson-McClure, S. R., Hipke, K., Haine, R. A. (2002). Six-year follow-up of preventive interventions for children of divorce: a randomized controlled trial. JAMA, 288 (15), 1874–1881.

Young, L. E., Cunningham, S. L., Buist, D. S. (2005). Lone mothers are at higher risk for cardiovascular disease compared with partnered mothers. Data from the National Health and Nutrition Examination Survey III (NHANES III). Health Care Women International, 26 (7), 604–621.

Zwaanswijk, M., Verhaak, P. F., van der Ende, J., Bensing, J. M., Verhulst, F. C. (2005). Consultation for and identification of child and adolescent psychological problems in Dutch general practice. Fam. Pract., 22 (5), 498–506.

Mathias Hirsch

Pseudo-ödipales Dreieck – ein häufiges Muster männlicher Sozialisation

Heute arbeitet die psychoanalytische Psychotherapie nicht so sehr mit Deutungen, vielmehr verwendet sie Bilder und Metaphern, um besonders dem schwerer gestörten Patienten einen Weg zu Symbolisierung und Mentalisierung zu ebnen (Hirsch, 2004). Auch psychodynamische Theorien und Hypothesen sind solche Bilder, und die Realität des familiären sexuellen Missbrauchs und ihre Dynamik von Vater, Mutter und Kind kann man wie die Spitze eines Eisbergs als Bild für das entsprechende, viel häufigere subtile Beziehungsgeschehen im Sinne des latenten Inzests (Hirsch, 1993) verwenden. Ähnlich der (latent oder offen) inzestuösen Vater-Tochter-Beziehung, deren Opfer heute einen Großteil unserer weiblichen Klientel ausmachen, lässt sich eine in unserer Gesellschaft inzwischen weit verbreitete Dynamik männlicher Patienten erkennen: Die in ihrer weiblichen Identität unsichere Mutter verwendet den Sohn als Selbstergänzung, indem sie seinen idolisierten Penis vereinnahmt und verwaltet. Die ödipal erscheinende Mutter-Sohn-Beziehung ist aber pseudo-ödipal, da das sexualisierte Begehren von der Mutter ausgeht. Da der Vater entweder real abwesend oder psychisch auch für die Mutter nicht präsent ist, entsteht eine innige, verführerische Partnerersatz-Beziehung, in der einerseits der Vater als triangulierender Retter ersehnt, andererseits als kastrierender Rächer gefürchtet wird. Eine gelingende Identifikation mit einem solchen Vater und damit die Entwicklung einer sicheren männlichen Identität werden so behindert.

Darüber hinaus bedeutet das pseudo-ödipale Versprechen der Mutter, das nie erfüllt wird und dem der Sohn ja auch gar nicht entsprechen könnte, eine massive Kränkung und ein traumatisierendes Verlassen-Werden, verbunden mit verächtlicher Entwertung. Diesem Wechsel entspricht exakt das Schwanken zwischen Grandiosität und Minderwertigkeitsgefühl, das wir gerade bei schwerer gestörten männlichen Patienten so häufig antreffen. Anders als in anderen, besonders islamischen Kulturen, in denen die enge, erotisierte Mutter-Sohn-Beziehung abrupt durch eine symbolische Kastration (Beschneidung) beendet und damit eine patriarchalische männliche Identifikation erzwungen wird, bleibt der Sohn mit seinen basalen Konflikten von Vater und Mutter letztlich auch von der weitgehend entritualisierten westlichen Gesellschaft alleingelassen.

Wenn die Dynamik auch auf den ersten Blick ödipal erscheint, sind es doch die Eltern, beim Jungen besonders die Mutter, von denen die erotisierten oder sexualisierten Impulse sich gegen das Kind richten, während »ödipal« natürlich die bekannten Phantasien des Kindes meint, die sich auf die Eltern richten. Deshalb auch der Begriff pseudo-ödipal. Der reale sexuelle Missbrauch ist natürlich ein sexuelles Attentat, das eindeutig vom Erwachsenen ausgeht, Freud hatte jedoch 1897 mit dem Aufgeben der Verführungstheorie die Initiative für das inzestuöse Geschehen dem Kind und seinen triebbedingten Phantasien gegeben. Manchmal allerdings berücksichtigt Freud – allzu selten – das Einwirken der Erwachsenen auf das Kind. Bei der Über-Ich-Entwicklung ist es ganz deutlich, aber auch Traumatisierungen durch die Eltern lässt Freud besonders in seinem Spätwerk wieder als zusätzlichen pathogenetischen Faktor gelten.

Einmal aber schreibt Freud: »So nahm sie nach der Art aller unbefriedigten Mütter den kleinen Sohn anstelle ihres Mannes an und raubte ihm durch die allzu frühe Reifung seiner Erotik ein Stück seiner Männlichkeit« (1910, S. 187). Das ist ein singulärer Ausspruch Freuds, sozusagen ein Geistesblitz, eher eine Ausnahme. Heute, im Zeitalter der Intersubjektivität, können wir mit Laplanche (1986) von einer »allgemeinen Verführungstheorie« sprechen, das heißt, das Triebleben des Kindes, das es als Potential mit auf die Welt bringt, entfaltet sich in seiner jeweiligen Besonderheit durch die mehr oder weniger kindgerechten, auch erotisierten Einwirkungen auf die Entwicklung des Kindes. Welchem Jungen wünschte man nicht eine lebensfrohe, erotische, sozusagen vollbusige Mutter, die ihm ihre nun allerdings kindgerechte, uneigennützige Liebe schenkt. Nie aber kommt der Mensch aus der Mutter-Ambivalenz heraus, auch noch die am meisten kindgerechte Mutterliebe enthält etwas Bedrohliches, Verschlingendes, schränkt Freiheit und Individualität ein. Und so wünscht man dem Kleinkind ein ausgleichendes Moment, man stellt sich einen Vater vor, der die allzu innige Mutter-Kind-Symbiose relativiert, durch das, was man *frühe Triangulierung* nennt.

Zur Definition der frühen Triangulierung jedoch gehört zum einen das Erleben des Vaters (als Sinnbild für den »Dritten«) als von der Mutter getrennte Person, zum anderen das der Beziehung zwischen Vater und Mutter sowie die Internalisation beider, das heißt der Vater nicht nur als Interaktionspartner, sondern als Identifikationsobjekt, die Mutter nicht nur als allspendend bzw. verschlingend, sondern als zunehmend getrenntes Objekt, das aber entsprechend weiter zur Verfügung steht, und die Beziehung der Eltern als Vorbild für die Möglichkeit relativen Getrenntseins ohne damit verbundene Vernichtung. Neben der Selbstfindung, die damit einhergeht, übrigens insbesondere auch der Entwicklung der sexuellen Identität, wird durch die frühe Triangulierung auch der Übergang vom »präambivalenten«, in »nur gut« und »nur böse« gespaltene Objekt-Imagines zur Konzeption von »ganzen«, ambivalent erlebten Objekten ermöglicht. Die frühe Triangulierung wird damit zur unbedingten Voraussetzung der Entwicklung eines reifen Ödipuskomplexes.

Der Psychoanalytiker Abelin, der die Idee der frühen Triangulierung zuerst hatte und den Begriff in den 1970er Jahren geprägt hat, spricht von der »Kristalisation von wohlunterschiedenen visuellen Vorstellungen einerseits von sich selbst und andererseits von der Mutter«, und behauptet, »dass dieser Sprung nur vermöge einer frühen Triangulierung vollzogen werden kann. [...] Die frühe Triangulierung definiert die Grenze und den Ursprung des Menschseins schlechthin, und [ist] mutmaßlich nur bei schweren Psychosen oder in tiefer Demenz nicht funktionstüchtig« (1986, S. 58 f.).

Der zeitgenössische postpatriarchalische Familienvater steht aber nicht nur für den Sohn nicht zur Verfügung, er entzieht sich auch der Frau, der Mutter des Sohnes, und lässt sie mehr oder weniger allein. Die zentrale Entwicklungsaufgabe ist die Integration der gespaltenen »nur guten« und der »nur bösen« Vorstellungen von den Elternobjekten, man sagt Teilobjekt-Beziehungen, in Objektrepräsentanzen, die in ihren gegensätzlichen Aspekten insgesamt zu ertragen sind. In der hier vorgestellten Dynamik geht es also nicht nur um eine »verschlingende«, erotisiert-missbrauchende Mutter und ihren Sohn, während der Vater abwesend ist und keine Rolle spielt, es geht vielmehr um die Repräsentanzen *beider* Eltern, die sich aufgrund einerseits sexuell überstimulierender, andererseits einer Unterversorgung durch Abwesenheit und Vernachlässigung der wahren Bedürfnisse des Kindes bilden. So bleiben die Eltern-Imagines, sowohl die Bilder der Mutter als auch des Vaters, die das Kind entwickelt, zwiespältig, doppelt, sowohl negativ als auch positiv. Die Mutter ist sowohl ersehnt als auch gefürchtet; in der manischen Fusion garantiert sie einerseits ein Hochgefühl, wie sie andererseits jede Individualität und Freiheit des Knaben vernichtet. Der Vater ist als aus der Mutterfusion rettende Triangulierungsmacht sowohl ersehnt, als er auch gerade wegen der inzestuösen Mutterbeziehung als vernichtender Kastrator gefürchtet ist.

Fühlt sich die *Mutter als Frau* unvollständig, in ihrer Geschlechtsidentität verunsichert, muss ein männliches Kind umso mehr geeignet sein, die narzisstische Lücke auszufüllen. »In ihrem Sohn hat die Mutter nämlich die einzigartige Gelegenheit, sich *in männlicher Gestalt zu sehen*« (Olivier, 1980, S. 72). Das Kind vervollständigt die Mutter, es bildet mit ihr zusammen ein »allmächtiges Eins, verbunden mit der Phantasie der gegenseitigen Erschaffung« (Racamier, 1980, S. 99). Olivier schreibt auch: »Die Frau hat unbewusst Schwierigkeiten, auf das einzige männliche Wesen zu verzichten, das sie je bei sich gehabt hat; denn der Vater war nicht für sie da, und ihr Mann ist meistens abwesend« (1980, S. 74).

So wird hier eine enge Bindung zwischen Mutter und Sohn beschrieben, die ödipal anmutet, jedoch den Vater, den Dritten, gerade ausschließt. Aber die Mutter hat durch die Existenz des ersehnten Sohnes noch längst nicht Wut und Neid auf die Männer wegen der (letztlich über Jahrtausende wirksame) Herabsetzung des eigenen Geschlechts verloren. Die Ergänzung durch die Männlichkeit des Sohnes ist nicht ungetrübt, die Mutter bleibt ambivalent. Die positive Besetzung des Geschlechts des Sohnes, seines Phallus, schlägt regelmäßig abrupt um in seine Entwertung, und zwar genau dann, und darauf kommt es mir an, wenn der Sohn einen Schritt von der Mutter weg macht und seine Männlichkeit *für sich selbst* nutzen möchte. So gewinnt man ein Bild für den »typisch männlichen« Umschlag von Grandiosität in das Gefühl von Wertlosigkeit, die spezifisch männliche narzisstische Dynamik: Die Mutter idolisiert und erhöht ihren kleinen Mann, um ihn dann fallen zu lassen, wenn er eigene Wege gehen will. Oder ein Bild unter Einbeziehung des Vaters: Die in der Ehe frustrierte Mutter bindet den Knaben eng und erotisiert an sich, drängt ihn im Sinne des Partnerersatzes in die Rolle des kleinen Therapeuten (Ferenczi, 1933), der die Sorgen, auch die Eheprobleme der Mutter verstehen soll und will, um dann aber, wenn der Vater schließlich aus der Kneipe heimkommt, doch mit ihm im Schlafzimmer zu verschwinden, während der Junge ausgeschlossen mit seiner narzisstischen Kränkung und dem Gefühl, massiv verraten worden zu sein, allein fertig werden muss.

Übrigens lässt sich eine Parallele zwischen dieser bei uns häufigen Dynamik und einer ähnlichen im islamischen Kulturkreis finden, auch da scheint das männliche Identitätsgefühl zu schwanken zwischen Allmacht und Minderwertigkeit. Der kränkende Umschwung vom kleinen Prinzen der Mutter zum Mann wird durch die eigentlich viel zu frühe und dadurch traumatische Beschneidung markiert. Im Alter von etwa sieben Jahren bereits wird der Knabe brutal von der Mutter getrennt und durch die symbolische Kastration zum Mitglied der patriarchalischen Gesellschaft gemacht. Äußerst kritisch geht Matthias Franz (2006) an ein psychodynamisches Verständnis des islamischen Beschneidungsrituals heran. Franz vermutet eine Doppelbedeutung des Rituals: Einerseits scheint es ein Mannbarkeitsritus zu sein und als solcher wird er ja auch mit großem Prunk als Freudenfest gefeiert, während der Junge mit männlichen Attributen (Schwert, Gewehr, als General oder Sultan verkleidet) ausstaffiert wird. Andererseits aber wird durch den wenigstens potentiell traumatischen Charakter der Prozedur, noch dazu im vorpubertären Alter (so dass von Mannbarkeit noch gar nicht gesprochen werden kann), eine Identifikation mit dem (patriarchalischen) Aggressor erzwungen, die der Fortführung der patriarchalen gesellschaftlichen Strukturen dient.

Zumindest in einem Teil der Betroffenen wird folgende psychodynamische Idee, die Franz entwickelt, für den Jungen ihre traumatische Wirkung entfalten: Während die Frau in der Öffentlichkeit verschleiert nicht als sexuelles Wesen in Erscheinung treten darf, wird sie aber doch zu Hause – unverschleiert – vom Jungen so gesehen, zumal sich durch den eher abwesenden Vater eine enge Mutterbindung entwickelt hat. Das bedeutet eine pseudoödipale Verführungssituation; der Junge phantasiert sich leicht als das bevorzugte Liebes-, vielleicht Sexualobjekt der Mutter. Aber die Mutter dieses Kronprinzen lässt die Beschneidung zu – das ist ein entsetzlicher, traumatisierender pseudo-ödipaler Verrat! Franz zufolge wird auch durch diese Dynamik die Frau für den Mann im islamischen Kulturkreis gefährlich, sie darf als sexuelles Wesen nicht in Erscheinung treten, denn auf ihre Verführung würde der Verrat, die Vernichtung folgen (Franz, 2006).

Fallbeispiel

Wegen schwerer Depression, Schlaflosigkeit und körperlicher Erschöpfung begann Herr S. im Alter von 25 Jahren eine analytische Psychotherapie. Er war beherrscht von der Angst, seine Freundin könne einen anderen Mann kennenlernen und ihn verlassen. Die quälenden Zustände von Depression bekämpfte er mit großen Mengen Cannabis und häufigem zwanghaften Masturbieren, das er mit dem Gefühl verband, es nicht genießen zu dürfen, sondern es als eine Art Pflicht erledigen zu müssen. Die Sexualität mit seiner Freundin empfand er als unbefriedigend. Er sei stets der Gebende, befriedige die Freundin stets problemlos, wenn sie es wünsche, leide aber unter ihrer fehlenden Zärtlichkeit. Die Freundin kehre ihm nach ihrem Orgasmus regelmäßig den Rücken zu und überlasse ihn sich selbst.

Herr S. begann eine analytische Gruppenpsychotherapie, die durch regelmäßige Einzelsitzungen ergänzt wurde. Er erschien zunächst überaus motiviert, aber nach kurzer Zeit ging es ihm sehr schlecht und er dachte daran, die Therapie abzubrechen (das entspräche einer negativen therapeutischen Reaktion). Dann aber begann eine Phase einer eindrucksvollen Symptombesserung, er trennte sich von seiner Freundin, der Cannabiskonsum erübrigte sich völlig; erstmals konnte er mit Genuss und dem Gefühl, es »für sich« zu tun, masturbieren.

In der folgenden Zeit entstanden kräftige, aber oft widersprüchliche Bilder seiner inneren Objekte. Die Mutter beschrieb Herr S. einerseits mit »unsicher, weich, unterdrückt«, seine Beziehung zu ihr war »sehnsuchtsvoll, sie wurde durch den Druck behindert, den mein Vater auf die Mutter ausübte«. Andererseits war die Mutter »leicht zu entnerven, manchmal unkontrolliert, sie hatte manchmal Wutausbrüche und schlug mir mit dem Kochlöffel ins Gesicht«. Gegen den Vater empfand Herr S. »Hass und Wut; mein größter Wunsch war es, ihn einmal so richtig zum Weinen zu bringen.« Denn der Vater war »autoritär, arrogant, brutal, gefühllos und jähzornig«. Aber das scheint dem am ehesten bewussten Bild des Vaters aus der Zeit der Pubertät zu entsprechen, denn im Laufe der Therapie erinnerte sich Herr S. an das große Interesse des Vaters an der Natur und die langen in den Grundschuljahren gemeinsam unternommenen Spaziergänge, bei denen er sich innig mit dem Vater verbunden fühlte. Nun erkannte er sich selbst mit dem Gefühl, den Frauen alles zu geben und nichts von ihnen zu bekommen, im Vater wieder, als er sich erinnerte, wie er die Eltern beim Geschlechtsverkehr überrascht hatte, als er ungefähr sechs Jahre alt war, wahrlich eine Urszene, die die Beziehung von Vater und Mutter bebilderte: Der Vater lag auf der Mutter, die beide Hände gegen seine Schultern gestemmt hielt, um ihn nach einer Weile heftig zurückzustoßen; der Vater wandte sich ab und weinte bitterlich. Natürlich erkannte er die Parallele zu der immer wieder erlebten Zurückweisung nach dem Geschlechtsverkehr durch seine entsprechend gewählten Partnerinnen. Es kamen auch mit Wut und Peinlichkeit verbundene Erinnerungen hoch an das seltsam hektische, aggressive Interesse seiner Mutter an seinem Penis. Jeden Samstag kam die Mutter ins Badezimmer genau in dem Augenblick, als Herr S. mit dem Baden fertig war, und befahl ihm, vor ihren Augen seine Vorhaut zurückzustreifen, sie müsse sehen, ob er eine Phimose habe. Einmal riss sie ihm wortlos die

Unterhose herunter und schob selbst die Vorhaut zurück. Andererseits gab es eine Zeit, in der die Eltern getrennt schliefen und Herr S. neben der Mutter schlief, was er als warm und schön in Erinnerung hatte.

Herr S. entwickelte das Gefühl, seine Mutter habe sich nie für ihn selbst interessiert, sondern nur für seinen Penis. Er brachte damit sein reges Interesse für sexuelle Spiele in der Pubertät in Verbindung; mit 13 Jahren erlebte er den ersten Koitus mit einem Mädchen als »warm, schön, zärtlich, intensiv, großartig, aufdrehend, belebend!«. Die Mutter reagierte auf seine Sexualität in der Adoleszenz offen feindselig. Als er begann, das Badezimmer abzuschließen, sagte sie: »Da ist doch gar nichts zu sehen, das kleine Stripperchen …!«, entwertete also den von ihr doch hochbesetzten Penis des Sohnes. In der Adoleszenz kam es zu vielen, auch homosexuellen promiskuösen Beziehungen. Das sexuelle Agieren hörte auf, als er mit 17 Jahren zusammen mit der Mutter das Geschäft des ältesten Bruders übernahm. Er entwickelte ungeahnte Fähigkeiten, arbeitete 14 Stunden am Tag im engsten Kontakt mit der Mutter, führte Gespräche mit Kunden, begann Zigarren zu rauchen, einen Nadelstreifenanzug zu tragen und ließ sich, als das Geschäft immer besser ging, von einem Chauffeur in einem großen Wagen herumfahren – einen Führerschein hatte er ja noch nicht. Der Vater, der in der frühen Adoleszenz des Patienten so brutal erlebt worden war, war in dieser Zeit ein Nichts, und niemand wunderte sich, als Herr S. seine Verlobung mit der Sekretärin des Vaters bekanntgab. Das ganze Gerüst glänzenden Erfolgs, das auf der manischen Fusion mit der Mutter beruhte, stürzte ein, als der älteste Bruder in die Firma zurückkehrte, die Mutter nichts dagegen hatte und Herr S. mit einem »Er oder ich!« die Firma und das Elternhaus verließ und eine Lehre als Krankenpfleger begann.

Kaum merklich änderte sich die therapeutische Beziehung zum Schlechten. Mich überkam zunehmend das Gefühl der fehlenden Stimmigkeit, als ob mir etwas vorenthalten bleiben sollte. Trotzdem versuchte ich weiter, als eine »gute Mutter« oder vielmehr inzwischen als »Vater, der die bessere Mutter sein soll«, den immer oberflächlicher werdenden Ausführungen einen Sinn abzugewinnen, dabei fühlte ich mich seltsam ausgeschlossen. Dieser

Eindruck verstärkte sich, als eine Kollegin von mir, zu der Herr S. eine Bekannte geschickt hatte, mir mitteilte, dass auch die Therapie der Bekannten stagniere, diese jedoch mit Herrn S. täglich eine Stunde lang telefoniere. Dann berichtete eine Patientin von mir unter Schuldgefühlen, dass sie sich mit Herrn S. angefreundet habe, nachdem sie ihn im Wartezimmer angesprochen und ihm ihre Telefonnummer gegeben hatte. Wenn sie sich sähen, rede Herr S. wie ein Wasserfall, langsam werde es ihr peinlich, da er so viel über Sexualität spreche. Er schwärme von homosexuellen Praktiken, von gegenseitiger Masturbation, die zwischen Männern viel besser gehe, da sie wüssten was ein Penis wäre, er wette auch, dass ihr Freund eines Tages homosexuell werde. Von der Praxis eines anderen Kollegen erreichte mich, um das Maß voll zu machen, die Nachricht, Herr S. habe versucht, seine frühere Freundin zu vergewaltigen.

Ich versuchte meine in der Vater-Gegenübertragung entstandenen Gefühle der Wut und des Verraten-Seins zu überspielen, indem ich Herrn S. die entstandenen vielfältigen Dreiecksbeziehungen zwischen ihm selbst, verschiedenen Frauen und mir aufzeigte. Seine lange vorhandene latente Angst vor mir kam nun zum Vorschein, sie führte zu teils patzigen Abwehrversuchen, man habe ihm das alles unterstellt. Es wurden aber auch seine ursprünglichen Wünsche angesprochen, die an mich gerichtet waren, die ich offenbar nicht erkannt hatte und nicht erfüllen konnte: Er schäme sich, seine Wünsche nach Körperkontakt einzugestehen, er möchte am ganzen Körper gestreichelt und abgeküsst werden. Er habe Angst, dass seine Fassade zusammenkrache, dass er von mir vernichtet werde, weil nichts dahinterstecke. Obwohl mir klar war, dass ich sozusagen real zum kastrierenden Vater wurde, und obwohl Herr S. auch in der Gruppe immer weniger präsent geworden war, beendete ich die Einzelsitzungen aus dem Gefühl heraus, die Stagnation, die Kommunikationskluft nicht mehr überwinden zu können. Das löste heftige Gefühle von Angst und auch Aggression wegen des Verlassen-Werdens aus, die glücklicherweise in der Gruppe immer wieder durchgearbeitet werden konnten. In der Übertragung und der Gegenübertragung war ich abwechselnd die Identität verbietende Mutter, die auch mit Verlassen drohte, als auch der bedrohliche Vater, gegen den ein Gegengewicht geschaffen werden musste (die Beziehungen zu den Frauen), der aber gleichzeitig nicht genügend für ihn da war.

Am Anfang des Therapieverlaufs stand die Beziehung von Patient und Therapeut als einem idealen Paar, voll gegenseitigen Verständnisses und Wohlwollens. Eine solche Anfangskonstellation wurde von Ermann (1985) in ähnlichen Fällen von Patienten mit mittlerem Strukturniveau als »Idealisierung des Dritten« bezeichnet. Herr S. machte »mir zuliebe« auch große Fortschritte im Sinne einer Symptomheilung, und als »Dritter« fühlte ich mich in der Rolle des Verbündeten gegen die damalige Partnerin des Patienten. Kohut (1971) spricht ähnlich von »überidealisierter Vater-Imago«. Abelin hat diese Vater-Sehnsucht geradezu als »quasi triebhaften Durst nach dem Vater« (1986, S. 53) bezeichnet, Herzog (1980) als »Vaterhunger«. Nichtsdestoweniger tritt in den von Ermann beschriebenen Fällen und ebenso in meinem eine Wende der so idealen Beziehung, eine »Wendung zu den Frauen« ein. Herr S. stellte eine ganze Reihe von Beziehungen zu Frauen her, die wiederum in Beziehung zu mir standen: zu einer Patientin von mir, einer Patientin einer Kollegin von mir und zu der eines weiteren Kollegen. Die Beziehung zu mir als männlichem Therapeuten nimmt eine negative Färbung an, die entstehenden Beziehungen zu den Frauen haben dagegen einen positiven Charakter. In den von Herrn S. hergestellten multiplen Dreiecksbeziehungen hatte ich das Gefühl von Rivalität um die jeweilige Frau, wie auch Ermann, und besonders auch das Gegenübertragungsgefühl, als Dritter völlig ausgeschlossen zu sein.

Die Bedeutung des Scheiterns der Wiederannäherung, verbunden mit dem Fehlen einer gelingenden Triangulierung, ist häufig für die Entstehung von Borderline-Phänomenen beschrieben worden (z. B. Mahler, 1971; Rotmann, 1978; Ermann, 1985). Wiederannäherung bezeichnet die Bewegung des Kleinkindes, das sich schon von der Mutter entfernen kann, zu ihr zurück, um »aufzutanken«; beide Bewegungsrichtungen sollte die Mutter freundlich tolerieren. Entweder gibt es erst gar keine Triangulierung bei Borderline-Patienten, wodurch Spaltungsphänomene bzw. Teil-Objektbeziehungen persistieren und integrierte Beziehungen nicht erreicht werden (Rotmann, 1978, S. 1128). Oder man sieht den pathogenetischen Ursprung der strukturellen Störung eher in einer *Fixierung* an die Triangulierung im Sinne einer Arretierung und eines fehlenden Abschlusses des Triangulierungsprozesses (Ermann, 1985, S. 101). Man kann die »Vater-Sehnsucht«, die auch bei meinem Patienten eine so große Rolle spielte und die viele dieser männlichen Patienten sich an einen männlichen Therapeuten wenden lässt, als Projektion des »nur guten« mütterlichen Teilobjekts auf den Vater (und später auf den männlichen Therapeuten) verstehen, ob nun ein Triangulierungsprozess begonnen hat oder nicht. Im Falle meines Patienten jedenfalls sehe ich einen Ablauf von projektiver positiver Vaterbeziehung in der ersten Phase der Therapie, das von einem negativen Vaterbild, das auf den Therapeuten projiziert wurde, abgelöst wurde; Letzteres übrigens entsprach auch mehr dem vorherrschenden Bild des realen Vaters.

Nimmt man einen solchen Wechsel der Vaterbilder an, erklärt sich auch leicht das Phänomen der »Wendung zu den Frauen«, die aber gleichzeitig durch homosexuelle Phantasien auf Distanz gehalten werden (als Rest der Vater-Sehnsucht), das bei beiden Patienten Ermanns, dem meinen mit dem Herstellen der Dreiecksbeziehungen und auch im Laufe der Analyse des Patienten von McDougall (1986) in Form von plötzlich auftretender heterosexueller Promiskuität zu beobachten war. Durch das Agieren meines Patienten wurde deutlich, dass dem Wechsel des positiven Vaterbildes zum negativen, das ich dann repräsentierte, ein korrespondierender Wechsel von einem negativen Mutterbild (das auf die Partnerin projiziert war) zu einem positiven entsprach, das in den Frauen erlebt wurde, deren Beziehungen zum Patienten vor mir verheimlicht werden mussten. Die im Verheimlichen enthaltende Spaltung ist nun gerade das Gegenteil von Triangulierung, zu der ja unabdingbar die Verinnerlichung der genügend guten Beziehung der Eltern gehört. Mein Gegenübertragungsgefühl, verraten worden zu sein, weil ich von den dyadischen Beziehungen zu den Frauen ausgeschlossen war, entspricht dem Loyalitätskonflikt, der in der präambivalenten, nicht triangulierten Zweierbeziehung enthalten ist (Rotmann, 1978).

Oszillieren zwischen den Teilobjekt-Beziehungen

In der Lebensgeschichte des Patienten lässt sich der in der Therapie beobachtete Wechsel mehrfach wiederfinden: Die verwöhnend-verführerische Mutter lässt ihn neben sich schlafen, wird dann zur phallisch-kastrierenden Mutter, die nur Interesse an seinem Penis (oder noch eingeschränkter vielmehr lediglich an seiner Vorhaut), nicht aber an ihm als ganzem Menschen hat, während der Vater in dieser Zeit in inniger Verbundenheit mit dem Jungen Streifzüge durch die Natur unternimmt. In der Adoleszenz wiederum wendet sich das Blatt, der Vater ist feindlich, die Sexualität wird vom Patienten früh benutzt, um Beziehungen zu »guten« mütterlichen Objekten einzugehen (auf die die Mutter eifersüchtig-terroristisch reagiert). Schließlich wird die reale Mutter wieder zur Inkarnation der guten Mutter-Imago und der geschäftliche Erfolg mit ihr steht für die manische Fusion mit ihr, wie auch der erste Koitus im Alter von 13 Jahren und spätere Orgasmuserfahrungen als berauschend erlebt wurden. Mit dem dann schwachen Vater und auch mit dem wieder in die Beziehung zur Mutter einbrechenden Bruder gibt es keine Gemeinsamkeit, nur ein »Alles-oder-Nichts«, »Entweder-Oder«, als die Mutter den Bruder bevorzugt, erfolgt die abrupte Trennung.

Die Fluktuation, das Oszillieren zwischen den jeweils positiven und negativen Teilobjekt-Beziehungen ist bereits von Melanie Klein (1945, S. 152) beschrieben worden. Die Ursache sieht Rotmann (1978, S. 1137; 1985) im Loyalitätskonflikt der präambivalenten Beziehungsstruktur bei Borderline-Patienten: »Die Sehnsucht nach dem Vater ist gepaart mit dem Verrat an der Mutter« (Rotmann, 1978, S. 1140), dementsprechend ist die »Mutter nach der Trennung« (Mahler, 1971) bedrohlich und interveniert, wenn eine Annäherung an das idealisierte Vaterbild stattfindet (Rotmann, 1985, S. 314). Ich denke, dass der Trennungswunsch (und damit Triangulierungswunsch) des Kindes mit der bedrohlich gewordenen Symbiose zusammenhängt. M. Klein nahm sowohl Frustrationen als auch übermäßige Befriedigung an der Mutterbrust an, die das Kind sich an das väterliche Objekt des Penis wenden ließe. »Die beiden gegensätzlichen Haltungen zur Brust der Mutter werden auf die neue Beziehung zum Penis des Vaters

übertragen« (Klein, 1945, S. 152) Und: »Die unvermeidliche Enttäuschung in der neuen Beziehung verstärkt den Rückzug auf das
erste Objekt, was seine Wirkung auf Labilität und Schwankung
emotionalen Verhaltens und der Phasen libidinöser Organisation
ausübt« (S. 153).

Wenn auch die Vaterbeziehung nach dem Muster der Mutterbeziehung gestaltet wird, sind doch die Verlockungen und Ängste
der Vater- oder Mutter-Sehnsucht meines Erachtens jeweils verschieden, bei dem mütterlichen Objekt sind es Verschmelzungs-
wünsche und -ängste, beim väterlichen Sehnsucht nach dem
starken, schützenden Dritten und Kastrationsängste. Das zentrale
Dilemma stellt sich mir für Herrn S. so dar: Die Mutter ist verführerisch, das führt zur Angst vor der Verschmelzung (archaische
Inzestangst), es folgt die Wendung zum Vater, der aber wegen
der Mutterbeziehung mit der Kastration droht, was wiederum die
Wendung zur Mutter zur Folge hat etc.

Der Prozess der frühen Triangulierung ist nicht als plötzlich
eintretendes, stufenartiges Ereignis zu sehen; Ermann versteht
Triangulierung als zirkuläres Geschehen, »erst durch die ständige
Wiederholung von Loslösung und Wiederannährung im Wechsel
gegenüber den beiden Eltern wird diese Erfahrung verinnerlicht,
und es entsteht die Struktur eines alternativen inneren Objektes«
(1985, S. 103). In meinem Fall, den ich als exemplarisch für die
Entstehung von Strukturdefiziten auf Borderline-Niveau ansehe,
ist dieser Prozess an seinem allerersten Anfang in Bezug auf das
zentrale Gebiet der Sexualität und der Objektbeziehungen (während andere Bereiche, zum Beispiel der berufliche, durchaus von
Objektkonstanz bestimmt sein können, wie das für weite Ich-
Funktionsbereiche bei Borderline-Patienten bekannt ist) zum
Stillstand gekommen, dreht sich gewissermaßen im Kreis, was
durch das Oszillieren gekennzeichnet wird. Ein gelingender Triangulierungsprozess würde eher durch ein spiralförmig progressives
Reifen der Objektbeziehung bis zum Ödipuskomplex und seiner
Überwindung gekennzeichnet.

In der Beziehung zur Mutter
verborgene Vater-Sehnsucht

Im agierenden Herstellen von Dreiecksbeziehungen meines Patienten sehe ich noch ein anderes Moment, das sich auch in der Literatur, die sich mit sexuell pervers agierenden Patienten beschäftigt, häufig wiederfindet. Ich meine den Versuch, mit der Beziehung zur Frau eine heimliche Verbindung zum väterlichen Mann
aufzunehmen. Es ist dies das Muster der als latent homosexuell
belächelten Dreiecksbeziehung zwischen zwei Männern, die die
gleiche Frau lieben und dadurch ihre eigene Beziehung ausleben,
wobei zu fragen bliebe, ob es sich nicht mehr um ein Bedürfnis
nach väterlicher Zärtlichkeit handelt als um Homosexualität. Eine
Fallvignette eines anderen Patienten soll diese Dynamik illustrie-
ren.

Ein junger Medizinstudent, der lieber Krankenpfleger geworden wäre, weil er sich als solcher beim Zivildienst so wohl gefühlt
hatte (Krankenpfleger war auch Herr S.!), hat einen etwas älteren
Freund, der immer »Bestimmer« war, sein Vorbild. Der Freund
hat zweimal mit der Freundin des Patienten geschlafen, sie fährt
übers Wochenende jetzt wieder zu ihm. Er habe zugestimmt,
was solle er machen, ein bisschen wütend sei er schon. Er hat die
Vorstellung, der Freund sei sehr potent und habe einen größeren
Penis. Früher dachte er, er habe einen zu kleinen Penis, bis seine
Freundin ihn beruhigt habe, dass das keineswegs der Fall sei.
Er hat die Phantasie, der Freund würde zu Besuch kommen, sie
würden sich über seine Probleme unterhalten, der Freund würde
ihm väterlich raten. Er hatte zuerst gedacht, seine Beziehung zur
Freundin würde durch ihr Fremdgehen interessanter. Beide Male
ist er gleich zu ihr gefahren und hat bei ihr übernachtet, nachdem
sie von seinem Freund zurückgekehrt war.

Hinter der Mutter ist der ersehnte Penis des Vaters verborgen.
Besonders in dem Bericht über einen Patienten Joyce McDougalls
(1986), der in vielen Details dem Fall von Herrn S. gleicht, wird
der ausagierte Wunsch beschrieben, durch den Kontakt mit der
Frau den Penis des Vaters zu bekommen. Jason, der Patient Mc-
Dougalls, bevorzugte Ausländerinnen, wenn sie bereits mit einem
Ausländer zusammengewesen waren. Er heiratete eine Frau, weil

sie ein Verhältnis zu einem berühmten Juden gehabt hatte, er hatte
eine Freundin, die eine »Affäre mit einem weltberühmten Schwarzen« (McDougall, 1986, S. 1015) gehabt hatte. »Ich bin jahrlang
zu Sex-Parties gegangen, vor allem, um zu beobachten, was die
Männer taten [...] Tatsächlich bin ich überzeugt, homosexuell zu
sein, nur dass ich nie Geschlechtsverkehr mit Männern wünschte«
(S. 1017 f.).

Bei Herrn S. sehe ich diesen über die Frau gehenden Kontakt-
versuch in seinem übermäßigen Reden über Sexualität mit ihr,
seinem Schwärmen von homosexuellen Kontakten, soviel schö-
nerer Masturbation unter Männern, Gedanken, die mich dadurch
erreichten, dass die Frauen sie mir übermittelten. Jason drückte
sich so aus: »Wenn ich eine Schwarze liebe, deren Mann ebenfalls
schwarz ist, gibt's kein Problem, keine Obsessionen, denn ich be-
komme seinen Penis, indem ich seine Frau nehme. So komme ich
mir für kurze Zeit wie ein Mann vor« (McDougall, 1986, S. 1021).
Es stellt sich heraus, dass »sein Bedürfnis nach männlicher Identifizierung von seiner Mutter unterbunden worden war. Die
Analytikerin sagt zu ihm: »Es scheint, als wären Sie zwei Personen – eine, die homosexuell ist und die Gabe eines Penis von einem Mann empfangen möchte, um ein Mann zu werden, und eine
andere Person, die heterosexuell ist und eine Frau lieben möchte
mit der Phantasie, den Penis eines Mannes von ihr zu bekommen.
Als ob sie Ihnen die Erlaubnis geben müsste, Ihren eigenen Penis
zu besitzen« (S. 1022).

Es wird hier deutlich, dass es die Mutter ist, die den Zugang des
Knaben zum Penis des Vaters kontrolliert. Den Versuch des dann
adoleszenten oder erwachsenen Mannes, durch die Beziehung zu
einer Frau den Penis, das heißt seine männliche Identität zu erreichen, würde ich dann als Reparationsversuch, als Versuch verstehen, doch noch den Triangulierungsprozess in Gang zu setzen,
den bisher nur ersehnten Vater zu erreichen.

Die Mutter verwaltet den Penis des Vaters

Die Ähnlichkeit zwischen dem Fall von McDougall und dem von mir geschilderten, auch in Bezug auf die realen Merkmale der Eltern und ihrer Beziehung, wie sie in der Analyse zu rekonstruieren sind, führt zur Beschreibung von Faktoren, die die Triangulierung erschweren oder verhindern und, wie bei meinem und ähnlichen Patienten, die Ausbildung sexuell perversen Agierens als Ausdruck der Objekt-Beziehungsstörung begünstigt. Es scheint in diesen Fällen männlicher Patienten, die an der Grenze zur verfestigten sexuell perversen Persönlichkeitsstruktur stehen, die man auch als Fälle von Borderline-Perversion bezeichnen könnte, dass wie bei der manifesten Perversion der Junge in idolisierter Weise von der Mutter als Erweiterung ihres Selbst – um einen Penis – betrachtet wird. Idolisierung bedeutet in diesem Zusammenhang die phantasmatische Aufrichtung eines entpersönlichten, dingobjektartigen Bildes des Sohnes, der so auf die Funktion der Selbstergänzung für die Mutter reduziert wird. »Eine Mutter kann […] das Baby bewusst oder unbewusst als libidinöse oder narzisstische Erweiterung ihres Selbst betrachten, dazu bestimmt, ein Gefühl persönlicher innerer Beschädigung zu beheben. Dies führt häufig zu dem Wunsch, den Vater sowohl in seiner realen als auch in seiner symbolischen Rolle auszuschließen« (McDougall, 1986, S. 1013).

Während der Vater jedoch bei der manifesten Perversion ständig abwesend oder durchgehend schwach ist (Stoller, 1975), scheint er bei der Art von Störungen, um die es mir hier geht, herabgesetzt und wiederaufgebaut zu werden, wie es der Mutter gerade gefällt. Dementsprechend wäre der Junge wie der Vater auch einem Wechselbad zwischen Verwöhnung und Verführung einerseits und einem Fallenlassen und Verächtlichmachen andererseits durch die Mutter ausgesetzt. In McDougalls Fall beschimpfte die Mutter den Vater täglich wegen seiner außerehelichen sexuellen Beziehungen in Anwesenheit des Jungen, die Mutter war krankhaft eifersüchtig und ständig mit der Sexualität des Vaters präokkupiert. Der Vater war jedoch nicht ganz abwesend, er wehrte sich in unflätiger Weise, er war es auch, der den Jungen in der Vorschulzeit erbarmungslos prügelte. Bei Herrn S. war es die Mutter, die die Familienatmosphäre ständig sexualisierte, und zwar mit ihrer fast psychotischen Sorge um die Vorhaut des Jungen, ihrer verborgenen Feindseligkeit und den terroristischen Migräneanfällen, mit denen sie die ersten Beziehungen des Adoleszenten zu Mädchen quittierte, besonders auch mit ihrem Verächtlichmachen seines Penis in dieser Zeit. Andererseits zog sie den Jungen wieder an sich, während der Vater in einem anderen Zimmer schlief, was auf dem geschäftlichen Niveau seine Wiederholung fand, als die Mutter zusammen mit dem Sohn den Vater weit hinter sich ließ. Die Urszenenphantasie des Jungen scheint mir eine Widerspiegelung seiner Situation selbst und die der Macht der Mutter zu sein: Die Mutter reguliert die Nähe zum Vater während des Koitus und stößt ihn dann weg; andererseits war die Geburt der vier Jahre jüngeren Schwester der Beweis, dass Herr S. nicht »der Einzige« in den Augen der Mutter war, dass also Vater und Mutter Sexualität hatten.

Einmal sagte Herr S. verbittert zu mir, er wisse nicht, was er in der Therapie gelernt und was er nur oberflächlich übernommen habe. Die Pseudostärke vom Vater, seine falsche Sicherheit habe er übernommen, ein »guter Ficker« sei er, der die Frauen bediene. Jason, der Patient McDougalls, sagt: »Mußte besser sein als die Araber, die Juden und die Schwarzen! Mußte mehr Mädels umlegen, als sie es konnten […] Der große Ficker. Ich war immer noch kein Mann« (McDougall, 1986, S. 1026). Herr S. sagt: »Meine Mutter hat sich nie für mich interessiert, für meinen Körper nicht, für meine Sorgen nicht, nur für meinen Penis!« Jason: »Warum habe ich für meine Mutter nicht als Junge existiert?« Der oberflächlich übernommene, der funktionierende Penis des »großen Fickers«, des »Erlösers der Frauen«, die er nicht wirklich lieben konnte (Ermann, 1985, S. 98), entsprechen eben nicht einer wahren männlichen Identität, die die Mutter nicht zuließ und die der Vater nicht vorleben konnte.

Das Herstellen der Dreiecksbeziehungen meines Patienten sehe ich zum Teil als Ausdruck eines Triangulierungswunsches, denn hinter den Frauen phantasierte er stets den Mann, und damit als Abwehr der jeweils bedrohlichen Objektaspekte, die die doch ersehnte Nähe bedeutete, sowohl die zu den Frauen als auch die zu den Männern. Gleichzeitig fühlte er sich als Initiator der

Beziehungen und so als Beherrscher der Frauen, so dass er das basale Defizit (auch in der Übertragung) fürs Erste kompensieren konnte. Aber die Triangulierung scheiterte solange, als die Gruppe ein offenbar ungenügendes Gegengewicht zur Beziehung des Patienten zu mir darstellte. Erst das tatsächliche In-Szene-Setzen des negativen Aspekts, des Verlassen- bzw. Kastriertwerdens, durch das Beenden der Einzeltherapie ließ in diesem Fall einen befriedigenden Therapieprozess entstehen, in dem die entgegengesetzten Teilobjekt-Aspekte im weiteren Verlauf von mehreren Jahren durchgearbeitet und weitgehend integriert werden konnten. Denn die Gruppe erlaubt noch am ehesten den Ausweg aus dem Verharren in präambivalente Teilobjekt-Beziehungen, weil sie aus verschiedenen Teilen, der Gruppe selbst und den Teilnehmern, besteht, und auch der Therapeut von diesen vielfältig verschieden erlebt werden kann, wodurch differenzierte Identifikationsmöglichkeiten geschaffen werden.

Literatur

Abelin, E. L. (1986). Die Theorie der frühkindlichen Triangulation. Von der Psychologie zur Psychoanalyse. In J. Stork (Hrsg.), Das Vaterbild in Kontinuität und Wandlung. Zur Rolle und Bedeutung des Vaters aus psychopathologischer Betrachtung und in psychoanalytischer Reflexion. Stuttgart-Bad Cannstatt: Frommann-Holzboog.

Ermann, M. (1985). Die Fixierung in der frühen Triangulierung. Zur Dynamik der Loslösungsprozesse bei Patienten zwischen Dyade und Ödipuskonstellation. Forum der Psychoanalyse, 1, 93–110.

Ferenczi, S. (1933). Sprachverwirrung zwischen den Erwachsenen und dem Kind. In: S. Ferenczi, Bausteine zur Psychoanalyse III (2. Aufl.) (S. 511–525). Bern u.a.: Huber.

Franz, M. (2006). Götterspeise – Vom Kindesopfer zur Beschneidung und zurück. In M. Hirsch (Hrsg.), Das Kindesopfer – eine Grundlage unserer Kultur. Gießen: Psychosozial-Verlag.

Freud, S. (1910). Eine Kindheitserinnerung des Leonardo da Vinci. Frankfurt a.M.: Fischer.

Herzog, J. (1980). Sleep disturbance and father hunger in 18- to 20-month-old boys: The Erlkönig syndrome. The Psychoanalytic Study of the Child, 35, 219–236.

Hirsch, M. (1988). Pseudo-ödipale Dreiecksbeziehungen – Frühe Triangulierung der Borderline-Persönlichkeit. Forum der Psychoanalyse, 4, 139–152.

Hirsch, M. (1989). Mütter und Söhne – Formen von Männlichkeit im Licht der Mutter-Sohn- Beziehung. In P. M. Pflügler (Hrsg.), Der Mann im Umbruch. Patriarchat am Ende? Olten/Freiburg: Walter.

Hirsch, M. (1993). Latenter Inzest. Psychosozial, 16, 25–40.

Hirsch, M. (2004). Psychoanalytische Traumatologie – Das Trauma in der Familie – Psychoanalytische Theorie und Therapie schwerer Persönlichkeitsstörungen. Stuttgart: Schattauer.

Klein, M. (1945). Der Ödipuskomplex unter dem Aspekt früher Angstsituationen. In M. Klein (Hrsg.), Frühstadien des Ödipus-Komplexes. Frühe Schriften 1928–1945. Frankfurt a. M.: Fischer.

Kohut, H. (1971). Narzissmus. Eine Theorie der psychoanalytischen Behandlung narzißtischer Persönlichkeitsstörungen. Frankfurt a. M.: Suhrkamp.

Laplanche, J. (1986). Von der eingeschränkten zur allgemeinen Verführungstheorie. In J. Laplanche (Hrsg.), Die allgemeine Verführungstheorie. Tübingen: Edition diskord.

Mahler, M. S. (1971). Die Bedeutung des Loslösungs- und Individuationsprozesses für die Beurteilung von Borderline-Phänomenen. Psyche – Z. Psychoanal., 29, 1078–1095.

McDougall, J. (1986). Identifizierungen, neuartige Bedürfnisse und neuartige Formen von Sexualität. Psyche – Z. Psychoanal., 40, 1007–1029.

Olivier, C. (1980). Jokastes Kinder. Die Psyche der Frau im Schatten der Mutter. Düsseldorf: Claassen.

Racamier, P. C. (1980). Die Schizophrenen. Berlin/Heidelberg: Springer.

Rotmann, M. (1978). Über die Bedeutung des Vaters in der »Wiederannäherungsphase«. Psyche – Z. Psychoanal., 32, 1105–1147.

Rotmann, M. (1985). Frühe Triangulierung und Vaterbeziehung. Forum der Psychoanalyse, 1, 308–317.

Stoller, R. J. (1975). Perversion. Die erotische Form von Hass. Reinbek: Rowohlt.

Klaus Hurrelmann

Leistungsdefizite junger Männer – was sind die Ursachen und Hintergründe?

Als in den 1960er Jahren in Deutschland von einer »Bildungskatastrophe« die Rede war, weil im Vergleich zu anderen Ländern die Quote der Abiturienten sehr niedrig ausfiel, galt das »katholische Mädchen vom Lande« als besonders benachteiligte soziale Spezies. Davon kann heute keine Rede mehr sein. Zwar schneidet Deutschland bei Leistungsvergleichen immer noch ungünstig ab, wenn es um den Anteil der Hochschulberechtigungen pro Jahrgang geht. Doch die junge Generation von Frauen ist hierfür nicht mehr verantwortlich. Im Gegenteil, sie ist außerordentlich ehrgeizig und drängt vehement in die Gymnasien und Universitäten. Die jungen Männer sind es inzwischen, die die deutsche Bildungsbilanz trüben. Sie fallen durch ihre zunehmend nur mittelmäßigen Leistungen auf, sie dominieren die Schülerschaft an den Haupt- und Förderschulen, sie verlassen die Schule viel häufiger als die jungen Frauen ohne Abschluss. Sie fallen leistungsmäßig immer weiter zurück und können im historischen Vergleich als »Bildungsverlierer« bezeichnet werden (Quenzel u. Hurrelmann, 2010a).

In diesem Beitrag soll geklärt werden, welche Hintergründe für diese Entwicklung identifiziert und wie die Trends erklärt werden können. Warum haben die jungen Männer den Anschluss an die Erfordernisse der modernen Leistungswelt verpasst? Werden sie möglicherweise im Schulsystem benachteiligt? Oder liegen – so die zentrale These dieses Beitrags – die Gründe tiefer, nämlich in einer Verunsicherung der Männerrolle, die im körperlichen und mentalen Gesundheitsverhalten und der gesamten Lebensführung verankert sind?

Ergebnisse von Jugendbildungsstudien

Die schwache leistungsmäßige Performance der jungen Männer ist, wie ein Blick in die internationale Forschung zeigt, kein
deutsches Phänomen. Sie ist weltweit in den hochentwickelten
Ländern zu beobachten. Sie kommt vor allem deshalb zustande,
weil die jungen Frauen ihre Leistungsbilanzen ständig weiter verbessert haben, während bei den jungen Männern bestenfalls eine
Stagnation zu verzeichnen ist. In den USA ist der Prozess am weitesten vorangeschritten; hier ist der Vormarsch der jungen Frauen
bereits im College- und Universitätsbereich angekommen. Auch
die schnell wachsenden Erfolge der Hochschulabsolventinnen
beim Einstieg in lukrative Berufslaufbahnen des Dienstleistungs-
und Kommunikationssektors sorgen dort für Aufmerksamkeit
(DiPrete u. Buchmann, 2006).

Ganz so weit ist es bei uns noch nicht. Schauen wir uns die offiziellen Bildungsstatistiken von Bund und Ländern genau an, ist
abzulesen: Der relative Leistungsabfall der jungen Männer begann
schon vor 30 Jahren. Er ist zunächst nicht aufgefallen, weil nach
wie vor in der Gesamtbevölkerung der Anteil von Männern mit
guten Schul-, Hochschul- und Berufsabschlüssen deutlich höher
ist als der von Frauen. Greifen wir aber die jüngeren Altersgruppen
heraus, ändert sich das Bild. In den jüngsten Statistiken liegen die
jungen Frauen im Schulbereich sowohl bei den mittleren als auch
bei den höchsten Abschlüssen (Fachabitur und Abitur) vorne.
Der Anteil weiblicher Schüler an den Gymnasien wächst ständig
weiter an, während an den Hauptschulen, den Sonderschulen und
den Förderschulen die männlichen Schüler dominieren.

Inzwischen verlassen fast doppelt so viele Männer die Schule
ohne einen Hauptschulabschluss wie junge Frauen. Heute erwirbt
etwa ein Drittel der jungen Frauen die Hochschulreife, mit schnell
anwachsender Tendenz, während es bei den jungen Männern nur
ein Viertel des jeweiligen Jahrganges so weit schafft. Der Grund
liegt in den besseren schulischen Leistungen der weiblichen Schüler, wie sie durch die Benotung und durch wissenschaftlich abgesicherte Tests gemessen werden. Möglicherweise spielt dabei die
wachsende Bedeutung von sprachgebundenen Aufgabenstellun-
gen in fast allen Fächern eine Rolle, die weibliche Schüler wegen

ihrer traditionell starken Performance in diesem Bereich bevorzugt (Quenzel u. Hurrelmann, 2010b).

Die Daten der letzten international vergleichenden Studie im Sekundarbereich, die PISA-Erhebungen, sprechen eine klare Sprache. Die Mädchen sind in ihren angestammten Leistungshochburgen Sprache, Literatur, Lesen, Fremdsprachen und Kommunikation stark geblieben und haben ihre Führungsposition weiter ausgebaut, sie haben aber gleichzeitig die Jungen in praktisch allen naturwissenschaftlichen Fächern und ansatzweise auch in Mathematik eingeholt oder sogar schon überholt (Prenzel et al., 2007). In den meisten europäischen Nachbarländern und wie erwähnt auch in den USA wird inzwischen auch die Studentenschaft der Hochschulen und Universitäten von den jungen Frauen dominiert, bis hin zu den erfolgreichen Abschlüssen. Es wird nicht mehr lange dauern, dann werden wir – was in den meisten Ländern um uns herum schon der Fall ist – auch aus den deutschen Universitäten, Fachhochschulen und Berufsakademien über das bessere Abschneiden der jungen Frauen bei Prüfungen und Abschlussnoten berichten können. Die Ausstrahlung auf erfolgreiche Berufseinmündungen, Karrieremuster und Einkommensverhältnisse wird sich etwas länger hinziehen, aber sie ist programmiert.

Die Kinder- und Jugendstudien der letzten Jahre geben erste Hinweise, wo die Hintergründe zu suchen sind. Die World Vision Kinderstudie von 2007 dokumentierte schon bei den Kindern im Grundschulalter große Geschlechterunterschiede im Blick auf die künftigen Bildungsziele (Hurrelmann u. Andresen, 2007). Die Mädchen wollen deutlich häufiger als die Jungen eine anspruchsvolle Bildungslaufbahn am Gymnasium mit Abitur als Fernziel durchlaufen. Sie sind einfach ehrgeiziger als ihre Geschlechtsgenossen. Sie fallen zudem durch ein viel kreativeres Freizeitverhalten auf. Steht bei allzu vielen Jungen die stundenlange Beschäftigung mit elektronischen Medien im Vordergrund, so kombinieren die meisten Mädchen die medialen Anregungen mit anderen, alle Sinne ansprechenden Aktivitäten. Handarbeit, Tanzen, Sport und Bewegung, Musizieren und Basteln sind bei ihnen viel stärker verbreitet als bei Jungen (Andresen u. Hurrelmann, 2010).

Das träge und wenig anregende Freizeitverhalten der Jungen hat eindeutig negative Effekte auf ihre Lern- und Bildungsmoti-

vation. Denn durch Fernsehen, Computer und Spielkonsolen werden über viele Stunden am Tag der Sehsinn und der Hörsinn bis
zum Überfluss trainiert, aber andere wichtige Entwicklungsim-
pulse bleiben aus. Wie die Hirnforschung bestätigt, kommt es bei
einer solchen einseitigen Anregung nicht zu der für eine gesunde
Entwicklung notwendigen Verschaltung von Sinneszentren und
entsprechend auch nicht zu optimalen sozialen, emotionalen und
intellektuellen Kompetenzen (Hurrelmann, 2006).

Die Shell-Jugendstudie aus dem Jahre 2006 zeigt, dass sich die
Entwicklungen im Jugendalter fortsetzen. Die jungen Frauen sind
eindeutig ehrgeiziger und schulisch erfolgreicher. Die überwälti-
gende Mehrheit von ihnen investiert intensiv in die Schullaufbahn
und strebt eine berufliche Karriere an. Das traditionelle Frauenbild
mit der Orientierung an den drei »K« Kinder, Küche und Kirche/
Kommune findet nur noch bei 20 Prozent von ihnen Resonanz.
Alle anderen haben als viertes »K« die Karriere hinzuoptiert. Die
jungen Frauen demonstrieren damit, wie flexibel sie sich ihre Lebensführung vorstellen und wie anspruchsvoll ihre Perspektive
für die weitere Lebensführung ist. Sie wollen Bildungs- und Be-
rufserfolg mit Familie, Kindern, Haushalt und Partnerbeziehung
verbinden (Hurrelmann, Albert u. TNS Infratest, 2006).

Die jungen Männer ziehen hier nicht mit. Nur eine Minderheit
von ihnen kann sich eine echte Arbeitsteilung mit der späteren
Partnerin vorstellen und erwärmt sich für die vermeintlich typisch
weiblichen Ks. Sie klammert sich am traditionellen Männerbild
mit der Fixierung auf das eine K der Karriere fest. Sie glaubt, als
Angehöriger des männlichen Geschlechtes nach wie vor eine
selbstverständliche, garantierte Option auf den beruflichen Erfolg und die Rolle des Familienernährers zu haben. Entsprechend
wenig Ehrgeiz wird deswegen in die Schullaufbahn investiert,
etwa nach dem Motto: Als Mann hat man es nicht nötig, in der
Schule strebsam zu sein. Der Erfolg dort fällt einem einfach in den
Schoss. Tut er es nicht, dann liegen die Gründe nicht beim Mann
selbst, sondern bei den Erziehern und Lehrern, die obendrein fast
nur noch dem weiblichen Geschlecht angehören.

Ergebnisse von Jugendgesundheitsstudien

Die gesundheitsorientierten Jugendstudien (»Jugendgesundheits-surveys«) der international vergleichenden Studie Health Behavior in School Children (HBSC) im Auftrag der Weltgesundheitsorganisation, die wir an der Universität Bielefeld koordinieren, geben Hinweise auf die tieferen Verankerungen der Leistungsmalaise der jungen Männer. Das traditionelle Männerbild herrscht auch bei gesundheitlichen Themen vor. Es ist durch ein instrumentelles Verhältnis der jungen Männer zu ihrem Körper geprägt. Der Körper muss funktionieren, ansonsten wird er nicht wahrgenommen. Völlig anders ist es bei den Mädchen und den jungen Frauen. Sie bauen spätestens mit der ersten Menstruation ein sensibles und sehr bewusstes Verhältnis zu ihrem Körper auf (Hurrelmann, Klocke, Melzer, Ravens-Sieberer, 2003; Richter, Hurrelmann, Klocke, Melzer, Ravens-Sieberer, 2009).

Für den jungen Mann gilt nach wie vor als charakteristisch, Anspannungen und Belastungen im körperlichen und psychischen Bereich einfach heroisch zu ertragen. Ein Mann ist ein Indianer, und ein Indianer kennt keinen Schmerz. Weint ein Junge, dann riskiert er seinen Platz in der männlichen Hierarchie. Das ist bei den Mädchen ganz anders und entsprechend fällt es ihnen leichter, sich bei Anspannungen und bei Belastungen, auch bei Leistungsproblemen, anderen gegenüber zu öffnen. Die jungen Männer hingegen sind in einem einengenden Bild ihrer Geschlechterrolle gefangen und schneiden sich damit von möglichen kritischen und selbstkritischen Impulsen für ihre Weiterentwicklung ab.

Das überträgt sich indirekt auf ihre Leistungsfähigkeit. Die Studien zeigen nämlich, wie unrealistisch ihre subjektive Einschätzung von Begabung und Fähigkeiten ist. Die Jungen glauben nicht nur, sie seien körperlich unbesiegbar, sie glauben fatalerweise auch, in der Schule richtig gut abzuschneiden, auch wenn das nicht der realen Bewertung entspricht. Die Mädchen sind im Gegenteil äußerst selbstkritisch, was ihnen immer wieder Impulse dafür gibt, ihre Performance zu verbessern (Quenzel u. Hurrelmann, 2010b).

Erklärungsansätze für den Leistungsabfall

Wie ist das alles zu erklären? In den USA versuchen Bildungsforscher schon seit einigen Jahren, den Zusammenhang zwischen männlichem Geschlecht und abfallenden Schulleistungen zu erklären. Sie finden Belege dafür, dass Frauen deshalb so viel in die schulische Bildung investieren, weil sie im Unterschied zur Generation ihrer Mütter damit eine hohe persönliche Rendite einfahren. Als das bisher eindeutig benachteiligte Geschlecht im Bildungs- und Berufsbereich entdecken die jungen Frauen die Mechanismen des Aufstiegs durch Leistung und machen sie sich zunutze. Sie passen sich an die Spielregeln von Unterricht und Bewertung flexibel an, sichern sich auf diesem Wege Abschlüsse und Zertifikate, tauschen diese dann nach der Ausbildung gegen einen hohen Status, potenziell gute Bezahlung und – nicht zu vergessen – verbesserte Möglichkeiten am Partner- und Heiratsmarkt.

Die jungen Frauen, so dieser Erklärungsansatz, machen eine soziale Kosten-Nutzen-Rechnung auf und ergreifen die historisch einmalige Chance, aus ihrer ungünstigen Position auszubrechen. Die Männer verkennen diese Entwicklung, weil sie glauben, der hohe soziale Status sei für sie gesichert. Sie missachten damit die Spielregeln der modernen Leistungsgesellschaft, während die Frauen genau diese für sich entdeckt haben und voll ausschöpfen (Quenzel u. Hurrelmann, 2010b).

Neben diesem Kosten-Nutzen-Ansatz gibt es Versuche, zu erklären, warum die Schere der Leistungsfähigkeit schon im Vorschul- und Grundschulalter zwischen den beiden Geschlechtern auseinandergeht. Viele Studien führen das auf strukturell im Schul- und Unterrichtsalltag verankerte Bevorzugungen von Mädchen und/oder Benachteiligungen von Jungen zurück. Sie postulieren, dass unbeabsichtigt im Vorschul- und Schulbereich den jungen Männern auf sie gemünzte gezielten Anregungen und Unterstützungen vorenthalten werden, die sie für ihre Entfaltung benötigen. Sie thematisieren vor allem das Phänomen der Feminisierung der Schulkultur und der pädagogischen Beziehungen.

In Familien verbringen Kinder bis zu 80 Prozent der Tages- und der Lebenszeit mit Müttern, in Kindertagesstätten, Kindergärten und in der Grundschule begegnen sie ebenfalls nur äußerst selten männlichem Personal. Entsprechend fehlen den Jungen und den jungen Männern die sozialen Modelle dafür, wie sie als Exemplare des männlichen Geschlechts mit Leistungs- und Kompetenzanforderungen, mit Belastungen und Herausforderungen des täglichen Lebens umgehen können. Die Mädchen und jungen Frauen hingegen haben die erfolgreichen Rollenmodelle der professionell tätigen Frau direkt vor sich (Quenzel u. Hurrelmann, 2010a).

Bisher ist noch nicht geklärt, ob und wie hiervon tatsächlich ein direkter Impuls für die negative Leistungsentwicklung der jungen Männer ausgeht. Auffällig ist aber schon, wie gering die konkreten Orientierungsmöglichkeiten der männlichen Schüler sind, sich mit ihrem Rollenbild auseinanderzusetzen (Kolip, Hurrelmann u. Schnabel, 1995). Ein Zusammenhang mit der Performance erscheint da zumindest plausibel.

Muster des Gesundheitsverhaltens

Die Geschlechtsunterschiede bilden sich bereits in der subjektiven Einschätzung des Gesundheitszustandes ab. Rund ein Viertel der 12- bis 17-jährigen Jungen, aber nur halb so viele Mädchen, beurteilen ihren Gesundheitszustand als »sehr gut«. Diese Einschätzung korrespondiert mit der Selbstnennung von häufig bis regelmäßig auftretenden Beschwerden und Krankheiten. Mädchen sind deutlich stärker vertreten bei Erkältungen, bei Kreislaufstörungen und Migräne. Auch geben Mädchen häufiger als Jungen Bronchitis, Blasenbeschwerden und Allergien an. Jungen liegen nur bei Prellungen, Brüchen und Verletzungen etwas vor den Mädchen (Engel u. Hurrelmann, 1998).

Mädchen sind im Jugendalter, im Unterschied zum Kindesalter, das gesundheitlich verletzlichere Geschlecht. Das zeigt sich auch, wenn wir auf psychische und psychosomatische Störungen eingehen. Nach den Ergebnissen des Jugendgesundheitssurvey leiden Mädchen signifikant häufiger als Jungen unter dem regelmäßigen Auftreten von Nervosität, Unruhe und Kreuzschmerzen – wir finden jeweils etwa 5 bis 10 % höhere Angaben gegenüber den Jungen – und das Gleiche gilt für Magenbeschwerden und Schwindelgefühl. Das Bild rundet sich ab, wenn Daten zur Inanspruchnahme von ärztlichen und psychologischen Hilfeleistungen hinzugezogen werden. Mädchen sind von der Pubertätszeit an, möglicherweise vor allem durch die einsetzenden Monatsblutungen bedingt, viel häufiger in ärztlicher Behandlung als Jungen. Von diesem Alter an bleiben die höheren Inanspruchnahmeraten der Frauen gegenüber den Männern im weiteren Lebenslauf bestehen. Die Pubertät markiert insofern einen Wendepunkt sowohl im Gesundheits- und Krankheitsgeschehen als auch in der Inanspruchnahme von Hilfeleistungen (Kolip, 1994).

Die Jungen haben in jeder Hinsicht das risikoreichere Verhalten, wenn es um ihren Körper geht. Vor allem in der Altersgruppe zwischen 15 und 25 Jahren nimmt die Unfallhäufigkeit mit Todesfolge von Jugendlichen sehr stark zu, wobei ganz überwiegend die männlichen Jugendlichen betroffen sind. Ebenfalls deutlich stärker vertreten sind männliche Jugendliche unter den Jugendlichen mit der Todesursache »Selbsttötung«. Zwar werden von Mädchen im Jugendalter erheblich mehr Selbsttötungsversuche als von Jungen durchgeführt, aber die vollzogenen Selbsttötungen verteilen sich im Verhältnis von fast vier zu eins Jungen zu Mädchen. Schließlich sind Jungen auch von gewalttätigen Auseinandersetzungen stärker betroffen, so dass sie insgesamt in den Todesstatistiken erheblich vor den Mädchen liegen (Bründel u. Hurrelmann, 1999).

Die für das männliche Geschlecht ungünstige Sterblichkeitsstatistik bleibt über den ganzen weiteren Lebenslauf unverändert (Hurrelmann u. Kolip, 2002). Sie trägt dazu bei, dass Männer am Ende ihres Lebens in Deutschland fast sieben Jahre kürzer leben als Frauen. Die Lebenserwartung von Frauen hat sich im zurückliegenden Jahrhundert in den meisten Industrieländern immer stärker von der der Männer abgehoben. Um 1880 betrug der Abstand der Lebenserwartung bei der Geburt zwischen den Geschlechtern in Deutschland nur drei Jahre: Männer wurden im Durchschnitt 36, Frauen 39 Jahre alt. 1910 lauteten die Werte für Männer 45, für Frauen 48 Jahre. Heute kann in Deutschland eine Lebenserwartung bei der Geburt von fast 83 Jahren bei Frauen und 76 Jahren bei Männern verzeichnet werden. Diese Zahlen und Relationen gleichen denen in anderen Industrieländern (Hurrelmann, 2006).

Erklärungsansätze aus der Geschlechtsrollentheorie

Sozialwissenschaftliche Erklärungsansätze zielen in erster Linie auf die geschlechtsrollentypischen Rahmenbedingungen für das Handeln und Verhalten von Männern und Frauen ab. Erklärungen für unterschiedliche Verläufe von Krankheiten und Todesursachen nehmen deshalb ihren Ausgangspunkt bei der Beobachtung, dass die Handlungs- und Verhaltensbedingungen für Männer und Frauen in den westlichen Kulturen deutlich voneinander unterschieden sind. Es werden kulturell feststehende Erwartungen an das Verhalten eines »typischen« Mannes und einer »typischen« Frau gestellt, die nur bis zu einem gewissen Grad verletzt werden können, wenn ein Mensch sozial integriert bleiben möchte.

Von früher Kindheit an werden die Erwartungs- und Rollenmuster über Erziehungs- und Sozialisationsprozesse an die beiden Geschlechter herangetragen. Hierdurch werden die genetisch angelegten Unterschiede kulturell überhöht und verstärkt (Andresen u. Hurrelmann, 2010). Nach den in den meisten westlichen Kulturen vorherrschenden, klar geschnittenen traditionellen Rollenmustern haben Männer Härte und Körperstärke zu zeigen, für die finanzielle Absicherung des Lebens verantwortlich zu sein und sich keine gesundheitlichen Schwächegefühle anmerken zu lassen, während Frauen für die Entwicklung und Pflege der psychischen und gefühlsmäßigen Beziehungen sowie für die Erziehung und Versorgung des gesellschaftlichen Nachwuchses zuständig sein sollen.

Ein rücksichtsloser Umgang mit dem eigenen Körper und ein riskanter Umgang mit der Gesundheit werden durch die Rollenerwartungen an Männer gesellschaftlich unterstützt. Die Folge kann das erwähnte riskante Verhalten mit Unfallfolge sein, und auch gesundheitsabträgliche Verhaltensweisen wie übermäßiger Alkoholkonsum und der Konsum von Rauschmitteln scheinen hier verankert zu sein. Für Männer wird früh eine Rücksichtslosigkeit im Umgang mit dem eigenen Körper gesellschaftlich erlaubt und rollenmäßig auch erwartet, während Frauen umgekehrt eine sehr hohe Sensibilität und Aufmerksamkeit im Umgang mit dem Körper und der eigenen Gesundheit zugesprochen wird.

Aus den oben zitierten Studien lässt sich weiter ablesen, dass

schon Jungen und Mädchen unterschiedlich auf alltägliche Belastungen, Beanspruchungen und entwicklungs- und situations-
typische Anforderungen reagieren, also Anspannungen und
Herausforderungen gesundheitlich jeweils unterschiedlich ver-
arbeiten. Junge Frauen reagieren introvertierter und körperbe-
zogener, sind mit ihrem eigenen Gesundheitszustand im zweiten
Lebensjahrzehnt unzufriedener als junge Männer; dies bleibt im
weiteren Lebenslauf unverändert. Das ist zugleich ein Hinweis auf
die sensiblere und kritischere Selbstbeobachtung von Mädchen im
Vergleich zu Jungen (Hurrelmann, 2010).

Schon im Jugendalter haben junge Frauen – so zeigen diese
Studien – das Gefühl, mit ihren Fähigkeiten der Verarbeitung
und Bewältigung von Alltagsproblemen schnell erschöpft zu sein.
Im Unterschied zu jungen Männern drückt sich hierin Empfind-
lichkeit, manchmal vielleicht auch Wehleidigkeit, zugleich aber
eine große Feinfühligkeit den eigenen Körpersignalen und der
eigenen seelischen Befindlichkeit gegenüber aus. Jungen und
Männer ignorieren viel eher die Signale von Körper und Seele und
registrieren später, wenn überhaupt, dass sie sich in einer Über-
forderungssituation befinden.

Mädchen und Frauen reagieren stärker als Jungen und Männer
mit psychosomatischen und psycho-physiologischen Beeinträchtigungen auf Alltagsbelastungen. Im Kontrast zu den Mädchen
reagieren Jungen bei Alltagsbelastungen stärker mit »extrover-
tierten« Handlungen: Sie tragen Anspannungen und Überfor-
derungen aus sich heraus und signalisieren durch Aggressivität
und Körperaktivität ihre innere Unruhe. Dissoziale Handlungen,
aggressive Angriffe gegen andere und gegen sich selbst sowie
Delinquenz treten bei Jungen im Alter von 12 bis 18 Jahren etwa
dreimal so häufig auf wie bei Mädchen (Engel u. Hurrelmann,
1998). Diese Reaktionsformen weisen auf den tendenziell »entlas-
tenden« Charakter hin, den Jungen durch die nach außen gerichteten Verhaltensweisen ihren Bewältigungsmustern geben. Das
traditionelle Rollenbild erlaubt es Männern fast ohne Einschrän-
kung, Zorn und Wut nach außen zu zeigen. Bei Frauen ist dieses
Verhalten tabuisiert.

Rollenvielfalt und Lebensführung

Die hier vorgestellten Erklärungsansätze stellen also auf die spezifischen Rollenbelastungen und Rollenspannungen für Männer
und Frauen ab. Möglicherweise sind die Spielräume der Frauen,
Berufstätigkeit, häusliche Arbeit und Erziehungstätigkeit miteinander zu verbinden und sie im Lebenslauf auch in ihren Plätzen zu
tauschen, ist also die »Mehrfachbelastung« der Frau mit Kindern,
Küche und – inzwischen statt Kirche – Karriere (die Ks der Frau)
insgesamt gesundheitsförderlich. Die Doppel- und Dreifachbela-
stung durch Beruf, Haushalt und Kindererziehung hängt zwar
deutlich mit einer spezifischen psychischen und psychosomatischen Belastung zusammen, doch im Blick auf ihren Gesundheitszustand in der gesamten Lebensspanne und auf die Lebens-
dauer profitieren möglicherweise viele Frauen von dieser für sie
typischen Ausgangssituation (Bründel u. Hurrelmann, 1999).

Die zwischen den Geschlechtern erheblich voneinander abweichenden Ausprägungen und Formen der Verarbeitung von körperlichen, seelischen und sozialen Belastungen und ihrer gesundheitlichen Konsequenzen werden bisher nur unzureichend in der
gesundheitlichen Versorgung aufgenommen und berücksichtigt.
Die geschlechtsspezifischen Angebote an Prävention, Behandlung
und Rehabilitation sollten erheblich ausgeweitet werden. Dabei
besteht vor allem auf Männerseite ein Defizit. Denn Frauen haben
sich mit ihren geschlechtsspezifischen Belastungen in den letzten
zwei Jahrzehnten intensiv auseinandergesetzt. Sie haben über
die Frauenbewegung dafür gesorgt, eine Selbstorganisation und
Selbsthilfe aufzubauen (Kickbusch, 1994).

Die zentrale These des hier vorgestellten Erklärungsansatzes ist
also: In der zurückliegenden Generationsspanne, dem Zeitraum
von etwa 1980 bis heute, haben sich die Erfolgschancen der beiden
Geschlechter, die Entwicklungsaufgaben der Lebensphase Jugend
zu bewältigen, zugunsten der Mädchen und jungen Frauen und
zuungunsten der Jungen und jungen Männer verschoben. Bei
Männern treten Probleme bei der Bewältigung aller Entwicklungsaufgaben auf. Das Abfallen der männlichen Jugendlichen bei
der Bewältigung der Entwicklungsaufgabe »Qualifikation« – der
Entwicklung einer intellektuellen und sozialen Kompetenz, um

selbstverantwortlich schulischen und beruflichen Anforderungen nachzukommen – hängt eindeutig mit den Schwierigkeiten
zusammen, denen sich die Angehörigen des männlichen Geschlechts bei den anderen zentralen Entwicklungsaufgaben gegen-
übersehen.

Dazu gehören ganz entscheidend die Annahme und Pflege des
eigenen Körpers und der Aufbau eines Gesundheitsbewusstseins,
weil das eine Basis für die Leistungsfähigkeit ist, und dazu gehört
auch die angemessene Entwicklung von »Bindung« mit dem
Aufbau eines inneren Bildes von der Geschlechtszugehörigkeit
und den dazugehörigen Aufgaben der Ablösung von den Eltern
sowie des Aufbaus einer Partnerbeziehung. Ebenso ist die Entwicklungsaufgabe »Regeneration« mit dem Aufbau selbständiger
Handlungsmuster für die Nutzung des Konsum- und Mediensek-
tors und zum Umgang mit Freizeitangeboten zu nennen und nicht
zuletzt die Entwicklungsaufgabe »Partizipation« mit dem Aufbau
eines Werte- und Normensystems mit dem Ziel der verantwortlichen Übernahme von gesellschaftlichen Teilnahmerollen. In allen
Bereichen fallen die Bewältigungsfähigkeiten der jungen Männer
hinter denen der Frauen zurück. Der Leistungsabfall lässt sich
nicht allein durch die Verhältnisse im Bildungssektor erklären,
sondern er muss nach dieser These die gesamte Persönlichkeits-
entwicklung in allen Lebensbereichen in die Analyse aufnehmen.

Ansätze der Jungen- und Männerförderung

Die Konsequenz ist: Wir benötigen eine gezielte Jungen- und
Männerförderung in Erziehungs- und Bildungseinrichtungen,
wenn der verhängnisvolle Trend des Leistungsabfalls der Jungen
gestoppt werden soll. Die Mädchen- und Frauenförderung, die
seit den 1970er Jahren große Wirkung erzielt hat, gibt ein gutes
Vorbild. Sie war – übrigens unabhängig von der Geschlechtszu-
sammensetzung des Personals im Schul- und Hochschulbereich –
erfolgreich. Der große Leistungsrückstand der jungen Frauen
konnte durch eine umfassende Förderarbeit nachhaltig ausgeglichen werden.

Wie wurde dabei vorgegangen? Es ging zunächst darum, die Stärken der jungen Frauen, auch die in ihrem Selbst- und Körperbild, zu sichern; dann, in einem zweiten Schritt, ihre Schwächen zu identifizieren und durch gezielte Impulse auszugleichen. Dazu wurden Programme in den naturwissenschaftlichen und technischen Unterrichtsfächern, teilweise begleitet durch geschlechtshomogenen Unterricht, aufgelegt – bis hin zum »Girls Day«, bei dem Mädchen an typisch männliche Berufsbilder herangeführt wurden. Das war die Komplementärstrategie: Mädchen wurden ermuntert, sich Leistungsareale anzueignen, die bis dato als typisch männlich galten. Die Rechnung ist aufgegangen, die Förderung war erfolgreich, wie die aktuellen Statistiken zeigen.

Genau diese Muster sollten jetzt für die Jungen- und Männerförderung Pate stehen. Sollen die Jungen in ihrer Leistungs- und Kompetenzentwicklung positiv beeinflusst werden, müssen sie also zum einen in ihren typisch männlichen Eigenschaften gestärkt und in ihren bisher erfolgreichen schulischen Aktivitäten bestätigt, zum anderen aber in ihren bisherigen Schwachzonen gezielt aufgebaut werden. Im Sinne der Komplementärstrategie geht es darum, den Jungen sprachliche und kommunikative Leistungs- und Kompetenzbereiche zu erschließen, ihnen Freude an »typisch weiblichen« Lebensmustern mit emotionaler und empfindsamer Komponente zu vermitteln und sie auf diesem Wege zu einer flexibleren Ausfüllung ihrer Geschlechtsrolle als Mann zu ermuntern.

Das Fernziel der Männerförderung ist dann analog zur Frauenförderung, die Fixierung auf die traditionelle Geschlechtsrolle abzubauen und zu einem flexibleren Verständnis von Mann-Sein zu kommen. Soll die Entwicklung intellektueller und sozialer Kompetenzen verbessert werden, reicht deswegen eine verbesserte Unterrichtsarbeit nicht aus, es müssen unbedingt auch die Schwierigkeiten der Geschlechtsrollenidentifikation der jungen Männer, ihre Probleme beim Aufbau eines anregenden Freizeit- und Medienverhaltens und ihre Unsicherheiten für die perspektivische Entwicklung von Lebensführung und Wertorientierung zum Thema gemacht werden.

Das ist die wichtigste Erkenntnis der bisherigen Studien: Die Leistungsfähigkeit der jungen Männer kann effektiv nur dann gefördert werden, wenn ihre gesamte Perspektive der Lebensfüh-

rung inklusive ihres Körper- und Begabungs-Selbstbildes zum
Thema wird.

Wie könnte zum Beispiel in den Grundschulen ein solches
Förderprogramm aussehen? Eine wichtige Komponente wäre das
Zulassen von männlichen Eigenarten und Absonderlichkeiten
im Unterricht, um die Jungen, pädagogisch gesprochen, »dort
abzuholen, wo sie gerade stehen«. Sie müssen im Schulalltag die
Gelegenheit haben, als machtvoll und überlegen aufzutreten, den
sozialen Raum um sich herum erobern zu können und die besonderen Formen der männlichen Selbstbehauptung zu praktizieren.
Sie müssen erst einmal »Mann« sein dürfen. Entsprechend wichtig
sind Bewegungsimpulse nicht nur im Sport und in den Pausen,
sondern möglichst in jeder Stunde. Der Unterricht sollte es den
Jungen ermöglichen, körperlich aktiv und unruhig zu sein, ohne
dass damit unproduktive Störungen einhergehen. Auch sollten
typisch männliche Formen von Aggressivität zugelassen werden,
um sie aufzunehmen und in konstruktive Bahnen zu lenken.

Zum optimalen Förderprogramm gehört auch das Training
von Körpersensibilität. Ein sensibles Empfinden für die eigenen Stärken und Schwächen zu entwickeln, um hierüber eine
souveräne Körperbeherrschung aufzubauen, das fällt männlichen Schülern heute sehr schwer. Lernen sie, die Grenzen ihrer
Körperkraft richtig einzuschätzen, können sie mit ihren Stärken
und ihren Schwächen besser umgehen. Dieses überträgt sich auf
ihren Umgang mit fachlichen und intellektuellen Leistungen und
schützt sie vor Fehleinschätzungen. Im unterrichtlichen Arbeiten
ist deshalb die realistische Rückmeldung des jeweils tatsächlich
erreichten Leistungsstandes von größter Bedeutung. Nur damit
lässt sich der notorischen Selbstüberschätzung der jungen Männer Paroli bieten. Sie brauchen präzise und nüchterne Hinweise,
wie weit sie gekommen sind, zugleich gezielte Unterstützung, um
aus Fehlern und Versagen zu lernen. Sie müssen in Ausdauer und
Durchhaltevermögen ebenso trainiert werden wie in ihrer Fähigkeit, verschiedene Anforderungen miteinander zeitlich und sozial
zu koordinieren, den Tageslauf zu antizipieren und ihre Arbeits-
pensen zu strukturieren. Für ihre Leistungsfähigkeit ist das eine
große Hilfe.

Schließlich ist eine klare und transparente Festlegung von

Regeln des Umgangs in der Klassengemeinschaft für Jungen von erheblich größerer Wichtigkeit als für Mädchen. Diese schaffen es mit typisch weiblicher Sensibilität sehr schnell, den sozialen Code des Umgangs in der Gruppe zu entschlüsseln. Das fällt den machtorientierten und instrumentell eingestellten Jungen sehr schwer. Sie müssen erst Freude am Leben in einer sozialen Gemeinschaft entwickeln können, auf die Reize von Harmonie und Aufgehobenheit in der Gruppe aufmerksam werden und dabei lernen, abgesprochene Vereinbarungen einzuhalten. Hier könnte eine strukturelle Benachteiligung von Jungen im heutigen Unterrichtsgeschehen liegen. Durch Ansätze des »Offenen Unterrichts« und unstrukturierte, auf Harmonie und Konfliktunterdrückung ausgerichtete pädagogische Arbeit, die vielerorts vorherrscht, haben Mädchen bessere Entfaltungsmöglichkeiten als Jungen.

Ein gut strukturierter und regelgeleiteter Unterricht, das hat schon die frühe Pädagogik in den 1920er Jahren immer wieder betont, schafft klare Erwartungen und drückt gleichzeitig Wertschätzung für jedes Gemeinschaftsmitglied aus. Das brauchen Jungen heute, um sich in die Welt der schulischen Leistung einfügen zu können. Kommt ihnen diese Welt allzu weiblich daher, werden ihre Eigenschaften als junge Männer nach ihrem Empfinden missachtet, dann stellen sich bei ihnen Fremdheitsgefühle ein. Dann können sie auch keine guten Fachleistungen abliefern.

Für Berufspädagogen beiderlei Geschlechts sind diese Aufgaben bei konsequenter Fortbildung, Beratung und Unterstützung lösbar. Wir müssen also nicht warten, bis endlich wieder mehr Männer in die Erziehungs- und Lehrberufe hineingehen, um mit einer effektiven Jungenförderung im schulischen Bereich zu beginnen. Die Weichenstellungen sollten jetzt erfolgen. Die Erfahrungen mit der in den 1970er Jahren einsetzenden Mädchenförderung machen deutlich, welche Langzeitperspektive Förderungsprogramme benötigen, die über eine oberflächliche Verhaltensmodifikation hinausgehen.

Es hat sehr lange gedauert, bis die Benachteiligung der Mädchen und Frauen in allen Gesellschaftsschichten als inakzeptabel wahrgenommen wurde und Gegenstrategien als notwendig galten. Nun droht eine Benachteiligung der jungen Männer. Auch sie haben ein Anrecht darauf, Geschlechtergerechtigkeit zu erfahren.

Hoffen wir, dass es nicht so lange dauert, bis dieses Thema seinen Weg in die öffentliche Diskussion findet. Außerhalb des Bildungssektors geht es darum, die geschlechtsspezifischen Angebote an Prävention, Behandlung und Rehabilitation erheblich auszuweiten. Dabei besteht vor allem auf Männerseite ein Defizit. Denn Frauen haben sich mit ihren geschlechtsspezifischen Belastungen in den letzten zwei Jahrzehnten intensiv auseinandergesetzt. Sie haben über die Frauenbewegung dafür gesorgt, eine Selbstorganisation und Selbsthilfe aufzubauen. Auf Männerseite gibt es solche Ansätze bisher kaum. Männer haben bisher nicht gelernt, sich selbst zu organisieren und ein politisches Bewusstsein von ihrer Rolle in unserer Gesellschaft zu entwickeln.

Junge Männer müssen trainiert werden, Krankheitssymptome ernster zu nehmen als bisher, und auch dazu gebracht werden, sich früher als bisher fachkundige Unterstützung und Hilfe bei leichten Gesundheitsproblemen zu holen. Deswegen ist der Ausbau eines spezifisch für Männer geeigneten Informations- und Beratungssystems wichtig. Dazu gehören auf Männer spezialisierte Praxen ebenso wie Notruftelefone für suizidgefährdete Männer und ein Netzwerk von Selbsthilfegruppen für ältere Männer, psychologische Lebensberatung für männliche Jugendliche und für Jungen und Männer in Stresssituationen. Auch ist über spezifische Krebsaufklärungskampagnen für Männer, für Einrichtungen der Drogenprävention und Ernährungsberatung und ähnliche Einrichtungen nachzudenken. Schließlich wäre ein regelmäßig zu erstellender Männergesundheitsbericht wünschenswert.

Literatur

Andresen, S., Hurrelmann, K. (2010). Kindheit. Weinheim: Beltz.
Bründel, H., Hurrelmann, K. (1999). Konkurrenz, Karriere, Kollaps. Männerforschung und der Abschied vom Mythos Mann. Stuttgart: Kohlhammer.
DiPrete, T., Buchmann, C. (2006). Gender-specific trends in the value of education and the emerging gender gap in college completion. Demography, 43 (1), 1–24.
Engel, U., Hurrelmann, K. (1998). Was Jugendliche wagen. Weinheim: Juventa.

Hurrelmann, K. (2006). Gesundheitssoziologie. Weinheim: Juventa.

Hurrelmann, K. (2010). Lebensphase Jugend. Weinheim: Juventa.

Hurrelmann, K., Andresen, S. (2007). 1. World Vision Kinderstudie. Frankfurt a. M.: Fischer.

Hurrelmann, K., Andresen, S. (2010). 2. World Vision Kinderstudie. Frankfurt a. M.: Fischer.

Hurrelmann, K., Kolip, P. (Hrsg.) (2002). Geschlecht, Gesundheit und Krankheit. Bern: Huber.

Hurrelmann, K., Klocke, A., Melzer, W., Ravens-Sieberer, U. (Hrsg.) (2003). Jugendgesundheitssurvey. Weinheim: Juventa.

Hurrelmann, K., Albert, M., Infratest Sozialforschung (2006). 15. Shell Jugendstudie. Frankfurt a. M.: Fischer.

Kickbusch, I. (1994). Frauen und Gesundheit aus der Sichtweise von WHO-Gesundheitsförderung und Public Health. In C. Hellferich, J. von Troschke, (Hrsg.), Der Beitrag der Frauengesundheitsforschung in Deutschland (S. 122–144). Freiburg.

Kolip, P. (Hrsg.) (1994). Lebenslust und Wohlbefinden. Beiträge zur geschlechtsspezifischen Jugendgesundheitsforschung. Weinheim: Juventa.

Kolip, P., Hurrelmann, K., Schnabel, P. E. (Hrsg.) (1995). Jugend und Gesundheit. Weinheim: Juventa.

Prenzel, M., Artelt, C., Baumert, J., Blum, W., Hammann, M., Klieme, E., Pekrun, R. (2007). Pisa 2006. Die Ergebnisse der dritten internationalen Vergleichsstudie. Münster: Waxmann.

Quenzel, G., Hurrelmann, K. (Hrsg.) (2010a). Bildungsverlierer. Wiesbaden: VS.

Quenzel, G., Hurrelmann, K. (2010b). Geschlecht und Schulerfolg. Kölner Zeitschrift für Soziologie und Sozialpsychologie, 62, 61–92.

Richter, M., Hurrelmann, K., Klocke, A., Melzer, W., Ravens-Sieberer, U. (Hrsg.) (2009). Gesundheit, Ungleichheit und jugendliche Lebenswelten. Weinheim: Juventa.

Rainer Krause

Affektentwicklung – männliche Stile der Affektregulation

Definition der Gegenstandsgebiete

Geschlecht

Die beiden Gegenstandsgebiete »Affekt« und »Geschlecht« scheinen auf den ersten Blick wohl definiert und unmittelbar sinnlich erkennbar. Dem ist aber nicht so: Ob eine Person weibliche oder männliche Sätze von Geschlechtschromosomen, ob die Person Eierstöcke oder Hoden besitzt, ob sie mehr Östrogene und Progesteron, die sog. weiblichen Hormone, oder mehr Androgene, die sog. männlichen Hormone produziert, hat Einfluss auf das, was man Geschlecht nennt. Es gibt Individuen, die wie Männer aussehen, sich wie Frauen fühlen, und Individuen, die wie Frauen aussehen und sich wie Männer fühlen. Die häufig verwendete Unterscheidung zwischen biologischem Geschlecht, Geschlechtsrolle und Geschlechtsidentität ist wenig glücklich, weil sie implizit die Vorstellung nahelegt, es handle sich um verschiedene Dinge. Eine Geschlechtsidentität ist natürlich auch etwas Biologisches. Leider ist der Begriff viel zu unspezifisch. Ist damit das Geschlecht des Gehirns oder der Chromosomen gemeint und was ist, wenn die biologischen Parameter nicht übereinstimmen, was häufig vorkommt? Für das Erste sollen nachfolgende Unterscheidungen gemacht werden:
- Das Gehirngeschlecht bezieht sich auf die Tatsache, ob mehr weibliche oder mehr männliche Substanzen und Botenstoffe produziert werden.
- Das Zuweisungsgeschlecht ist dem Umstand geschuldet, dass einem Kind nach der Geburt ein geschlechtsspezifischer Namen zugeordnet wird.

- Die Geschlechtsidentität reflektiert die Tatsache, ob eine Person von sich selbst denkt, sie sei männlichen oder weiblichen Geschlechts, oder sich in diesem Bereich gar nicht entscheiden mag.
- Die Geschlechtsrollenidentität bezieht sich darauf, was eine Person sagt oder tut, so dass andere (ohne lange nachzudenken) annehmen, es handle sich hier um ein weibliches oder um ein männliches Wesen.
- Die sexuelle Orientierung bezieht sich darauf, ob eine Person eher hetero- oder homosexuell ausgerichtet ist, das heißt, ob sie sich in Personen des eigenen oder des anderen Geschlechtes verliebt (Fausto-Sterling, 1993).

In diesem Beitrag beschäftige ich mich ausschließlich mit dem Zuweisungsgeschlecht.

Die Affekte

Bei den Affekten ist es nicht weniger kompliziert. Unter Affekt verstehen wir den Prozess, der die Motorik, Physiologie, das Denken und das kommunikative Handeln geordnet ansteuert. Ein Affekt ist so gesehen der Prozess, ein und dieselbe Sache in verschiedenen »Readouts« darzustellen (Krause, 2011).

Im und am Körper kann man das Ausdrucksgeschehen von der Physiologie und den Intentionsbewegungen unterscheiden. Auf der seelischen Seite haben wir die Wahrnehmung der Physiologie, die man als Interozeption bezeichnen kann. Ferner haben wir die sprachlichen Beschreibungen der Gefühle häufig in Form von Metaphern und im Zentrum des seelischen Geschehens so etwas wie einen kognitiven Rahmen des Konfliktes für den die Emotion in der Phylogenese des Menschen entwickelt wurde. Für Ärger ist der Rahmen beispielsweise ein schwerwiegender, ungerechter Angriff gegen mich oder die Meinen, mit dem ein Objekt mich (das Subjekt) an der Verfolgung einer für mich zentralen Intention behindert und bei dem ich mich dem Objekt zumindest gleichwertig oder überlegen fühle (Krause, 2006). Dieser Rahmen muss nicht bewusst sein. Das Ausdruckszeichen wird schon im vorsprachlichen Alter verstanden. Wir gehen davon aus, dass Kleinkinder die Affekte von Erwachsenen »verstehen«. Die Fachleute sprechen deshalb von Protokognition.

Wegen der einfachen Erfassbarkeit beginnen wir mit den motorisch expressiven affektiven Zeichen.

Geschlechtsspezifische Häufigkeitsverteilungen von Affekten

Die motorisch expressiven Zeichen

In Bezug auf die motorisch expressive Komponente bei Gesunden ist die Datenlage sehr schlecht. Wir mussten eigens eine Kontrollgruppe von gesunden Männern und Frauen herstellen, um eine Eichstichprobe für unsere psychisch gestörten Patienten zu bekommen, weil es keine objektiven Daten zum Ausdrucksverhalten gab. Einer Doktorarbeit von Frisch (1997) zufolge sind die mimischen Affektausdrücke von deutschen Männern und Frauen in Alltagsgesprächssituationen recht ähnlich. An erster Stelle steht Freude, gefolgt von – fast gleich häufig – Verachtung und Ekel. Die anderen negativen Affektzeichen wie Wut, Angst, Trauer sind extrem selten.

Wenn Frauen unter sich reden, benutzen sie bedeutend mehr mimisch-affektive Signale als Männer untereinander. Mit einer Ausnahme, nämlich Ärger, sind die Unterschiede hochsignifikant zugunsten der Frauen. Beim Ärger findet man einen signifikanten Unterschied in Richtung einer Erhöhung bei den Männerpaaren. Dies muss man allerdings vor dem Hintergrund der Seltenheit dieses Ausdrucksmusters sehen. Wenn allerdings das Geschlecht des Partners wechselt, erweist sich diese Unterschiedlichkeit als situativ. Sprechen Männer mit Frauen, erhöhen sie die Anzahl ihrer gezeigten Affekte auf das Niveau der Frauen. Männer werden im Umgang mit Frauen zumindest nach außen affektiv bewegter. Dabei spielt der Affektausdruck von Freude eine hervorragende Rolle, aber auch Ausdrucksambivalenzen wie Freude und Angstkombinationen werden von Männern häufiger gezeigt, wenn sie im Gespräch mit einer Frau sind. So gesehen kann man eine »biologische« geschlechtsspezifische Ausdrucksgeneigtheit nicht erkennen, sieht man von der signifikanten Erhöhung von Ärger unter Männern ab. Man könnte allenfalls daran denken, ob es situative geschlechtsspezifische Vorzeigeregeln gibt, dergestalt, dass die Situation unter Männern eine Deintensivierung des Ausdrucks erfordert.

Das affektive Erleben

In Bezug auf die Intensität des affektiven *Erlebens* ergaben sich in unseren Untersuchungen keine Unterschiede zwischen Männern und Frauen, wenn sie sich im Gespräch mit gleichgeschlechtlichen Partnern befanden. Frauen und Männer geben vergleichbare Intensitäten im affektiven Erleben an. Befinden sich die Geschlechter jedoch im Gespräch miteinander, unterscheiden sich die Intensitätswerte im Erleben deutlich. Die Frauen geben an, im Gespräch mit einem Mann intensivere Gefühle zu haben als im Gespräch mit einem Gegenüber des eigenen Geschlechts. Offensichtlich sind die Gefühlsregeln für Männer und Frauen von der emotionalen Modularität abhängig. Geht es um das Ausdrucksverhalten, sind die Frauen stabil nach oben im Sinne der Erwartung, geht es um das Innenleben, haben die Männer eine stabilere Struktur, allerdings etwas niedriger, weil die Frauen ihr Innenleben im Gespräch mit dem Gegengeschlecht als erhöht angeben.

Ergebnisse

Das Ausdrucksverhalten ist situationsspezifisch. Die Kargheit der Männer ist eben dieser Situation und dem Geschlecht des Partners geschuldet. Wenn es sich um eine Liebes- oder Kampfsituation handeln würde, müsste man mit anderen Ergebnissen rechnen. Des Weiteren ist die Zusammenschaltung der Module des Affektes bei den Geschlechtern verschieden. Geht es um das Ausdrucksverhalten sind die Frauen stabiler, geht es um das innere Erleben, sind es die Männer.

Die Häufigkeitsverteilungen mit Freude an erster, Verachtung und Ekel an zweiter Stelle sind in etwa gleich. Das gilt auch für die kulturell recht ähnlichen Schweizer Stichproben. Daten dieser Art für nichtkaukasische Stichproben haben wir nicht. Es kann aber als gesichert gelten, dass die Vorzeigeregeln in der japanischen Kultur recht verschieden sind, vor allem in Bezug auf die Unterscheidung dessen, was in der Öffentlichkeit gezeigt werden kann.

Aus anderen Studien wissen wir, dass die Häufigkeit des Ausdrucks in Gruppenstatistiken nicht mit den Häufigkeitsangaben über das Erleben korreliert. Ersteres findet man nur bei der positiven Emotion Freude. Ekel wird sehr häufig gezeigt, aber fast nie als erlebt angegeben. Das liegt daran, dass unter Gesunden der affektive Ausdruck im Allgemeinen an den kognitiven Inhalt, über den gesprochen wird, angebunden wird und nicht an das Selbst und den Partner. Das bedeutet, der Affektausdruck ist an einen Denkinhalt, über den gesprochen wird, gebunden und damit nicht indikativ für den Zustand des Senders, sondern dafür, was der Sprecher über das Gesagte denkt. Die von uns untersuchte Personengruppe war gesund und diente als Kontrollgruppe für Paare, in denen ein Gesunder, ohne um die Diagnose zu wissen, mit einem seelisch erkrankten Partner spricht (Krause u. Merten, 2008).

Die Affektausdrucksregeln in solchen Paaren sind von denen der Gesunden sehr verschieden. Das Fehlen der Freude und eine Reduzierung im Ausdruck bei Menschen mit folgenden Störungsbildern stehen hervor: paranoide Schizophrenie ohne akuten Schub, ulzerierende Kolitis, Panikstörung mit Agoraphobie. Eine Erhöhung findet man dagegen bei dissoziativen Konversionsstörungen. Gesunde Gesprächspartner dieser Patienten passen ihr Ausdrucksverhalten unbemerkt an dasjenige der Patienten an, und zwar hinsichtlich der Häufigkeit und Variabilität. Ansonsten scheinen die Ausdrucksregeln, wenn es denn solche gibt, sehr stark kulturabhängig zu sein. Einen genetischen Einfluss könnte man allenfalls in der Erhöhung des Ärgerausdrucks bei den Männern, wenn sie unter sich sind, postulieren. Nachweisbar ist dies aber mit solchen Untersuchungen nicht.

Historisch dokumentierte Gefühlsregeln (Emotionologie)

Peter und Carol Stearns, beide Historiker an der Carnegie Mellon University, haben ein Forschungsfeld eröffnet, das sich mit historisch dokumentierten kollektiven emotionalen Regeln von Gesellschaft und Klassen befasst. Sie richten ihre Aufmerksamkeit auf die sozialen Faktoren, die entweder offen oder versteckt die Richtlinien für den Ausdruck, das Erleben und die Entwicklung von Emotionen bestimmen (Stearns, 1986). Zur Erforschung dieses Gebietes ziehen sie als Quellen Unterlagen über alle nur denkbaren Lebensfelder heran, weil sie der Meinung sind, die emotionalen Regeln durchzögen in einer eher gestalthaft ganzheitlichen Weise das Leben der Menschen und der Menschheit.

In Bezug auf die jüngere Geschichte werden die Arbeitswelt, das Arbeitsrecht und die Forensik ebenso herangezogen wie Ratgeber in Erziehungs- und Lifestyle-Zeitschriften, Büchern, Romanen. In diesen Unterlagen fanden sie reichhaltiges Material für die relativ rasche Veränderung von geschlechtsspezifischen Gefühlsnormen (Stearns, 1986; 1993; Stearns u. Stearns, 1994). Im viktorianischen Zeitalter wurden Männer und Frauen in Erziehungsratgebern aufgefordert, ihre Kinder dadurch auf die verschiedenen Geschlechtsrollen vorzubereiten, dass sie ihnen unterschiedliche emotionale Normen vermitteln. Treibende Kraft für die Differenzierung zwischen den Geschlechtern war die zunehmende Rollenverteilung zwischen Frauen und Männern. Männer arbeiten nun außerhalb des Hauses, während die Verantwortlichkeiten der Frauen für häusliche Angelegenheiten stärker betont wurde. Es war offensichtlich, dass Jungen und Mädchen für unterschiedliche Rollen vorbereitet werden mussten, was wiederum unterschiedliche emotionale Ziele mit sich brachte.

In den Ratgebern für junge Frauen und Männer wurde ab 1840 Ärger als eine für beide Geschlechter gefährliche Emotion angesehen, die besonders für die Familie eine Bedrohung darstellte. Diese Haltung drückt sich in der Literatur zur Kindererziehung aus, in der klare Einschränkungen des Ärgerausdrucks von Kindern gegenüber Erwachsenen oder Geschwistern formuliert wurden. Von Mädchen und Frauen wurde eine völlige Unterdrückung ihrer Wut erwartet. Für Jungen und Männer waren die Vorschriften komplexer, unter bestimmten Bedingungen wurde bei ihnen der Ausdruck von Ärger und Wut erlaubt und geduldet. Während man am Ende des 19. Jahrhunderts betonte, wie gefährlich Männer seien, die ihre Wut nicht kontrollieren können, wurden sie gleichzeitig als erbärmlich dargestellt, wenn sie nicht dazu in der Lage waren, ihren Ärger konstruktiv einzusetzen. In diesem Fall wurde der Mann als verweiblicht betrachtet und »Sissi« genannt.

Im späten 19. Jahrhundert wurde empfohlen, Jungen boxen zu lassen, da dieser Sport als Ventil für Ärgergefühle angesehen wurde. Jungen mussten lernen, wann Ärger erwünscht war und wann nicht. Für Mädchen gab es kein legitimiertes Ventil. Bei ihnen sollte Ärger überhaupt nicht sichtbar werden. In der lebensgeschichtlichen Entwicklung von Emotionen bis in die 1950er Jahre findet man einen geschlechtsspezifischen Knick um die ödipale Zeit herum, dergestalt, dass der Ärger des frühödipalen Mädchens keine Voraussagen erlaubt auf die Entwicklung danach. Das Gleiche galt für die Jungen bei der Angst bzw. bei Bindungsemotionen, so dass man annehmen kann, dass in dieser Entwicklungsperiode eine kulturelle Neudefinition der Geschlechtsemotionen Angst, Trauer und Ärger erfolgte (Bloom, 1964).

Im Vergleich zum Ärgergefühl hatten die Angstkontrolle und Angstbewältigung einen geringeren Stellenwert in der Familie und der Arbeitswelt der viktorianischen Zeit. Dennoch sind Aufforderungen, moralischen Mut zu lehren und Angst zu überwinden, in den meisten Erziehungsratgebern bis kurz nach 1900 zu finden. Kinder lernten, dass die Kontrolle von Furcht eine typisch männliche Fähigkeit sei. Für Mädchen wurde in dieser Hinsicht eher das Gegenteil erwartet. Liebe im Sinne eines Gefühls wurde für beide Geschlechter geltend gemacht. Selbstlose verzehrende Liebe galt bei Frauen und Männern als Basis für Partnerschaft und Ehe. Die Grundlage der Liebe unterschied sich jedoch. In Ratgebern wurden Frauen dargestellt, die sich in die moralische Weisheit des Mannes verliebten. Männer fühlten sich hingegen von der liebenden Natur einer Frau angezogen. Liebe wurde als das höchste Gefühl angesehen und hatte etwas Mystisches in seiner verbindenden Kraft. Die liebende Mutter wurde zum großen positiven emotionalen Symbol.

Zusammenfassend kann man sagen, dass es sich zeigen lässt, dass für den öffentlichen und den privaten Bereich geschlechtsspezifische Gefühlsregeln formuliert wurden und wohl immer noch formuliert werden. Um diese Gefühlsregeln herum werden die geschlechtsspezifischen Identitäten entwickelt und definiert. Die Veränderung vom 19. Jahrhundert in das 20. Jahrhundert ist fulminant. Die Emotionshistoriker schätzen, es dauert drei bis fünf Jahrzehnte, bis sich die Gefühlsnormen verändert haben. Dies wird am Beispiel der Angst als Erziehungsmittel demonstriert. Ich vermute, dass wir auch in diesem Feld eine Beschleunigung zu gewärtigen haben.

Geschlecht, Affekt und Macht

In den Fällen, in denen die Geschlechtzuteilung gleichzeitig eine stark asymmetrische Machtverteilung impliziert, sind die Gefühlsregeln der Geschlechter mit denen von Macht und Dominanz verknüpft. In einer älteren zusammenfassenden Darstellung widmete sich Henley (1977) dieser Frage. Sie kommt zur Schlussfolgerung, dass »die Verhaltensweisen, die Dominanz und Unterwerfung zwischen Ungleichen ausdrücken, denjenigen entsprechen, die von Männern und Frauen in den ungleichen Beziehungen der Geschlechter benutzt werden« (eigene Übers.). Gleichwohl kann man wohl folgende überdauernde Gesetzmäßigkeiten ableiten:
– Der Statushohe darf in den Gefühlsbereich des Statusniedrigen eindringen, umgekehrt aber nicht.
– Der Statushohe zeigt insgesamt weniger Affekte als der Statusniedrige, vor allem keine solchen aus dem Furcht- oder Bindungsbereich wie Angst und Trauer. Die Einschätzung hinsichtlich des Status erfolgt nach Gesichtspunkten wie Alter (Kind, Adoleszent, Erwachsener, Greis, wobei die Wertigkeit ganz verschieden sein kann), Geschlecht, sozialer bzw. materieller Status in der Gesellschaft, spezifische Persönlichkeitsmerkmale (Begabungen, Aussehen etc.).
– Es wurde häufig eine Wechselwirkung zwischen Geschlecht

und Status beschrieben, die oft unklar werden ließ, wodurch das Verhalten gesteuert sei.

Nachteilig an diesen historisierenden Untersuchungen ist, dass sie immer retrospektiv sind und wohl auch sehr schicht- und normabhängig. Die Nachhaltigkeit der jeweils gegenwärtigen Gefühlsregeln, wie die Fokussierung auf »Coolness« einerseits und »Geilheit« andererseits, ist schlecht einzuschätzen. Was hier verhandelt wird, wurde früher als Tugend beschrieben. Solche Studien sagen nichts über die bewusste oder großenteils unbewusste Einbettung dieses Verhaltens in die Basisannahmen einer Kultur bzw. Gesellschaft.

Mutmaßliche gegenwärtige Gefühlsregeln

Weibliche emotionale Softskills

In einer Kultur, in der sog. Softskills aus dem Umfeld des Verkaufens und Handelns eine so zentrale Rolle spielen, gilt die Anpassung an die Gefühlskultur der jeweiligen Käufergruppe als entscheidende Kulturtechnik. Ein typisches Beispiel für diese Emotionskultur findet man in der Arbeit der Soziologin Hochschild (1990), die den Titel »Das gekaufte Herz. Zur Kommerzialisierung der Gefühle« trägt. Es handelt sich um eine Episode aus ihrer Feldforschung. Im Training der Stewardessen sagte ein Flugkapitän zu den Schülerinnen:

»… und nun, Mädels, möchte ich, dass jede von euch nach vorne kommt und wirklich lacht. Euer Lächeln ist euer größtes Kapital. Kommt nach vorne und zeigt es. Wirkliches Lächeln. Legt es wirklich an.« Im sog. »Lucas Guide« wurden die Fluggesellschaften ähnlich wie im »Guide Michelin« durch anonym reisende Tester eingestuft. Dort heißt es denn auch über die Delta Airlines:

»Getränke werden nicht bloß mit einem Lächeln, sondern mit einer sorgenden Nachfrage etwa der Art: ›Darf ich Ihnen noch etwas anderes bringen, gnädige Frau?‹, serviert. Das Klima ähnelt dem einer gepflegten Einladung mit der Konsequenz, dass sich die Passagiere wie ordentliche Gäste benehmen. Ein oder zwei Mal testeten unsere Inspektoren die Stewardessen gezielt mit hohen Anforderungen. Die Flugbegleiterinnen ließen sich nie aus der Ruhe bringen, und am Ende des Fluges verabschiedeten sie die Passagiere mit unverminderter Freundlichkeit.«

Eine ähnliche Gefühlsarbeit wurde von Krankenschwestern erwartet. Tatsächlich hatte sich in einer Studie von Ekman gezeigt, dass diejenigen Krankenschwestern, die ihre negativen emotionalen Reaktionen am besten durch positive überdecken konnten – einen Vorgang, den sie Maskieren nennen –, von ihren Ausbildern am Ende des dreijährigen Ausbildungsganges am besten eingeschätzt wurden (Ekman, Friesen, O'Sullivan u. Scherer, 1985). Dies geschah zu Recht, denn die Patienten waren der gleichen Meinung. Das Gleiche gilt für Psychotherapeuten. Die introspektive Beobachtung der Gegenübertragung – einer Gefühlsreaktion auf den Patienten – dient unter anderem dazu, sie eben nicht nach außen unvermittelt zu zeigen. Alle diese Regeln werfen Probleme auf, weil sie mit einer anderen Gefühlsregel, nämlich der der Authentizität oder Ehrlichkeit, kollidieren können.

Man darf vermuten, dass das »Stewardessenmodell« paradigmatisch nicht nur für die Dienstleistungsberufe, sondern für unsere derzeitige Kultur ist. Mein Versicherungsmakler erzählte mir einmal voller Bewunderung, wie gut die Vertreter geschult würden, freundlich und systematisch entscheidende Sachverhalte zu verschleiern. Alle Dienstleistungsdrehbücher können durch drei Merkmale charakterisiert werden:

- Kundenkontakt von Angesicht zu Angesicht oder von Ohr zu Ohr
- Die Berufsausübenden rufen bei ihren Kunden einen bestimmten Gefühlszustand hervor, wie etwa den der Erregung in den Medien, den des Vertrauens beim Versicherungsvertreter etc.
- Schließlich ermöglichen sie dem Arbeitgeber, mit Hilfe von Ausbildung und Überwachung ein bestimmtes Maß an Kontrolle über das Gefühlsverhalten ihrer Angestellten zu erreichen.

Zumindest die beiden ersten Merkmale entsprechen eher einer weiblichen Sozialisation.

Zwei männliche emotionale Hardskills

Explizit sich als männlich verstehende Gefühlsdrehbücher findet man einerseits in marginalisierten Subkulturen und dort ist ihre Beherrschung Teil einer Initiation, andererseits als Freizeitvergnügen im Umfeld sportlicher Wettkämpfe (z. B. bei sog. Hooligans). Mosher und Tomkins (1988) beschreiben auf der Grundlage ihrer Feldforschungen für den Machismo US-amerikanischer Prägung folgende Gefühlsregeln:

Die Sozialisierung des »männlichen« Kindes beruht auf einer selektiven Herausbildung und Vergrößerung der als ideal definierten männlichen Affekte *Erregung, Wut, Verachtung* und *Ekel* auf Kosten der als minderwertig definierten »weiblichen« Affekte *Furcht* und *Scham, Unbehagen* und *entspannt-kontemplative Freude.* Sieben Sozialisationstechniken zur Herausbildung der »männlichen« Affekte werden beschrieben: Umwandlung von Unbehagen und Schmerz in Wut. Schmerzen sind blödsinnig. Wer sie äußert, ist blöd. Diese Charakterisierung geschieht durch die Erzieher. Umwandlung von Angst in Erregung durch Verachtung und Dominanz. Scham über Restbestände von Schmerz und Angst wird über eine Reaktionsbildung durch Antischamreaktionen in Schach gehalten. Dafür eignen sich tollkühne »männliche« Taten. Der Stolz auf das aggressive, tollkühne männliche Verhalten erzeugt Verachtung und Ekel gegenüber allen als weiblich definierten Verlierern. Der »Loser« ist solch eine archetypische Figur der US-Kultur. Erfolgreiche interpersonale Kontrolle durch wütendes und kühnes Dominanzverhalten wird als erregend erlebt. Die Erzeugung von Überraschung und Schreck wird als interpersoneller Stil zur Herstellung von Dominanz durch die Auslösung von Angst und Unsicherheit bei anderen verwendet. Erregung ist wichtiger als entspannte Freude, die nur im Rahmen von Siegesfeiern erlaubt ist.

In der Adoleszenz werden solche die Idealität sichernden »emotionalen Drehbücher« institutionalisiert und in Form von Initiationen aktiviert. Beim Machoskript beispielsweise muss eine Kampf-, eine Gefahr- und eine verachtungsgeladene Sexualszene bestanden werden. Die Szenen sind in sich sinnlos. Es wird die körperliche Unversehrtheit riskiert. Es wird um nichts außer der

Ehre geprügelt und die Ehre ist eben so definiert, dass man sich um nichts prügelt. Ein freudloses unsinniges Demütigen von Frauen durch die im Szenenjargon »4 Fs« genannten Strategien: »find them, fool them, fuck and forget them«, bei deren Realisierung gar nicht erwartet wird, dass dieses Unterfangen Befriedigung schaffen soll.

Soweit ich das überblicke, werden Varianten solcher Drehbücher in radikalisierten Männergruppen, die einen narzisstischen Machtverlust zu gewärtigen haben, weiter gepflegt. Es ist das Drehbuch der radikalen Verlierer mit durchaus suizidalen Einschlägen (Enzensberger, 2006). Wir können auch davon ausgehen, dass der Anteil an psychischen Störungen in diesen Gruppen überproportional ist, vor allem als eine transgenerationale Weitergabe von Opfer-Täter-Erfahrungen mit jeweils wechselnden Aktivitäts- und Passivitätsrollen über drei Generationen hinweg.

Gefühlsregeln in Hochrisikoberufsgruppen. Das Problem der Disziplin

Diese Machoskripts von marginalisierten Gruppen sind wohl dem Selbstverständnis einer Kriegerkultur geschuldet, mit einem allerdings entscheidenden Unterschied zu Berufssoldaten und anderen Hochrisikoberufsgruppen wie Polizisten, Feuerwehrleuten, Ärzten. Bei diesen ist Disziplin als Gefühlskontrolltechnik, auch in affektiv hochgeladenen Situationen die Kontrolle behalten zu können, die Grundlage für regelgeleitete und juristisch abgesicherte Interventionen. Im Rahmen des Machoskripts ist der lustvolle Kontrollverlust vor allem im Umfeld der Zerstörung das eigentliche Ziel der Handlungen (Krause, 2010). Disziplin ist eigentlich keine geschlechtsspezifische, sondern eine tätigkeitsspezifische Gefühlsregel, nämlich in Situationen höchster affektiver Valenz, die die Gefährdung von Leib und Leben anderer Menschen, aber auch von sich selbst bedeutet, die Ruhe bewahren zu können. Das geht nun über die Kontrolle der Affekte Angst, Wut und Verachtung hinaus und kann nur über eine Kultivierung von etwas, das man Mut nennen kann, geschehen. Wie kann man dazu kommen?

Im Zusammenhang mit der Emotionssozialisierung muss man im Auge behalten, dass sich die unterschiedlichen Module des emotionalen Systems unterschiedlich gut für erzieherische Eingriffe eignen. Die Gedanken sind bekanntlich frei und die Physiologie in Teilen auch. Das expressive Geschehen und die intentionalen Haltungen sind ebenso wie die Sprechvorgänge gut erkennbar und damit auch steuerbar. Beispiele solcher Affektkontrollanweisungen mögen sein: »Sitzt aufrecht!«, »Lümmle dich nicht so herum!«, »Das sagt man nicht!«, »Du bekommst Falten im Gesicht, wenn du so guckst« (ärgerlich oder lachend).

Die eigentlichen Erziehungsvorgänge verlaufen aber präverbal, und zwar dadurch, dass die Emotionen des anderen die eigenen entweder hemmen oder verstärken, eben weil sie von Beginn des Lebens an wahrgenommen werden können und wirksam sind. Dementsprechend entscheidet man in der Soziologie der Gefühlsarbeit zwischen Oberflächen- und Tiefenhandeln (surface and deep acting). Ersteres sind Kulturtechniken, in denen man unter Beibehaltung eines durchaus andersartigen Innenlebens die Peripherie kontrollieren kann; wohingegen Letzteres eine Veränderung der Innenwelt einschließt. Im alltäglichen Verständnis würde man Oberflächenagieren als unecht bezeichnen, was aber ein Irrtum ist, denn die Entwicklung der Emotion ist in ein Ritual eingebettet.

In Bezug auf die Kontrolle der Emotionen unterscheidet man zwischen verschiedenen Vorzeigeregeln, die Ekman und Friesen (1969) folgendermaßen beschrieben haben: Intensivierung, Deintensivierung, Neutralisierung, Maskierung, Mischungen. In den beiden ersten Fällen soll der Ausdruck entweder verstärkt oder verringert gezeigt werden. Als Beispiel für das Erstere mag der Affektausdruck der sog. Klageweiber dienen. Die japanische Ausdruckskultur setzt auf eine Deintensivierung. Unter Maskierung versteht man die Überdeckung einer Emotion durch den Ausdruck einer anderen. Am häufigsten wird durch Lächeln bzw. Lachen eine negative Emotion maskiert. Es werden auch negative Emotionen durch andere negative maskiert, beispielsweise Angst durch Ärger.

All diese Gefühlsregeln haben allerdings nur Sinn als Teil einer definierten Weltsicht. So setzt das Machoskript voraus, dass

Maskulinität und die dazugehörenden Emotionen die idealen Bausteine des wirklichen Menschen sind, der sich als Krieger in einer gefährlichen Welt voller begrenzter Ressourcen zu definieren hat. Ein Teil der begrenzten Ressourcen sind die Frauen. Das Stewardessenmodell setzt voraus, dass der Kunde König ist, das heißt der, der bezahlt, bestimmen kann, welche Emotionen ihm serviert werden. Nach diesem Modell kann man auch beispielsweise im Rahmen von Perversionen Ekel, Ärger und Verachtung kaufen (Krause, 1993).

Diese Regeln müssen keineswegs vereinbar sein, es kann vielmehr geschehen, dass bei ihrem Zusammentreffen große Probleme entstehen. Auf manchen Charterflügen zwischen Saarbrücken und Mallorca treffen beispielsweise die beiden emotionalen Gefühlsregeln der Stewardessen und der Machos aufeinander. Da geht es dann sehr unerfreulich zu. Ohne übergeordnete Instanz sind die auftauchenden Probleme nicht lösbar.

Zusammengefasst kann man feststellen, dass Mitglieder von Gruppen also nicht nur Güter, Dienstleistungen und Ideen austauschen, sondern vor allem Gesten und Zeichen emotionaler Arbeit. Der Austausch von Gefühlen wird in dem Sinne betrieben, dass das Individuum fühlt, dass ihm ein Gefühl *geschuldet* wird, oder dass es anderen ein Gefühl schuldet. Gefühlsregeln beinhalten also Rechte und Pflichten. Im sozialen Austausch der Individuen werden dabei die Beziehungen zwischen Weltanschauung, Gefühlsregeln und emotionaler Arbeit lebendig. Gefühlsregeln sind also Bestandteile von Weltanschauungen. Sie beinhalten Richtlinien für die Beurteilung der Übereinstimmung oder Nichtübereinstimmung zwischen Gefühl und Situation.

In diesem Denken ist die emotionale Arbeit eine außerordentlich zentrale Norm schaffende und erzwingende Form der Vergesellschaftung, deren Verletzung mit etlichen Sanktionen verbunden ist. Wird die Übereinstimmung zwischen Situation, konventionellem Rahmen und Gefühl irgendwie gestört, rücken Regeln der Handhabung der Gefühle ins Bewusstsein. Der Vergleich von Situation und Gefühl verlangt keinerlei bewusste Arbeit mehr, wenn die Verinnerlichung einmal gelungen ist. Das Individuum lernt Gefühlsregeln durch die Reaktion anderer, beispielsweise ihren Gesichtsausdruck.

Um festgestellte Diskrepanzen zu eliminieren, können Hochschild (1990) zufolge drei Techniken angewendet werden:

- Die kognitive Technik versucht durch andere Bilder, Vorstellungen und Gedanken die mit ihnen verbundenen Gefühle zu ändern.
- Mittels der körperlichen Technik wird versucht, somatische oder physische Symptome der Emotion zu ändern (langsamer atmen etc.).
- Man versucht durch expressive Gesten innere Gefühle zu verändern.

Im Gegensatz zur Manipulation und Täuschung ist die emotionale Arbeit also das Wachrufen eines nicht empfundenen, aber erwünschten, und die Unterdrückung eines vorhandenen, aber unerwünschten Gefühls in Übereinstimmung mit den Normen der Gruppe.

Das Dienstleistungsdrehbuch ist wohl das führende Emotionsdrehbuch von heute. Wenn man von Softskills, emotionaler Intelligenz und Ähnlichem spricht, meint man wohl diese Art von Gefühlsdrehbüchern. Es sieht auf den ersten Blick weiblich aus. Es ist auf den ersten Blick im wahrsten Sinne des Wortes »verführerisch«. Auf den zweiten Blick hat es gravierende Nachteile. Die Frage der Authentizität gewinnt eine neue Dimension, weil diese Gefühlsware mit jedem Produkt verbunden werden können muss: Autos, Parfüms, Lehrinhalte, Fernsehprogramme, Liebesdienste, was auch immer.

Männlich erscheinende Gefühlsdrehbücher, die um die Handhabung von Erregung, Ärger und Angst zentriert sind, werden teilweise durch die ADHS-Diagnose und deren pharmakologische Behandlung mittels Ritalin® beseitigt.

Gefühlsdrehbücher und identifikatorische Prozesse

Für identifikatorische Prozesse scheint das Dienstleistungsdrehbuch nicht sonderlich geeignet, weil die leidige Frage der Echtheit und Authentizität letztendlich offen bleiben muss. Dieses Problem findet man in allen Berufsgruppen, besonders ausgeprägt natürlich bei den Psychotherapeuten. Soweit ich die Situation überblicken kann, besteht die einzig pädagogische Lösung darin, dass die Gefühlskontrolle gelernt wird, aber es wird gleichzeitig ein Wissen vermittelt, dass das Kind sich mit den verlangten Gefühlen nicht identifizieren muss. Im Gegenteil hat das Kind das Recht, etwas, das es tun muss, scheußlich zu finden.

In einer älteren Untersuchung (Krause, 1977) haben wir die Erziehungsstile von Vätern hoch- und niedrigkreativer Zehnjähriger erfragt. Die Väter der Niedrigkreativen hatten ein ausgeprägtes Gefühl der Unstimmigkeit ›zwischen ihren Erziehungsnormen und ihrem Erziehungsverhalten dergestalt, dass sie ihr Kind für zu weich erzogen hielten. Vielleicht im Zusammenhang damit äußerten sie Unzufriedenheit mit der Elternrolle. Die Väter der Hochkreativen sind mit ihrem eigenen Erziehungsverhalten und der Elternrolle zufrieden. Sie sehen sich selbst als streng und kontrollierend und erwarten, dass das Kind den von ihnen aufgestellten Verhaltensregeln folgt, ohne allerdings zu erwarten, dass das Kind das widerspruchslos hinnimmt. Das Kind darf schlechte Laune haben und seine Affekte zeigen. Es handelt sich um die kognitiven Repräsentationen des Erziehungsverhaltens. Wir wissen nicht, inwieweit sich diese Vorstellungen im Erziehungsverhalten niederschlagen. Vor allem wissen wir nicht, ob das Kind die väterlichen Befehle mehrheitlich sinnvoll oder sinnlos und nur unterdrückend erlebt.

Vergleicht man die Gruppe der hoch- und niedrigkreativen Kinder in Bezug auf die Strenge, zeigt sich, dass in den Perzeptionen der Kinder keine Unterschiede hinsichtlich des Elternverhaltens auftauchen. Psychologisch könnte man den Sachverhalt so interpretieren: Die Väter der niedrigkreativen Kinder versuchen den Konflikt mit dem Kind zu minimieren. Dafür haben sie einen ausgeprägten inneren Konflikt zwischen ihren Sollvorstellungen über die »rechte« Erziehung und ihrem eigenen Verhalten. Deshalb sind sie wohl auch mit der Elternrolle unzufrieden. Für das Kind sind solche Väter als Identifikationsobjekte wohl nicht sehr geeignet. Wiederum ist es nicht klar, ob ihr Erziehungsverhalten in Relation zu einer vergleichbaren Bezugsgruppe tatsächlich zu wenig konsequent ist oder ob ihre Sollvorstellungen über die gute Erziehung zu hoch sind. Die Väter der Hochkreativen sind selbstzufrieden, haben also keinen internen Konflikt, dafür aber einen vorprogrammierten zwischen sich und dem Kind. Wohl in der Annahme, dass ihre Anordnungen vernünftig sind, verlangen sie die strikte Befolgung, allerdings ohne das Kind dabei zu demütigen, indem sie auch noch verlangen würden, dass das Kind die Befolgung gerne machen würde.

Die sadistisch-autoritäre Erziehung verlangt eigentlich vom Kind, dass es nach der Bestrafung auch noch sage, ich danke für die Züchtigung. Wohingegen diese Art von Autorität eher so aufgebaut scheint, dass der Vater sagt, ich verlange von dir das und das, ob du es gern tust, spielt keine Rolle. Ich verlange auch nicht, dass du es gerne tust. Ich möchte davor warnen, diese Haltung als autoritär zu verstehen. Ich würde eher meinen, sie ist transparenter als diejenige eines Vaters, der meint, er müsse eigentlich strenger sein, es dann aber auf Kosten seiner eigenen Zufriedenheit nicht ist.

Ein literarisches Beispiel

Ein hervorragendes literarisches Beispiel für das hier Gemeinte findet man in »The Education of Henry Adams«. Frank Barron (1969) hat dieses Beispiel in dem Kapitel »Grundlegung der kreativen Erfahrung in der Kindheit«. Ich will versuchen, es hier zusammenzufassen. Der sechsjährige Henry ist zusammen mit seiner Mutter einen langen Sommer über beim Großvater, den er als eine Art natürlichen Feind betrachtet, von dem man allerdings trotzdem eine faire Behandlung erwarten darf, soweit dies von einem Feind möglich ist. Er sollte nun eingeschult werden und steht eines Morgens vor der Haustür und weigert sich leidenschaftlich, die Schule zu besuchen. Die Mutter ist relativ hilflos und beginnt gegenüber dem Jungen, der sich schreiend an der Treppe festhält, zu resignieren. Schließlich geht die Tür auf und der alte Großvater kommt heraus.

»Er setzte seinen Hut auf und nahm wortlos des Buben Hand und lief mit ihm, der vor Ehrfurcht gelähmt war, die Straße entlang zur Stadt. Nach einigen Augenblicken der Fassungslosigkeit über diesen Eingriff in eine Familienauseinandersetzung, dachte der Junge, dass ein alter Herr mit beinahe 80 sich nie die Mühe machen würde, an einem heißen Sommermorgen eine schattenlose Straße lang fast eine Meile zu laufen, um einen Jungen zur Schule zu bringen, und dass es doch sehr seltsam wäre, wenn ein Kerl wie er, der von der Leidenschaft zur Freiheit durchtränkt war, nicht eine Ecke finden würde, an der er die Kurve kratzen könnte, bevor sie die Schultür erreichen würden. Dann bestand der Junge darauf, dass diese Art zu denken die offensichtliche Unterwerfung rechtfertigen würde. Aber der alte Mann hielt nicht an und der Junge sah, dass all seine strategischen Orte einer nach dem anderen verfielen, bis er sich selbst in der Schule sitzend fand. Die Sache war die, dass dieser Vorgang der im Widerspruch zu den unauflöslichen Rechten von Jungen stand und alle sozialen Abmachungen für null und nichtig erklärte, dazu hätte führen müssen, dass er den Großvater ein Leben lang ablehnen würde. Er konnte sich nicht daran erinnern, dass er auch nur einen Moment diese Wirkung gehabt hätte. Mit einer gewissen Reife seiner kindlichen Seele muss das Kind bemerkt haben, dass der Großvater, wenngleich durch Tyrannei, seine schimpfliche Arbeit mit einer gewissen Schlauheit vollbracht hatte. Er zeigt keine Stimmungen, keine Verärgerung, keine persönlichen Gefühle. Und vor allem hielt er seinen Mund. Während ihres langen Weges sagte er nichts, er äußerte keine einzige Silbe des ekelerregenden Gewinsels über die Pflicht zum Gehorsam und die Verruchtheit, dem Gesetz zu widerstehen, er hatte in dieser Richtung keine Sorgen geäußert […] dafür hatte der Junge einen natürlichen Respekt empfunden« (eigene Übers.).

Zwang zur Akzeptanz ohne den Versuch, den Willen zu zähmen, nennt Barron diese Art der Erfahrung. Schlimm wäre es wohl gewesen, äußert sich der Autor in der Biographie, wenn der Großvater versucht hätte, ihm auch noch aufzuschwätzen, warum man gerne in die Schule gehen muss.

Das Entscheidende ist wohl, dass der Großvater auch keines-

wegs erwartet, dass Jungen dieses Alters gerne in die Schule gehen
sollten, und deshalb den langen Weg mit dem Jungen geht, was
wiederum die beschriebenen Gedanken im Jungen provozieren:
Wenn der alte Mann mit mir dahingeht, muss wohl doch etwas
Wichtiges an der verdammten Schule sein.

Schlussgedanken

Als ich diese Ergebnisse im Jahr 1975 auf dem Kongress der Deutschen Gesellschaft für Psychologie in Salzburg vortrug, kam es zu
einem mittleren Eklat. Man warf mir alles Mögliche vor, neben
methodischen Fehlern letztendlich eine Propagierung des Autori-
tarismus, kurzum, ich wurde mit einer beeindruckenden Feindseligkeit niedergemacht. Nun hatte ich mit öffentlichen Mitteln eben
diese Ergebnisse gefunden und die Öffentlichkeit hatte ein Recht,
sie zu hören und zu sehen. Das habe ich dann auch getan. Der
Aufstand hat mich nicht sehr beeindruckt, eben weil ich das Glück
hatte, in einem Umfeld heranwachsen zu dürfen, in dem Mut und
Neugier die gängigen Gefühlsregeln waren.

Das ist wohl der ödipale Teil der Einbettung einer Gefühlsregel,
die dezidiert im Gegensatz zum Dienstleistungsmodell steht. Wir
wüssten aber gar nicht, woher man die Großväter nehmen soll, wo
es doch schon an den Vätern mangelt oder es deren zu viele in
Folge einer Art von serieller Polygamie gibt.

Das eigentliche Problem sehe ich aber in der vorödipalen Zeit
dergestalt, dass die frühkindliche Erziehung von Beginn an auf
eine Sedierung unangenehmer Emotionen durch Triebprozesse
einerseits und positive Emotionen andrerseits hinausläuft. Das vorübergehende Ertragen negativer Emotionen und damit auch die
Negation von Wünschen ist die Grundlage der inneren Strukturbildung. Ohne die gibt es keine Hoffnung auf die Wiederkehr des
Objektes, das für einen gerechten Austausch von Affekten, Gütern
und Triebprozessen sorgt. Die hurtige Sedierung unangenehmer
Affekte ist das psychologische Fundament einer Suchtkultur und
auch der damit verbundenen Maßlosigkeit. Alles gerät aus der
Form, die Körper ebenso wie die Wünsche.

Eine intuitive Veränderung dieser Gefühlsdrehbücher bildet sich wohl darin ab, dass im Moment die Polizistinnen und Polizisten, die Soldatinnen, die Feuerwehrleute das höchste Ansehen haben, weil sie emotionale Tugenden vertreten, die verlumpt sind, weil sie in einer ganz unsinnigen Weise diskreditiert wurden als Wegbereiter des Faschismus, des Machismus und anderer echter und vermeintlicher Dämonen dieser Kultur. Die gierigen, maßlosen, aus einer analen Welt stammenden männlichen Durchlauferhitzer des Finanzwesens dagegen – einstmals Leuchttürme der Cleverness – sind ehrlos geworden.

Letztendlich entwickeln sich alle Gefühlsdrehbücher um eine kollektive definierte Form der Ehre. Haben wir noch einen Konsens darüber, was ehrenwert ist? Ich fürchte, man wird da sehr tief graben müssen, um einen solchen gemeinsamen Schatz zu finden. Meines Erachtens sollte die Förderung zukünftigen Lebens, allen voran das der eigenen Kinder, an erster Stelle ehrenwerten Handelns stehen. Da bleibt, wie ich meine, einiges zu tun, ganz unabhängig von der Geschlechterfrage.

Literatur

Barron, F. (1969). Creative person and the creative process. New York: Holt.

Bloom, S. B. (1964). Stability and change in human characteristics. New York: Wiley.

Ekman, P., Friesen, W. F. (1969). The repertoire of nonverbal Behavior: Categories, origins, usage and coding. Semiotica, 1, 49–98.

Ekman, P., Friesen, W. F., O'Sullivan, M., Scherer, K. (1985). What you say and how you say it: The contribution of speech content and voice quality to judgments of others. Journal of Personality and Social Psychology, 48, 54–62.

Enzensberger, H. M. (2006). Schreckensmänner. Versuch über den radikalen Verlierer. Frankfurt a. M.: Suhrkamp.

Fausto-Sterling, A. (1993). The 5 sexes. Why male and female are not enough. The Sciences, March/April, 20–25.

Frisch, I. (1997). Eine Frage des Geschlechts. Mimischer Ausdruck und Affekterleben in Gesprächen. St. Ingbert: Röhrig Universitätsverlag.

Henley, M. (1977). Body politics power, sex and nonverbal communication. New Jersey: Prentice Hall.

Hochschild, A.-R. (1990). Das gekaufte Herz. Zur Kommerzialisierung der Gefühle. Frankfurt a. M.: Campus.

Krause, R. (1977). Produktives Denken bei Kindern. Untersuchungen über Kreativität. Weinheim: Beltz.

Krause, R. (1993). Über das Verhältnis von Trieb und Affekt am Beispiel des perversen Aktes. Forum der Psychoanalyse, 9, 187–197.

Krause, R. (2000). Kultur, Gefühlsregeln und Psychotherapie. In B. Strauss, M. Geyer (Hrsg.), Psychotherapie in Zeiten der Veränderung. Historische, kulturelle und gesellschaftliche Hintergründe einer Profession (S. 121–130). Wiesbaden: Westdt. Verlag.

Krause, R. (2006) Emotion. In B. Strauß, F. Hohagen, F. Caspar (Hrsg.), Lehrbuch Psychotherapie, Bd. 1 (S. 61–92). Göttingen: Hogrefe.

Krause, R. (2010). Facetten eines »deutschen« Gegenübertragungsproblems. Forum der Psychoanalyse, 26, 351–364.

Krause, R. (2011). Allgemeine psychoanalytische Krankheitslehre, Bd. 1 (überarb. Neuauflage). Stuttgart: Kohlhammer.

Krause, R., Merten, J. (2008). Beziehungsregulation in alltäglichen und psychotherapeutischen Situationen und ihr Stellenwert für Praxis und Theorie der Psychotherapie. In M. Hermer, B. Röhrle (Hrsg.), Handbuch der therapeutischen Beziehung, Beziehungsgestaltung, Bündnisprobleme, Bd. 1 (S. 343–378). Tübingen: dgvt-Verlag.

Mosher, D. L., Tomkins, S. S. (1988). Scripting the macho-man: Hypermasculine socialization and enculturation. Journal of Sex Research, 25, 60–84.

Stearns, P. N. (1986). Historical analysis in the study of emotion. Motivation and Emotion, 10 (2), 185–193.

Stearns, P. N. (1993). Girls, boys and emotions: Redefinitions and historical change. The Journal of American History, 80 (1), 36–74.

Stearns, P. N., Stearns, D. C. (1994). Biology and culture: Toward a new combination. Contention, 3 (2).

Karl Grammer, Elisabeth Oberzaucher
und Iris Holzleitner

Die Evolution des männlichen Verhaltens

Männer – eine aussterbende Gattung?

Sykes (2004) zeichnet ein düsteres Bild über die Zukunft der Männer. Was unterscheidet Männer und Frauen? Zunächst einmal der
Besitz des einzelnen Y-Chromosoms. Dieses Y-Chromosom ist
für viele der spezifisch männlichen Eigenschaften verantwortlich.
Nach Sykes ist das Y-Chromosom ein genetisches Desaster – es
ist mit Beschädigungen und Mutationen behaftet und deshalb
dazu verdammt auszusterben. Der Grund dafür ist, dass das Y-
Chromosom sich »nicht selbst reparieren« kann, weil es kein Ge-
genstück hat. Anders bei Frauen – sie haben zwei X-Chromosome.
Diese können sich aneinanderlegen und Gene austauschen, um
schädigende Mutationen zu reparieren. Das Y-Chromosom kann
das nicht.

Sykes geht davon aus, dass Männer immer mehr verweibli-
chen und ihre Spermienzahl (weiter) dramatisch sinken wird.
Im Moment sind 7 % aller Männer entweder unfruchtbar oder
leiden unter eingeschränkter Fruchtbarkeit. In etwa 100.000 Jahren – das sind nur 5.000 Generationen – könnte die Fruchtbarkeit
der Männer auf 1 % ihres gegenwärtigen Wertes gesunken sein.
Ist dies der Fall, wird die Wahrscheinlichkeit für Paare, ein Kind
zu bekommen, verschwindend gering. Das bedeutet, dass viele
Paare auf medizinische Intervention zurückgreifen werden müssen. Die moderne Medizin ermöglicht es, bei derlei Problemen zu
intervenieren. In den meisten Fällen der künstlichen Befruchtung
wird ein Spermium in ein Ei injiziert. So kann eine Befruchtung
stattfinden, auch wenn das Spermium völlig immobil ist. Liegt

die Ursache der Unfruchtbarkeit aber in einer Beschädigung des Y-Chromosoms, ist auch dieser Weg nicht mehr gangbar. Eine mögliche Konsequenz wäre, dass die Fortpflanzung nur mit Hilfe weiblicher Zellen angestrebt wird. So würde die Menschheit überleben können. Sykes schlägt vor, einen anderen Weg zu gehen. Er befürwortet die Erschaffung eines Adonis-Chromosoms: ein Designerchromosom, das genau jene Gene benutzen soll, die zur Entwicklung eines fortpflanzungsfähigen Mannes führen. Dieses Designerchromosom könnte auf dem jetzigen, aussterbenden Y-Chromosom basieren (Sykes, 2004).

Die Evolution der Sexualität

Eine der Fragen, die dann auftritt, ist die, warum es überhaupt Sexualität und Männer gibt. In Anlehnung an eine Passage aus Lewis Carrolls Buch »Alice hinter den Spiegeln« formulierte Leigh van Valen (1973) eine Hypothese, die viel zum Verständnis der Evolution der Sexualität beigetragen hat. Die Aussage der »roten Königin« lautet dort nämlich: »In diesem Land muss man so schnell laufen, wie man kann, um am selben Ort zu bleiben.« Übertragen auf die Evolution bedeutet dies, dass Organismen sich ständig verändern müssen, um an sich ändernde Umweltbedingungen angepasst zu sein und nicht in der Selektion unterzugehen. Dies gilt umso mehr, wenn man bedenkt, dass Parasitenbefall ein Hauptproblem für die biologische Fitness ist, also der Fähigkeit eines Individuums, möglichst viele Kopien seiner Gene in Umlauf zu bringen (Hamilton u. Zuk, 1982). Parasitäre Organismen haben wesentlich kürzere Generationenfolgen als ihre Wirte und sind ihnen im Wettlauf ums Überleben immer einen Schritt voraus. Das einzige, was die Wirte dagegen unternehmen können, ist, variabel zu sein, sich ständig zu ändern, um im Wettrüsten mit den Parasiten Schritt halten zu können. Sexualität ist der einzige Weg, diese geforderte hohe Variabilität in kurzer Zeit effektiv zu erzielen.

Die Entwicklung von Sexualität war für langlebige Organismen also überlebensnotwendig. Weshalb gibt es nun aber Männchen und Weibchen? Immerhin vermehren sich auch manche

Bakterien sexuell, ohne dabei »Männchen« und »Weibchen« zu benötigen.

Auch auf diese Frage lässt sich eine überraschende und ebenso erstaunliche Antwort finden, die von Parker, Baker und Smith (1972) mittels Computersimulationen entdeckt wurde. Ein kleines Gedankenspiel mag sie veranschaulichen: Die Geschlechtszellen (also Gameten) waren ursprünglich in ihrer Größe gleich (Isogameten). Aus verschiedenen Gründen können jedoch nicht alle Gameten in exakt der gleichen Größe produziert werden – es entstehen unterschiedlich große Gameten, die in verschiedenen Kombinationen zu unterschiedlich großen Zygoten verschmelzen.

Dies bleibt nicht ohne Konsequenz, denn die Gameten unterliegen einem selektiven Druck hinsichtlich der Fitness der Zygote, zu welcher sie verschmelzen. Die Zygote ist erfolgreich, hat also eine hohe Fitness, wenn sie sich binnen kurzer Zeit wieder reproduzieren kann. Diese Fitness der Zygote steht dabei aber in direktem Zusammenhang zu ihrem Volumen – denn ein größerer Nährstoffanteil bedeutet einen Wachstumsvorsprung gegenüber kleineren Zygoten. Individuen, die große Gameten produzieren, erreichen im Durchschnitt also eine höhere Reproduktionsrate. So kann ein Entwicklungstrend hin zu großen Gameten in Gang gesetzt werden.

Die relative Reproduktionsrate eines Gameten hängt jedoch nicht nur von der potentiellen Größe der späteren Zygote ab, sondern auch von der Wahrscheinlichkeit, mit der ein Gamet auf einen anderen Gameten einer bestimmten Größe trifft. Somit kann auch die Herstellung kleinerer Geschlechtszellen von Vorteil sein – immerhin lassen sie sich, bei gleichem energetischen Aufwand, in größerer Zahl herstellen. Dies führt zu einer Verschiebung der Wahrscheinlichkeiten, mit der die Gameten aufeinandertreffen. Ein kleiner Gamet wird am häufigsten auf andere kleine Gameten treffen. Die Zygoten, die sich aus einem solchen Aufeinandertreffen bilden, sind jedoch, wie eben beschrieben, gegenüber größeren Zygoten im Nachteil. Gleichzeitig steigt für kleine Gameten aufgrund ihrer Zahl jedoch auch die Wahrscheinlichkeit, auf *große* Gameten zu treffen. Große Gameten hingegen haben aufgrund ihrer geringeren Anzahl eine sehr geringe Wahrscheinlichkeit auf andere große Gameten zu treffen. So kann ein

Entwicklungstrend in Richtung kleinerer Zellen in Gang gesetzt werden. Da die kleinen Zellen in der Überzahl sind, müssen sie untereinander konkurrieren – jeder Vorteil im Auffinden großer Zellen setzt sich unter den kleinen Zellen schnell durch.

Stellt die Strategie der kleineren Geschlechtszellen dann aber nicht den erfolgreicheren Weg für ein Individuum dar? Nein, denn der Erfolg jener Individuen, die kleinere Gameten produzieren, kann nicht größer werden als der Erfolg der Erzeuger großer Zellen – immerhin ist ein kleiner Gamet nur dann überdurchschnittlich erfolgreich, trifft er auf einen großen Gameten.

Mittels ihrer Computersimulationen konnten Parker, Baker und Smith (1972) also untersuchen, wie die Größe der produzierten Gameten sich auf den Fortpflanzungserfolg eines Individuums auswirkt. Diese Simulationen zeigen, dass die natürliche Selektion nicht den goldenen Mittelweg geht. Vielmehr entstehen zwei Extremtypen von Individuen: Erzeuger großer, immobiler Gameten, die ihren Nachkommen möglichst viele Nährstoffe mit auf den Weg geben, und solche, die viele sehr kleine, mobile Gameten produzieren. Die Selektion bewirkt damit die Evolution extrem ungleicher Keimzellen (Anisogameten) und somit die Entstehung zweier komplementärer Fortpflanzungsstrategien – männlich und weiblich.

Da unterschiedliche Strategien häufig zu Konflikten führen, ist die Bühne für die Auseinandersetzung zwischen den Geschlechtern phylogenetisch geschaffen. Ist ein Trend in diese Richtung in Gang gesetzt, ist er nicht mehr umkehrbar, da er sich selbst im Gleichgewicht hält.

Der Kampf der Geschlechter

Die Existenz der zwei Geschlechter hat weitreichende Konsequenzen, da ihr Investment in Nachwuchs – beginnend bei den Keimzellen – asymmetrisch ist. Interne Befruchtung und die neunmonatige Schwangerschaft der Frau sind nicht nur mit physiologischen Belastungen und Risiken verbunden, sondern führen auch dazu, dass Frauen weniger Nachwuchs produzieren können als Männer. Diese biologischen Systembedingungen führen zu einer Kaskade evolutionärer Anpassungen.

Diese Konsequenzen kommen insbesondere dann zum Tragen, wenn elterliche Fürsorge in den Nachwuchs den Reproduktionserfolg entscheidend mit beeinflusst (Trivers, 1972). Beim Menschen ist dies aufgrund der langen Phase postnataler Gehirnentwicklung in Neugeborenen und Kleinkindern sicherlich der Fall.

Die Frau kann ihre Kosten senken, wenn es ihr gelingt, einen Mann zur gemeinsamen Aufzucht von Nachwuchs (und zum Investment in diesen Nachwuchs) zu bewegen. Frauen sollten dementsprechend Männer bevorzugen, die in der Lage sind, eine feste und dauerhafte Bindung einzugehen und den Nachwuchs optimal zu versorgen. Dies bedeutet, dass jene Männer bevorzugt werden sollten, die sich im Wettbewerb um Ressourcen gegenüber anderen Männern durchsetzen. Dabei ist jedoch Betrug von seitens des Mannes möglich. Frauen sind deshalb wählerischer – ihnen obliegt die aktive Partnerwahl.

Asymmetrisches Investment und aktive weibliche Partnerwahl führen zu Wettbewerb unter Männern – um Partnerinnen und die nötigen Ressourcen. Durchsetzungsvermögen, das Streben nach Dominanz und Status werden zu »männlichen« Domänen. Für die Männer tritt ein nicht zu übersehendes Problem auf: Falls Männer in den Nachwuchs investieren, sollten sie sich der Vaterschaft sicher sein, denn andernfalls wäre ihr Investment umsonst. Tatsächlich lässt sich auf Seiten der Frau die Qualität des Nachwuchses durch von weiblicher Seite induzierter Spermienkonkurrenz direkt beeinflussen (Bellis u. Baker, 1995). Fremdgehen als weibliche Fortpflanzungsstrategie schafft die Möglichkeit, das männliche Streben nach Monopolisierung von Frauen zu umgehen. In der Tat ist sexuelle Eifersucht ein männliches Phänomen (Daly, Wilson u. Weghorst, 1982), das in vielen Kulturen zur Beschränkung der Bewegungsfreiheit von Frauen führt.

Es entstehen auch spezifisch männliche Alternativstrategien. »Philandering« wird auftreten: Anstatt in Nachwuchs zu investieren und so seinen Reproduktionserfolg zu erhöhen, kann der Mann auch versuchen, möglichst viele Frauen zu befruchten, in der Hoffnung, dass ein anderer Mann (oder die Frau selbst) das Investment trägt.

Männliche Wahlkriterien sollten aufgrund einer möglichen Investmentgefährdung an erster Stelle also weibliche Bindungsfähigkeit und Treue umfassen. Männliches Investment wird aber umso wertvoller, je attraktiver der Nachwuchs später auf dem Partnermarkt ist. Durch weibliche Attraktivität (und dementsprechend höherer Attraktivität des gemeinsamen Nachwuchses) lässt sich daher der männliche »return on investment« steigern. Weibliche Attraktivität muss demnach ein Wahlkriterium der Männer sein. Aufgrund möglichen männlichen Philanderings und durch Frauen induzierter Spermienkonkurrenz gewinnen Signale weiblicher Erreichbarkeit besondere Bedeutung für Männer.

Diese geschlechtsspezifischen Wahlkriterien wurden von Buss (1989) in 37 Kulturen untersucht und nachgewiesen. In allen Kulturen steht an erster Stelle der Partnerwahlkriterien die Fähigkeit, eine langfristige Beziehung einzugehen. Zwei der Wahlkriterien sind (wie erwartet) in all diesen Kulturen geschlechtspezifisch: Männer legen bei Frauen mehr Wert auf Attraktivität und ein sexy Erscheinungsbild, während Frauen männlichem Status mehr Gewicht verleihen.

Spurensuche: Evolutionäres Denken und kulturelle Vielfalt

Aus diesen Betrachtungen folgt, dass in Abhängigkeit davon, ob in einer Gesellschaft Ressourcen monopolisierbar sind und inwieweit Vaterschaftssicherheit gewährleistet ist, eine Vielfalt von Entscheidungsstrategien auftreten können (welche zusätzliche kulturelle Ausprägungen erfahren können).

Diese unterschiedlichen Entscheidungsstrategien und die ihnen zugrundeliegenden Denkprozesse besitzen einen evolutionären Ursprung und lassen noch heute ihre Spuren in unserem Alltagsverhalten zurück. Der Kampf der Geschlechter besteht im Wesentlichen darin, eigenes Fremdgehen zu ermöglichen, Betrug durch andere zu vermeiden und eigenes Investment zu sichern. Diese Rahmenbedingungen waren ausschlaggebend für die Evolution geschlechtsspezifischer Verhaltensmuster. Die resultierenden männlich-weiblich spezifischen Denkstrukturen wurden in den letzten Jahren anhand verschiedener gesellschaftlicher Phänomene empirisch getestet. Diese reichen von Partnerwahl (Buss, 1989), über sexuelle Eifersucht (Daly, Wilson u. Weghorst, 1982), Fremdgehen (Bellis u. Baker, 1995) und von ökonomischen Bedingungen abhängigen Reproduktionsstrategien (Voland, 1984) bis hin zur Ausprägung unseres Schönheitsbegriffs (Grammer u. Thornhill, 1994), dem Auftreten von Aggressionen und Dominanzverhalten unter Erwachsenen im Straßenverkehr (Atzwanger, 1995) und Jugendlichen auf dem Sportplatz (Weisfeld, Weisfeld u. Callaghan, 1982). Geschlechtsunterschiede in diesen Bereichen wurden traditionell eher als kulturell bestimmte Ausprägungen menschlichen Verhaltens interpretiert. All diesen Arbeiten ist gemeinsam, dass sie sich eher mit den Auswirkungen von Verhalten als mit dem Verhalten selbst beschäftigten. Gerade aber in der Auseinandersetzung zwischen den Geschlechtern sind spezifische Signalsysteme zu erwarten, die es erlauben, gezielte und versteckte Manipulation zu betreiben.

Es gibt viele Studien (z. B. Kimura u. Hampson, 1994), die Geschlechterunterschiede in (kognitiven) Fähigkeiten beschreiben. So fand man beispielsweise, dass Frauen besser in verbalen Fähigkeiten, Wahrnehmungsgeschwindigkeit und Genauigkeit von distalen motorischen Bewegungsfähigkeiten abschneiden. Einen Geschlechtsunterschied zugunsten von Männern findet man bei jenen Aufgaben, die räumliche Rotation und Manipulation beinhalten, ebenso wie bei der Fähigkeit zu linearem und mathematischem Denken. Für Aufgaben, die generelle Intelligenz erfordern, findet man hingegen keine Geschlechterunterschiede.

Collaer und Hines (1995) zeigen in einer Metaanalyse, dass es genügend Hinweise dafür gibt, dass gonadale Hormonumgebungen vor und nach der Geburt unser Verhalten und unsere Fähigkeiten beeinflussen.

Der biologische Weg zum Mann

Die Art und Weise, wie sich ein männliches Gehirn und ein männlicher Körper entwickeln, wird durch die zeitliche Verfügbarkeit und die Konzentration von Testosteron und zweier Produkte daraus bestimmt. Diese Steroidhormone kontrollieren im Wechselspiel den Weg der Gehirn- und Körperentwicklung. Dies geschieht bereits, während das XY-Baby sich noch in der Gebärmutter befindet und vor kulturellen Einflüssen seiner zukünftigen sozialen Welt verborgen ist.

Embryonen sind ursprünglich weiblich angelegt; die Maskulinisierung von Gehirn und Körper wird erst durch vorgeburtliche hormonelle Signale ausgelöst. Dabei spielt das Y-Chromosom eine wichtige Rolle – es bestimmt, ob der Fötus einen Testes-determinierenden Faktor (TDF) entwickelt. Dieser Faktor induziert im männlichen gonadalen System die Herstellung von Testosteron. Doch auch nachdem das TDF-Gen den männlichen Fötus zur Testosteronproduktion angeregt hat, muss erst eine Reihe kritischer Ereignisse ablaufen, bevor das männliche Gehirn und der männliche Körper voll ausgebildet werden können.

Nachdem Testosteron aus Cholesterol synthetisiert wurde (dies geschieht über viele Schritte, die Progesteron und Dihydroepiandrosteron beinhalten), kann es auf zweierlei Wegen biochemisch modifiziert werden. Der eine Weg führt zu Dihydrotestosteron (DHT), dazu ist das Enzym 5-α-Reduktase vonnöten; DHT führt zu einer Maskulinisierung des Körpers. Der andere Weg führt zu Östrogen mit Hilfe des Enzyms Aromatase; Östrogen bewirkt die Maskulinisierung des Gehirns und sein Besitzer oder seine Besitzerin wird später dazu tendieren, männliche Denkstrategien zu verfolgen. Damit wird bereits während der Schwangerschaft ein sexuelles Potenzial in Gehirn und Körper angelegt, das jedoch erst in der Pubertät voll ausgeprägt wird. DHT und Östrogen sind also kritische Komponenten, die bestimmen, ob ein genetischer Mann sich weiter entlang des männlichen Pfades entwickelt.

Die genannten Hormone können auch die weibliche Entwicklung beeinflussen, sind sie während der Schwangerschaft in ausreichendem Maße vorhanden. Das X-Chromosom-Muster veranlasst den weiblichen Körper jedoch dazu, Proteine wie zum

Beispiel den geschlechtshormonbindenden Faktor α-Feto-Protein herzustellen. Der Zusammenhang zwischen α-Feto-Protein und Geschlechtsdifferenzierung wurde zuerst von Toran-Allerand (1984) beschrieben: Entwickelt der weibliche Fötus nicht genügend α-Feto-Protein, kommt es zu einer Maskulinisierung des Gehirns.

Die Komplexität der hormonellen Steuerung der psychosexuellen Entwicklung kann also zu Diskrepanzen zwischen dem Geschlecht des Körpers und jenem des Gehirns führen, wenn Fehler an verschiedenen Kontrollpunkten der biochemischen Prozesse auftreten.

»Badet« das männliche Gehirn in einem bestimmten sensitiven Fenster nicht in Testosteron oder fehlt das Enzym Aromatase (welches Testosteron zu Östrogen konvertiert), entwickelt der Mann ein weibliches Gehirn. Wird hingegen das weibliche Gehirn während dieser sensitiven Phasen der Entwicklung zuviel Östrogen ausgesetzt, nimmt es männliche Charakteristika an (während der Körper weiblich bleibt). Dies wurde von Allen und Gorski (1992) beschrieben. Solche Frauen zeigen primär Verhaltensweisen, die typisch für Männer sind. Tatsächlich kann bei Frauen männliches Verhalten durch Injektionen von Diethylstilbestrol (DES, ein Östrogen-Abkömmling) induziert werden; dies wurde in den 1940er und 1950er Jahren deutlich, als dieses Hormon in großem Umfang Schwangeren verabreicht wurde (Ehrhardt et al., 1985).

Bei der Abwesenheit von fötalem Östrogen, aber gleichzeitiger Anwesenheit von genügend DHT kann ein männlicher Körper mit versteckten weiblichen Schaltkreisen im Gehirn entstehen. Solche »Fehler« in der Organisation der Entwicklung kann man in einer kleinen Gruppe von Individuen in der Dominikanischen Republik beobachten. Diesen Knaben, die Guevedoces genannt werden – wörtlich übersetzt »Penis mit 12 Jahren« –, fehlt das Gen für die Produktion der 5-α-Reduktase (Imperato-McGinley et al., 1979). Sie zeichnen sich bei der Geburt durch ein weibliches Erscheinungsbild mit einer vergrößerten Klitoris ohne Hoden aus. Ihre fötalen Gonaden, die noch im Körper vorhanden sind, geben aber Testosteron ab, und da sie eine normale Aromatase-Aktivität haben, wird es zu Östrogen konvertiert, nicht aber zu DHT. Ihre Gehirne, aber nicht ihre Körper, sind daher voll männlich organisiert. Wenn solche Jungen in die Pubertät kommen und Testosteron produzieren, entwickeln sie auf einmal typische männliche Körper mit einer Zunahme an Körperbehaarung, Absenkung der Stimme, Vergrößerung des Penis und schließlich dem Abstieg der Hoden in den Hodensack. Es entwickeln sich männertypische sexuelle Triebe. Ihre erotischen Wünsche richten sich auf Frauen aus – obwohl sie während ihrer Kindheit als Frauen aufgezogen wurden.

Ob ein Individuum sich männlich oder weiblich *fühlt*, unterliegt also nicht kulturellen Einflüssen und Zwängen, sondern ist das Ergebnis »einfacher« biologischer Mechanismen, die während der fötalen Entwicklung zum Tragen kommen.

Nun erscheint es eher unwahrscheinlich, solch pränatale Einflüsse auch am Erwachsenen nachweisen zu können. Ein Zufall kommt uns zu Hilfe. Seit Längerem ist bekannt, dass das Verhältnis zwischen der Länge des zweiten und des vierten Fingers (2D:4D) ein sexuell dimorphes Merkmal ist (Baker, 1888; George, 1930). Das heißt, dass das männliche 2D:4D-Verhältnis im Durchschnitt geringer ist als das von Frauen (Phelps, 1952) – bei Männern ist im Allgemeinen der zweite Finger kürzer als der vierte, bei Frauen ist dies umgekehrt. Diese Ausprägung der Fingerlängen wird von den Homeobox- oder Hox-Genen gesteuert. Diese Gene kontrollieren auch die Ausbildung von Hoden und Ovarien. Diese gemeinsame Kontrolle der Ausbildung von distalen Gliedmaßen und Genitalien zeigt sich, wenn man das posteriore Hox-D-Gen entfernt – dies führt zu einem Verlust der Finger und Genitalien (Kondo, Zakany, Innis u. Duboule, 1997; Peichel, Prabhakaran u. Vogt, 1997).

Manning, Scutt, Wilson und Lewis-Jones (1998) schlugen deshalb vor, dass Muster von 2D:4D-Verhältnissen Aspekte der gonadalen Funktion, wie der Produktion von Testosteron und Östrogen, widerspiegeln könnten. Sie zeigten an 58 Männern und 40 Frauen mit Kinderwunsch folgende Zusammenhänge: Bei Männern verhält sich das 2D:4D-Verhältnis negativ zum Serumtestosteronspiegel ($\beta = -7.9$) sowie zur Anzahl der Spermien pro Ejakulat ($\beta = -42.33$); hingegen zeigt es einen positiven Zusammenhang mit Östrogen ($\beta = 16.27$ und dem luteinisierenden Hormon (LH, $\beta = 10.26$). Männer mit geringem 2D:4D-Verhältnis haben also mehr Testosteron und Spermien, jedoch weniger Östrogen und LH als Männer mit männlichen Fingerlängenverhältnissen. Es überrascht nicht, dass dieses 2D:4D-Verhältnis also auch mit dem Reproduktionserfolg zusammenhängt – Männer mit hohem 2D:4D haben einen geringeren Reproduktionserfolg als Männer mit einem männlicheren Fingerverhältnis (Manning et al., 2000a; 1999). Auch bei Frauen geht ein hoher 2D:4D-Quotient mit einem höheren Östrogen- und LH-Spiegel einher.

Darüber hinaus gibt es Hinweise darauf, dass diese Fingerlängenunterschiede in utero entstehen, etwa um die 14. Schwangerschaftswoche (Garn, Burdi, Babler, u. Stinson, 1975; Manning et al., 1998; Phelps, 1952). Lutchmaya, Baron-Cohen, Raggatt, Knickmeyer und Manning (2004) untersuchten eingefrorenes Fruchtwasser heute zweijähriger Kindern und fanden, dass eine hohe Konzentration von Testosteron während der Schwangerschaft und eine niedrige Konzentration von Östradiol ein männliches 2D:4D-Verhältnis vorhersagen. Es scheint also, dass wir aus dem 2D:4D-Verhältnis die Menge an pränatalem Testosteron ablesen können, welchem der Fötus ausgesetzt war.

Welche anderen Hinweise gibt es auf diesen Zusammenhang von 2D:4D und pränatalen Spiegeln an Testosteron und Östrogen? Ein (weiteres) Korrelat des mütterlichen Testosteron- und Östrogen-Spiegels ist das Taillen-Hüft-Verhältnis (englisch waist-to-hip ratio, WHR). Frauen mit geringem WHR haben geringe Testosteron- und hohe Östrogen-Spiegel, während Frauen mit hohem Taillen-Hüft-Verhältnis hohe Testosteron- und geringe Östrogen-Spiegel besitzen (Evans et al., 1983). Das Taillen-Hüft-Verhältnis von Frauen korreliert mit dem 2D:4D-Verhältnis ihrer Kinder: Frauen mit geringem Taillen-Hüft-Verhältnis haben Kinder mit hohem 2D:4D, während Mütter mit hohem Taillen-Hüft-Verhältnis Kinder mit geringem 2D:4D haben (r = − 0.2, Manning et al., 1999).

Konsequenzen der Männlichkeit

Wenn vorgeburtliches Testosteron die anatomische Ausprägung und dadurch auch funktionale Unterschiede in Gehirnen bedingt, dann könnte das 2D:4D-Verhältnis zusätzlich ein Marker für viele Merkmale sein, die eine geschlechtsspezifische Ausprägung haben.

Männliche Fingerverhältnisse korrelieren in der Tat mit Linkshändigkeit (Manning et al., 2000b) und Autismus und Asperger-Syndrom (Manning, Baron-Cohen, Wheelwright u. Sanders, 2001). Sluming und Manning (2000) zeigten aber auch, dass männliches 2D:4D positiv mit musikalischer Begabung korreliert. Darüber hinaus zeigten Bailey und Hurd (2005), dass männliches Fingerlängenverhältnis Aggressionsbereitschaft vorhersagt. Nach Fink, Brookes, Neave, Manning u. Geary (2006) korrelieren sogar mathematische Fähigkeiten bei Jungen (nicht aber bei Mädchen) negativ mit 2D:4D-Werten.

Personen mit weiblichen Fingerlängenverhältnissen zeigen ein ausgeprägtes emotionales Verhalten. Williams, Greenhalgh und Manning (2003) und Luxen und Buunk (2005) wiesen positive Korrelationen mit verbaler Intelligenz, sozialer Verträglichkeit und Gewissenhaftigkeit nach. In der Tat korreliert pränatales Testosteron (also ein männliches 2D:4D-Verhältnis) positiv mit körperlicher Leistungsfähigkeit und negativ mit intellektuellen Fähigkeiten wie zum Beispiel akademischem Erfolg (Romano, Leoni u. Saino, 2006).

Sogar das Erscheinungsbild von Männern lässt sich aus dem pränatalen Hormonumfeld ableiten. Nimmt man das Verhältnis von 2D:4D als Marker für pränatales Testosteron, fotografiert die Gesichter von Männern und lässt diese von Frauen bewerten, dann kann man finden, dass 2D:4D signifikant negativ mit wahrgenommener Dominanz und Männlichkeit korreliert, nicht aber mit der Attraktivität von Männern (Neave, Laing, Fink u. Manning, 2003).

Fink et al. (2005) unternahmen dann den Versuch, aus männlichen und weiblichen Gesichtern in Abhängigkeit des 2D:4D-Verhältnisses Gesichtsmaße und Prototypen zu rekonstruieren – es stellt sich dabei heraus, dass aus geringen 2D:4D-Verhältnissen eher männliche Gesichter entstehen.

Das frei im Blut vorhandene Testosteron ist jedoch nicht kausal mit Dominanz, Maskulinität oder Attraktivität von Männern assoziiert. Bisherige Studien legen nahe, dass hohe pränatale Testosteronwerte dazu dienen, männliche Gesichtsmerkmale zu organisieren, die dann spätere Dominanz- und Maskulinitätscharakteristika reflektieren, die während der Pubertät aktiviert werden. Darauf ist es auch zurückzuführen, dass Attraktivität nicht direkt an Testosteron gebunden ist.

Viele unserer Eigenheiten werden uns also bereits in die Wiege gelegt. Nicht nur unser Körperwachstum und unser Erscheinungsbild, sondern auch unsere sexuelle Orientierung, unsere geistigen Fähigkeiten, sogar die Anfälligkeit für bestimmte Krankheiten und unser Reproduktionserfolg werden früh während der Schwangerschaft angelegt – und zwar durch genetische Faktoren und Umweltfaktoren (dem hormonellen Milieu im Uterus der Schwangeren).

Die komplexen hormonellen Zusammenhänge bei der Entwicklung des Mannes haben ihren Ursprung in der Notwendigkeit zur sexuellen Fortpflanzung und den daraus resultierenden Geschlechtern, die in unterschiedlichem Ausmaß in ihre Nachkommen investieren. Zahlreiche Geschlechterunterschiede sind vor diesem evolutionären Hintergrund entstanden. Dass dabei Charakteristika entstanden sind, die in unserer heutigen Welt als nicht mehr angepasst zu betrachten sind, liegt auf der Hand. Dennoch kann das Verständnis des historischen und kausalen Umfelds dazu beitragen, das Phänomen »Mann« besser zu verstehen.

Man muss dabei jedoch berücksichtigen, was der französische Genetiker François Jacob in seiner Idee von Evolution als Flickschusterei treffend anführt: Demnach sind lebende Wesen historische Dokumente, und die Evolution selbst war opportunistisch. Evolution arbeitet auf der Basis von Vorhandenem: Die durch Zufall entstandenen Lösungen sind nicht das perfekte Ergebnis eines überlegten und gezielten Designprozesses, sondern auf Flickschusterei mit zusammengewürfelten Teilen zurückzuführen (Jacob, 1977). Das gilt auch für die Evolution der Sexualität und deren Konsequenzen für unser Verhalten – und trifft gleichermaßen auf Männer und Frauen zu.

Literatur

Allen, L. S., Gorski, R. A. (1992). Sexual orientation and the size of the anterior commissure in the human brain. Proceedings of the National Academy of Sciences of the United States of America, 89 (15), 7199–7202.

Atzwanger, K. (1995). Der Steinzeitjäger im Straßenkreuzer. Humanethologische Aspekte aggressiven Auffahrens auf der Autobahn. Unveröffentl. Disseration, Universität Wien.

Bailey, A. A., Hurd, P. L. (2005). Finger length ratio (2D:4D) correlates with physical aggression in men but not in women. Biological Psychology, 68 (3), 215–222.

Baker, F. (1888). Anthropological notes on the human hand. American Anthropologist, 1(1), 51–76.

Bellis, M., Baker, R. (1995). Human sperm competition. London: Chapmann and Hall.

Buss, D. (1989). Sex differences in human mate preferences – Evolutionary hypotheses tested in 37 cultures. Behavioral and Brain Sciences, 12, 1–14.

Collaer, M. L., Hines, M. (1995). Human behavioral sex differences: A role for gonadal hormones during early development? Psychological Bulletin, 118 (1), 55–107.

Daly, M., Wilson, M., Weghorst, S. (1982). Male sexual jealousy. Ethology and Sociobiology, 3, 11–27.

Ehrhardt, A. A., Meyer-Bahlburg, H. F. L., Rosen, L. R., Feldman, J. F., Veridiano, N. P., Zimmerman, I., et al. (1985). Sexual orientation after prenatal exposure to exogenous estrogen. [10.1007/BF01541353]. Archives of Sexual Behavior, 14 (1), 57–77.

Evans, D. J., Hoffmann, R. G., Kalkhoff, R. K., Kissebah, A. H. (1983). Relationship of androgenic activity to body fat topography, fat cell morphology and metabolic aberrations in premenstrual women. Journal of Clinical Endocrinology & Metabolism 57, 304–310.

Fink, B., Brookes, H., Neave, N., Manning, J. T., Geary, D. C. (2006). Second to fourth digit ratio and numerical competence in children. Brain and Cognition, 61 (2), 211–218.

Fink, B., Grammer, K., Mitteroecker, P., Gunz, P., Schaefer, K., Bookstein, F. L., et al. (2005). Second to fourth digit ratio and face shape. Proceedings of the Royal Society B: Biological Sciences, 272 (1576), 1995–2001.

Garn, S. M., Burdi, A. R., Babler, W. J., Stinson, S. (1975). Early prenatal attainment of adult metacarpal phalangeal rankings and proportions. American Journal of Physical Anthropology, 43(3), 327–332.

George, R. (1930). Human finger types. The Anatomical Record, 46 (2), 199–204.

Grammer, K., Thornhill, R. (1994). Human (Homo sapiens) facial attractiveness and sexual selection: The role of symmetry and averageness. Journal of Comparative Psychology, 108 (3), 233–242.

Hamilton, W. D., Zuk, M. (1982). Heritable true fitness and bright birds: A role for parasites? Science, 218, 384–387.

Imperato-McGinley, J., Peterson, R. E., Gautier, T., Sturla, E. (1979). Male pseudohermaphroditism secondary to 5α-reductase deficiency: A model for the role of androgens in both the development of the male phenotype and the evolution of a male gender identity. Journal of Steroid Biochemistry. and Molecular Biology 11, 637–645.

Jacob, F. (1977). Evolution and tinkering. Science, 196(4295), 1161–1166.

Kimura, D., Hampson, E. (1994). Cognitive pattern in men and women is influenced by fluctuations in sex hormones. Current Directions in Psychological Science, 3(2), 57–61.

Kondo, T., Zakany, J., Innis, J. W., Duboule, D. (1997). Of fingers, toes and penises [1]. Nature, 390(6655), 29.

Lutchmaya, S., Baron-Cohen, S., Raggatt, P., Knickmeyer, R., Manning, J. T. (2004). 2nd to 4th digit ratios, fetal testosterone and estradiol. Early Human Development, 77(1–2), 23–28.

Luxen, M. F., Buunk, B. P. (2005). Second-to-fourth digit ratio related to Verbal and Numerical Intelligence and the Big Five. Personality and Individual Differences, 39 (5), 959–966.

Manning, J. T., Scutt, D., Wilson, J., Lewis-Jones, D. I. (1998). The ratio of 2nd to 4th digit length: A predictor of sperm numbers and concentrations of testosterone, luteinizing hormone and oestrogen. Human Reproduction, 13 (11), 3000–3004.

Manning, J. T., Triverst, R. L., Singh, D., Thornhill, R., Tovee, M. J., Cornelissen, P. L., et al. (1999). The mystery of female beauty [6] (multiple letters). Nature, 399(6733), 214–216.

Manning, J. T., Barley, L., Walton, J., Lewis-Jones, D. I., Trivers, R. L., Singh, D., et al. (2000a). The 2nd:4th digit ratio, sexual dimorphism, population differences, and reproductive success: Evidence for sexually antagonistic genes? Evolution and Human Behavior, 21(3), 163–183.

Manning, J. T., Trivers, R. L., Thornhill, R., Singh, D. (2000b). The 2nd:4th digit ratio and asymmetry of hand performance in Jamaican children. Laterality, 5(2), 121–132.

Manning, J. T., Baron-Cohen, S., Wheelwright, S., Sanders, G. (2001). The 2nd to 4th digit ratio and autism. Developmental Medicine and Child Neurology, 43(3), 160–164.

Neave, N., Laing, S., Fink, B., Manning, J. T. (2003). Second to fourth digit ratio, testosterone and perceived male dominance. Proceedings of the Royal Society B: Biological Sciences, 270(1529), 2167–2172.

Parker, G. A., Baker, R. R., Smith, V. G. F. (1972). The origin and evolution of gamete dimorphism and the male-female phenomenon. Journal of Theoretical Biology, 36, 529–553.

Peichel, C. L., Prabhakaran, B., Vogt, T. F. (1997). The mouse Ulnaless mutation deregulates posterior HoxD gene expression and alters appendicular patterning. Development, 124 (18), 3481–3492.

Phelps, V. R. (1952). Relative index finger length as a sex-influenced trait in man. American journal of human genetics, 4 (2), 72–89.

Romano, M., Leoni, B., Saino, N. (2006). Examination marks of male university students positively correlate with finger length ratios (2D:4D). Biological Psychology, 71 (2), 175–182.

Sluming, V. A., Manning, J. T. (2000). Second to fourth digit ratio in elite musicians: Evidence for musical ability as an honest signal of male fitness. Evolution and Human Behavior, 21(1), 1–9.

Sykes, B. (2004). Adam's curse: A future without men. New York City: W. W. Norton & Company.

Toran-Allerand, C. D. (1984). On the genesis of sexual differentiation of the general nervous system: Morphogenetic consequences of steroidal exposure and possible role of alpha-fetoprotein. Progress in Brain Research, 61, 63–98.

Trivers, R. (1972). Parental investment and sexual selection. In B. Campbell (Ed.), Sexual selection and the descent of man 1871–1971 (pp. 136–179). Chicago: Aldine.

van Valen, L. (1973). A new evolutionary law. Evolutionary Theory, 1, 1–30.

Voland, E. (1984). Human sex-ratio manipulation: Historical data from a German parish. Journal of Human Evolution, 13(1), 99–107.

Weisfeld, C., Weisfeld, G., Callaghan, J. (1982). Female inhibition in mixed-sex competition among young adolescents. Ethology and Sociobiology, 3, 29–42.

Williams, J. H. G., Greenhalgh, K. D., Manning, J. T. (2003). Second to fourth finger ratio and possible precursors of developmental psychopathology in preschool children. Early Human Development, 72 (1), 57–65.

Martin Dinges

Hoffnungen für den »neuen Mann«? – Alternativen aus der Geschichte?

In diesem Beitrag will ich zeigen, dass sich in der Vergangenheit mehr Bausteine für das Verständnis der Gegenwart und für eine geschlechtergerechtere Zukunft vorfinden, als manche oft meinen. Dazu gleich meine erste These: Viele der Praktiken und Eigenschaften, die heute als Anforderungsprofil an »neue Männer« formuliert werden, haben Männer eigentlich nie aufgegeben. Man muss nur etwas genauer hinschauen, um Beispiele für einen vorsichtigeren Umgang mit dem eigenen Körper, Wissen um Gesundheitsbelange, soziale Kompetenzen, Engagement in Partnerschaft und Familie und ein vernünftiges Problemlösungsverhalten zu finden. Schwerpunkte sind im Weiteren das Verhältnis zum eigenen Körper, zu Gesundheit und Krankheit. Diese Aspekte sind meines Erachtens für ein differenzierteres Verständnis von Männlichkeit besonders aufschlussreich.

Zunächst müssen wir aber die aktuellen Befunde über Männer besser einordnen. Was Sozialwissenschaftler und Psychologen in diesem Band und in anderen neueren Untersuchungen als Verhalten von Männern dargestellt haben, ist das Ergebnis historischer Entwicklungen (Wippermann et al., 2009; Zulehner u. Volz, 2009). Diese spielen sich zumeist erst seit wenigen Generationen ab. Jungen und Männer wurden nämlich zu wenig körpersensiblen, harten oder eher risikoorientierten Personen erzogen. Und sie werden zu familienfernen und bei eigenen Problemen eher schweigsamen Menschen gemacht. Nur wenn man die Aussagen zur Gegenwart mit einer längeren zeitlichen Perspektive versieht, kann man auch Veränderungspotentiale erkennen. Wir müssen uns also zunächst mit den aktuellen Männlichkeitsleitbildern und ihrer Geschichte auseinandersetzen. Hier werde ich mich im Wesentlichen auf die letzten sechs Generationen beschränken, also auf die Zeit seit 1800 (für frühere Zeiten s. Dinges, 1998; Schmale, 2003).

Die historische Entstehung eines krankheitsfördernden »männlichen« Habitus

Ich spreche hier bewusst von einer Verhaltensdisposition – und nicht von »dem Mann«: Die Lebenspraxis einzelner Männer ist das eine, die Leitbilder von »Männlichkeiten« sind etwas anderes. Erschwerend kommt hinzu, dass es selten ein einziges Männlichkeitsleitbild gab. Vielmehr muss man für die letzten beiden Jahrhunderte von teilweise zusammenpassenden, teilweise widersprüchlichen Orientierungen ausgehen. Der Familienernährer, der Soldat, der Arbeiter oder der Angestellte waren solche Leitfiguren, die ganz unterschiedliche Anforderungen stellten (anschaulich belegt das Hanisch, 2005; für die längere Dauer s. Dinges, 2005). Und schließlich ist auch die Sozialisation zum Mann kein gerader Weg: Ein 16-jähriger Lediger konnte und kann eher gewaltgeneigt sein als ein 26-jähriger Verheirateter; bis zum 50. Lebensjahr konnte und kann sich sein Verhältnis zum eigenen Körper noch sehr verändern. Demnach müsste man eigentlich zusätzliche Differenzierungen, insbesondere nach dem Lebensalter und dem Zivilstand, einführen. Trotzdem muss ich mich hier auf einen gemeinsamen Kern von »Männlichkeiten« beschränken, einen Habitus, den ich in dem hier gegebenen Raum nur skizzieren kann.

Die »Sonderanthropologie der Frau« orientierte Männer wenig auf Körpersensibilität

Grundlegend für alle weiteren Überlegungen ist das Bild von Mann und Frau, das sich die Anthropologen seit der Spätaufklärung (ab 1770) machten. Damals galt den Medizinern die Frau als eher schwach und krank, der Mann hingegen als stark und gesund. Die Frau hielt man für naturnah, demnach ihrer Körperlichkeit geradezu unterworfen. Der Mann galt als angeblich

vernunftgesteuert. Diese kontrastive Gegenüberstellung von zwei
Geschlechtscharakteren kommt erst mit der Sonderanthropologie
der Frau auf. Man stellte sich nunmehr vor, dass das gesamte Wesen der Person auf biologischen Vorgängen beruhte. Erst um 1770
ging man von zwei völlig getrennten Körpern aus. Vorher hatte
man die Körper von Mann und Frau vorrangig als Variationen
eines gemeinsamen Körpertyps betrachtet. Sowohl das Zweikör-
permodell als auch die angebliche Chronologie der Ereignisse sind
aber umstritten (Stolberg, 2003; s. a. Labouvie, 2010, S. 14–22).

Beides zusammen, die Biologisierung des Menschenbildes und
die Vorstellung einer wesensmäßigen Unterschiedlichkeit von
Mann und Frau, ermöglichte nun einen Schwarz-Weiß-Diskurs
über den vernunftbegabten Mann und die naturhafte Frau wie
etwa bei Otto Weininger (1903). Dessen Höhepunkt war die Idee
vom »physiologischen Schwachsinn des Weibes«, den der Nervenarzt Möbius im Jahre 1900 behauptete. Um die Jahrhundertwende
ergänzte man die biologische Grundierung des Geschlechtscha-
rakters also noch durch die psychische Seite. Jedenfalls wirkte von
der Medizin ausgehend dieses Bild von der schwachen und kranken Frau in der ganzen Gesellschaft lange nach. Die Hygieniker
waren noch bis 1950 sogar so blind, dass sie die schon damals vier
Jahre höhere Lebenserwartung der Frauen völlig übersahen: Sie
veröffentlichten die Statistiken in ihren Lehrbüchern, schrieben
im nächsten Satz aber munter weiter über das angeblich »schwache Geschlecht« (Dinges, 2008, S. 119 f.).

Männer hingegen sollten und mussten stark und gesund sein.
Frauen durften sich mit Krankheit entschuldigen, Männer sollten
dagegen Krankheitszeichen nicht zu ernst nehmen. Frauen durf-
ten Körpersensibilität zeigen, Männer sollten durchhalten. Der
Hinweis auf körperliche Schwäche wurde also auch als Chance für
Frauen konzipiert, sich von gesellschaftlichen Verpflichtungen zu
entlasten. Im Gegenzug war es den Männern geradezu verboten,
Schwäche zu artikulieren, denn das stellte ihre Männlichkeit in
Frage.

Die »Heldensozialisation« propagierte Härte gegen sich
selbst und Aufopferung des eigenen Lebens für Dritte als
Kernbestand von Männlichkeit

Einem solchen Zweck diente auch die »Heldensozialisation«. Sie
propagierte Härte gegen sich selbst und Aufopferung des eigenen Lebens für Dritte als Kernbestand von Männlichkeit (Osses,
2010; Schinkel, 2010). Natürlich gab es schon in der Antike verschiedene Helden als Vorbilder. Aber das entscheidend Neue im
19. Jahrhundert war, dass sich nunmehr jeder Mann am Bild des
Kriegshelden orientieren sollte. Dafür ist die allgemeine Wehrpflicht der entscheidende historische Schritt. Sie entstand erst seit
der Französischen Revolution. Vorher waren die Heere klein. Nur
wenige Spezialisten übten das Kriegshandwerk aus. Mit der effektiven Einführung der allgemeinen Wehrpflicht (in Österreich-
Ungarn 1866, im Kaiserreich 1888) wurde jeder Junge zum Mann
und zum Bürger, weil und wenn er bereit war, sein Leben für das
Vaterland zu lassen (Hoffmann, 2010, S. 382). Diese massenhafte
Zumutung an den männlichen Teil der Bevölkerung veränderte
das Selbstbild von Männern: Nun musste sich jeder mit der Forderung nach Härte und der Tötungsbereitschaft auseinandersetzen.
    Zwar dauerte es drei Generationen, bis die militärische Männ-
lichkeit um ca. 1900 zum hegemonialen Leitbild wurde, das alle
anderen überschattete (Hämmerle, 2005, S. 118). Aber die Uni-
form und die Selbststilisierung zu Härte und Drill wirkten schon
während des ganzen 19. Jahrhunderts. Das erreichte erst im Na-
tionalsozialismus seinen Höhepunkt (Frank, 2008; Goltermann,
2009; Lengwiler, 2000; Hofer, 2003; Schmidt, 2000). Es prägte Generationen von Männern dahin, ihre weicheren Seiten weniger zu
beachten oder zu verdrängen. Das hatte auch wieder Auswirkungen auf die Kinder der im Krieg gefallenen und dann abwesenden
Väter (Petri, 2006, S. 176–183; s. a. den Beitrag von Matthias Franz
in diesem Band). Gleichzeitig wurde Männern eine hohe Risikobereitschaft abverlangt.

Risikoorientierung wurde auch als Anforderung für die Arbeitswelt eingeübt

Auch zu diesem Punkt kann man zunächst feststellen, dass die Risikoneigung von Jungen beim Spielen auch schon vor 1800 größer war als bei Mädchen. Jungen bewegten sich mehr und wagten mehr (Dinges, 2010). Hier möchte ich auf einen anderen wichtigen Aspekt hinweisen, der Männlichkeiten sehr geprägt hat: Die Bereitschaft, ein Gesundheitsrisiko einzugehen, wurde für Männerberufe sehr viel häufiger erwartet als für Frauenberufe. Trotzdem sollte man nicht übersehen, dass auch Textilarbeiterinnen eine recht gesundheitsgefährdende Tätigkeit ausübten (Ellerkamp, 1991; Stumm, 1995).

So wissen wir aus Untersuchungen zu den 1930er Jahren, dass englische Arbeiter schon als junge Männer gezielt den gefährlicheren Beruf in den Kohlenminen wählten, um mehr zu verdienen. Interessant für die materielle Orientierung dieser Männer ist aber das altruistische Motiv: Sie wollten mit dem höheren Lohn ihre Familie besser ernähren können (McIvor u. Johnston, 2007). Das ist kein Einzelfall: So wissen wir aus Untersuchungen zu Schweizer Arbeitern in Steinbrüchen aus den 1950er Jahren, dass bereits an Silikose erkrankte Arbeiter wieder in den Steinbruch zurückkehrten (Lengwiler, 2007, S. 265 f.). Die Krankenversicherung hatte das wegen Gesundheitsrisiken verboten und Alternativen angeboten. Aber auch hier war es nicht irgendeine männliche materielle Orientierung, sondern der Wunsch, die Familien besser – mit dem etwas höheren Lohn – versorgen zu können. Bei Berufswahlentscheidungen von Männern wurde also nicht selten auch die Familienperspektive einbezogen. Dementsprechend sollte die Vereinbarkeitsperspektive von Familie und Berufstätigkeit bei der Berufswahlentscheidung nicht mehr einseitig nur für Frauen diskutiert werden.

Männer gingen demnach also Gesundheitsrisiken vorsätzlich ein, um ihrer Aufgabe als Haupt- oder gar Alleinernährer der Familie nachzukommen. Das war gesellschaftlich doppelt erwünscht: Man konnte so die gefährlichen und dreckigen Arbeiten erledigen lassen – und die Leute versorgten sich ohne Hilfe aus Invaliden- oder Rentenkassen selbst (Dinges, 2009). Zumindest diesen Männern wurde systematisch abgewöhnt, an die eigene Gesundheit zu denken.

Die Rolle als Hauptverdiener machte Männer bei eigenen Problemen in der Familie oft schweigsam

Diese These lässt sich gut am Beispiel von schwer an Lungenmilzbrand erkrankten englischen Textilarbeitern um 1900 belegen. Angeblich reden Männer ja nicht über Gesundheit – außer, wenn es zu spät ist. Sehen wir uns aber mal genauer den Kontext an. Diese Arbeiter taten 1900 ihren Familien und Frauen gegenüber bis zum bitteren Ende so, als seien sie nicht krank, obwohl sie schon sehr geschwächt waren und husteten. Nach dem Tod untersuchten die Amtsärzte den Vorgang und fanden heraus, dass die Männer sehr wohl miteinander über diese Probleme gesprochen hatten – nämlich mit ihren Arbeitskollegen (Carter, 2005, S. 107, 146, 197, 306, 308).

Demnach spricht viel dafür, dass diese Männer als Allein- oder Haupternährer in der Familie ihre Rolle nicht infrage stellen konnten (McIvor u. Johnston, 2007, S. 265). Am Arbeitsplatz konnten die Silikoseerkrankten mit den anderen ebenfalls Betroffenen durchaus über ihre Probleme reden. Nur gegenüber ihren Familien war ihr Rollenverständnis so verhärtet, dass sie sich und anderen nicht eingestehen wollten, wie es wirklich um sie stand. Auch mag (fragwürdige) Rücksichtnahme auf die Gattin eine Rolle gespielt haben. Auch – angeblich – über Kriegserlebnisse zu schweigen, lässt sich nicht einfach auf »Männlichkeitsprägungen« zurückführen (Stephan, 2000; Goltermann, 2009, S. 17, 75 u.a.). Jedenfalls bedarf der Topos der »Schweigsamen Männer«, von denen es heißt, sie könnten ihre Gefühle nicht ausdrücken, einer historiographischen Überprüfung, die gerade begonnen hat (Borutta u. Verheyen, 2010).

Familienferne von Männern wurde durch die industrielle Arbeitsteilung gefördert

Seit ca. 1800 war die Arbeitsstelle immer häufiger vom Ort des Wohnens getrennt. Arbeiteten Männer vorher im Handwerksbetrieb oder auf dem Bauernhof häufig in der Nähe der Wohnung, so wurde männliche Arbeit vor allem seit der Industrialisierung immer mehr Ganztagstätigkeit in Fabriken oder Büros – oft weit entfernt von der Wohnung. Diese Entmischung von Arbeiten und Wohnen ging mit einer Änderung der Aufgaben der Frau einher, die nunmehr als »Hausfrau« besonders geschätzt wurde. Der Wohnbereich wurde mehr und mehr zur Domäne der Frau, die ihn zu einem trauten Heim machen sollte, aber auch – ebenso wie die Kompetenz für Hygienefragen – als ihren Machtbereich ausbauen konnte (Hoffmann, 2010, S. 151).

Die gesellschaftliche Arbeitsteilung führte dazu, dass die meisten Frauen nur acht Jahre Vollzeit berufstätig waren – nämlich vor ihrer Verheiratung und dem erstem Kind. Dies beförderte eine Aufspaltung in jeweils entweder von Männern oder von Frauen dominierte Lebensbereiche. Frauen trugen zwar oft weiter durch Teilzeittätigkeiten zum Familieneinkommen bei. Sie wurden aber ausschließlicher als früher zu den Verantwortlichen für Kindererziehung und Familiengesundheit erklärt. Damit wird auch die familiäre Gesundheitsversorgung stärker zu einem »weiblich« geprägten Zuständigkeitsbereich.

Das alles hatte widersprüchliche Wirkungen: Wenn der Mann sich wohl fühlte, konnte er zum »Familienmann« werden und zumindest abends und am Wochenende sehr präsent sein (vgl. Schweig, 2009, S. 57). Wenn das Zusammenleben von Konflikten bestimmt war, konnte er aus dem Haus, der Domäne der Frau, in die Männergesellligkeit der Kneipen und Vereine flüchten. Jedenfalls verstärkte die Trennung von Arbeits- und Wohnort die Möglichkeiten von Männern, sich aus der Familie herauszuhalten – ob freiwillig oder hinausgedrängt.

Besonders gesundheitsschädliche Praktiken galten oft als Männlichkeitsmarker

Zur Männergeselligkeit gehörte der Alkoholkonsum wie das Amen in der Kirche. In gewissen Grenzen sind Bier oder Wein sogar gesundheitsförderlich (Spode, 2007, S. 206). Der im 19. Jahrhundert steigende Branntweinverbrauch war das allerdings ebenso wenig wie der Suff, in dem Armut und Verzweiflung ertränkt wurden. Ein weiterer Männlichkeitsmarker war das Rauchen: Mochten auf dem Land noch Frauen rauchen, im 19. Jahrhundert wurde diese Praxis immer mehr zum Männerprivileg stilisiert. Raucher galten als besonders genussfähig, für Arbeiter wie für Akademiker war es eine gesuchte Entspannungsmöglichkeit. Die Zigarre galt lange als Zeichen männlichen Erfolgs. Die Soldaten der Weltkriege erhielten zusätzliche Zigarettenrationen, was das Rauchen weiter maskulinisierte.

Frauen waren seit ca. 1900 immer erfolgreicher darin, dieses männliche Privileg zu brechen – bald auch in der Öffentlichkeit, wo die »Erste Frauenbewegung« demonstrative Rauchaktionen veranstaltete. Die Nationalsozialisten drängten besonders das Frauenrauchen wieder zurück – mit dem Hinweis auf die »Gebärpflicht« der deutschen Frau, die den Nachwuchs nicht schädigen sollte. Erst in der Nachkriegszeit umwarb die Tabakindustrie erfolgreich die Frauen mit der Zigarette als Hilfe gegen das Zunehmen. Frauen griffen dann auch immer häufiger zum »Glimmstängel«. Heute rauchen Männer zwar immer noch etwas mehr als Frauen, aber die jungen Frauen fangen häufiger an zu rauchen als die jungen Männer (ausführlicher bei Dinges, 2011). Offenbar ist das für die Geschlechtsrollen-Performance von Frauen mittlerweile nützlich. Damit ist das Rauchen von einem eindeutigen Männlichkeitsmarker zu einem geschlechterunspezifisch wirkenden Verhalten geworden, das insbesondere Jugendliche in der Adoleszenzphase praktizieren – im späteren Leben dann hauptsächlich Personen aus den Unterschichten.

Ich habe diese Gendergeschichte des Rauchens relativ ausführlich dargestellt, um daraus für den Zusammenhang von Männlichkeit und Gesundheitsverhalten Schlüsse zu ziehen. Zunächst sieht man, dass das Rauchen erst relativ spät als gesundheitsgefährliche

Praxis kritisiert wurde. Gesundheitsrisiken wurden in Deutschland seit den 1920er Jahren diskutiert und später in Kampagnen öffentlich bekannt gemacht. Aber erst in den 1990er Jahren begann die Bundesregierung wieder, das Problem ernst zu nehmen. Rauchen galt also schon lange als »männlich«, bevor es als schädlich erkannt wurde. Zweitens wurde es dann – durchgehend erst in den 1960er Jahren – auch als Praxis von Frauen voll akzeptiert. Es ist also, historisch betrachtet, falsch, das Rauchen von Männern als Ausdruck ihrer »schon immer« gegebenen Neigung zum Risiko zu betrachten. Völlig unsinnig wird es, wenn man das dann noch für biologisch oder genetisch vorbestimmt hält. Vielmehr entstand das Rauchen als Männlichkeitsmarker lange vor einer Zeit, in der Gesundheitsbedenken gegen diesen Genuss aufkamen. Seit diese öffentlich stärker artikuliert wurden, hörten übrigens immer mehr Männer auf zu rauchen. Mittlerweile gibt es allenfalls noch kulturell konstruierte unterschiedliche »männliche« oder »weibliche« Rauchstile.

Auch die Tatsache, dass heutzutage immer noch mehr Männer Sport treiben als Frauen, ist das Ergebnis einer systematischen Erziehung zu Leibesübungen seit über 200 Jahren.

Jungen wurden viel mehr auf Bewegung und Sport hin erzogen als Mädchen

Seit der Frühgeschichte der Leibesübungen um 1800 waren fast ausschließlich die Männer Ziel dieser Bestrebungen (zur Gendergeschichte der Bewegung: Dinges, 2010). Frauen empfahl man zwar Spaziergänge, aber damit hatte es auch sein Bewenden. So schrieb der bedeutendste Medizinalreformer des ausgehenden 18. Jahrhunderts, Johann Peter Frank, zur Körperertüchtigung:»wenn die Gesundheit bei einer unthätigen, nichts wagenden Lebensart, von dem öfteren Wechsel der Witterung und der aufstossenden ohngefähren Zufällen nie etwas zu ahnden hätte; wohl dann! … so bleib' der junge Weichling im Mutterschose, wo er seinen Fuß nie verrenken wird […] allein was nützet es, den Knaben, mit Federdecken vor dem Eindrucke fremder Gegenstände zu verwahren, um mit der Zeit den Mann oder vielmehr das männliche Weib von einem Schnuppen töden, und über einer Spannehohen Hecke den Hals einstürzen zu sehen?« (Frank, 1780, S. 646 f.). Abhärtung durch Bewegung ist also das Programm. Dies erweist sich gleichzeitig als der Weg, zum Mann zu werden und sich buchstäblich aus dem Mutterschoß herauszubewegen, statt zu einem Zwitter, dem erwähnten männlichen Weib, zu degenerieren.

Es sollte also ein männlicher Geschlechtscharakter ausgebildet werden, in dem Sportlichkeit eine große Rolle spielte. Diese Männerdomäne wurde seit der Weimarer Republik erst sehr langsam und mit vielen Einschränkungen auch für Frauen geöffnet. Bis in die 1970er Jahre ist die Anzahl der Sport treibenden Jungen und Männer zumeist um ein Vielfaches höher als bei den Mädchen und Frauen. Jungen wurden demnach gezielt auf ein bestimmtes Männlichkeitsziel hin getrimmt. Das konnte ihrer Gesundheit förderlicher sein als die den Mädchen häufig nahe gelegte Bewegungsarmut; es führte aber auch häufiger zu Sportverletzungen. Jedenfalls hat es fast nichts mit genetischer Bestimmung zu tun.

Im Ergebnis dieser recht unterschiedlichen Prägungen des Umgangs mit dem Körper und der Gesundheit ist die folgende Entwicklung nicht erstaunlich.

Der Arztbesuch wurde ab 1860 immer mehr zu einer Praktik von Frauen

Lassen wir die Frage beiseite, ob es im 19. Jahrhundert besser war, zum Arzt zu gehen oder nicht – viele Leute glaubten damals jedenfalls, dass es etwas nutze, obwohl die Mediziner bekanntlich therapeutisch noch nicht sehr viel konnten. Interessanter ist hier, wie sich die »Sonderanthropologie der Frau« schließlich im Besuch von Arztpraxen niederschlug. Eine Analyse des Besuchs einer großen Zahl von Arztpraxen ergibt ein ganz eindeutiges Ergebnis: Bis ca. 1800 waren meistens mehr Männer in den Praxen der Ärzte, Wundärzte und Laienheiler. Von 1800 bis 1860 war das Verhältnis zwischen Männern und Frauen meistens ziemlich ausgeglichen. Ab 1860 waren immer 60 % Patientinnen und nur 40 % Männer in den Wartezimmern. Erstaunlicherweise ist dieses Zahlenverhältnis bis zum heutigen Tag so geblieben (Dinges, 2007).

Erklären lässt sich das weder mit dem Frauenüberschuss in der Bevölkerung noch mit dem »gynäkologischen« Bedarf – beides zusammen lässt die Differenz nur von 20 auf 12 % zusammenschmelzen. Vielmehr haben wir es hier mit einem offenbar im 19. Jahrhundert erlernten Verhalten zu tun, das im deutlichen Widerspruch zu früheren Zeiten steht. Der Kern der Entwicklung ist folgender: Die ersten beiden Frauengenerationen des 19. Jahrhunderts wollten immer häufiger einen männlichen Geburtshelfer hinzuziehen. Das führte zu weiteren regelmäßigen Arztbesuchen. So entwickelten die Frauen einen neuen Habitus.

Übrigens kippt gleichzeitig wohl auch der Geschlechterproporz beim Arzneimittelkonsum: Bis 1800 gab es sehr viel mehr Rezepte für Männer, dann ein ausgeglichenes Verhältnis, während ab 1860 mehr Medikamente für Frauen als für Männer verschrieben wurden (Blessing, 2009, S. 38; Romann, 2001, S. 135). Arztbesuch und Medikamentenkonsum hängen bekanntlich eng zusammen.

Individuell hat jedenfalls das Muster der Inanspruchnahme von Ärzten auch heutzutage Sinn: Das Interesse an Verhütung führt junge Frauen früh und regelmäßig zum Arzt – bei männlichen Jugendlichen sind es hauptsächlich Sportverletzungen. Andere Anlässe für einen Arztbesuch sehen sie nicht. Wichtig ist auch hier: Das alles hat nichts mit genetischen Dispositionen zu tun. Vielmehr ist die Inanspruchnahme von Ärzten das Ergebnis historischer Prägungen, die erst wenige Generationen alt sind.

Fassen wir zusammen

Seit 1800 wurde Männern die Aufmerksamkeit für ihren Körper eher abgewöhnt, Schmerz sollten sie möglichst nicht zu ernst nehmen; Härte gegen sie selbst war ein Erziehungsziel; außerdem wurden sie auf Risiko und Bewegung hin getrimmt; ihre Haupt- oder Alleinernährerrolle trieb sie in die gefährlicheren Jobs und ließ sie eigene Bedürfnisse und Krankheiten missachten; die aushäusige Ganztagstätigkeit konnte sie von der Familie entfernen; innerfamiliär sollten Frauen immer ausschließlicher für die Gesundheitsfragen zuständig sein; Rauchen wurde als männlich stilisiert; und schließlich interessierten sich die Ärzte vorrangig für

Frauen als Patienten, die konstitutionell als kränker galten. Man muss also die Entwicklung der gesellschaftlichen Arbeitsteilung, die geschlechtsspezifisch unterschiedlichen Körperleitbilder und die stark auf Frauen zielende Gesundheitspropaganda beachten, wenn man über die Krankheit fördernden Aspekte von Männlichkeiten redet. Demgegenüber ist der Hinweis auf die Genetik zumeist eine grobe Verkürzung der Zusammenhänge.

Zur Geschichte gesundheitsbewusster Praktiken von Männern

Betrachten wir nun die Beispiele gesundheitsbewusster Verhaltensweisen von Männern, an die man für die Zukunft anknüpfen könnte. Dafür muss man sich zunächst von dem falschen Bild verabschieden, es gebe hier die »körpersensiblen« Frauen und dort Männer als »Gesundheitsidioten«. Meine erste These ist deshalb:

Männer thematisierten sehr wohl Krankheit und Gesundheit

Wir haben schon gesehen, dass sich die erkrankten Arbeiter mit ihren Kollegen über ihre Staublunge unterhielten. Konkurrenz am Arbeitsplatz muss also nicht daran hindern, das Thema Krankheit anzusprechen. Vielmehr kann die gemeinsam erfahrene Belastung die Zunge sogar eher lösen. Auch in anderen Quellen wie Briefen oder Selbstzeugnissen finden sich vielfältige Hinweise auf das Thema Krankheit und Gesundheit (Schweig, 2009, S. 186 ff.; Belege für frühere Zeiten bei Dinges, 2002). Wissenschaftler und Künstler nutzen das Thema gerne, um nicht fertig gewordene Manuskripte oder Kunstwerke zu entschuldigen (Bruhn, 2007, S. 79–94). Amerikaauswanderer berichten im 19. Jahrhundert ausführlich über ihre eigenen Krankheiten und die ihrer Familie. Das sind zumeist Arbeiter oder Handwerker (Schweig, 2009, S. 39 ff. u.a.). Über Krankheit zu schreiben, war also kein Privileg der Gebildeten. Wir erfahren übrigens auch, dass die ausgewanderten Männer häufiger finanziell vorsorgen mussten als die Frauen. Diese lebten nicht selten als Angestellte in einem Haushalt, wo sie im Krankheitsfall versorgt worden wären.

Überraschend war auch folgendes Ergebnis: Eine Auswertung mehrerer tausend Briefe aus der Zeit von 1800 bis 1950 zeigt, dass sich Männer in ihren Schreiben etwas häufiger über Krankheit anderen Männern gegenüber äußerten als in Briefwechseln mit Frauen (das gilt bis auf die Jahre von 1886–1918). Man sollte also nicht gleich eine Schweigespirale zur Rettung von Männlichkeit unterstellen, deretwegen Männer nicht mit Männern – etwa aus Gründen der Konkurrenz – über Krankheiten geredet hätten. Ebenso wenig liegt eine Bevorzugung von Frauen vor, um sich dort »auszuweinen«. Und: Krankheit anzusprechen, ist keineswegs ein besonderes Verhalten der Bildungsschicht. Vielmehr schrieben Arbeiter sogar eher und mehr über ihre eigene Gesundheit bzw. Krankheit als Personen aus höheren Schichten (Schweig, 2009, S. 88)! Achten wir also in Zukunft stärker darauf, auch in der Arbeitswelt Gelegenheiten zur Thematisierung von Gesundheitsfragen zu erhalten. Entsprechende Gesundheitstrainings und Prävention könnten hier die Gesundheitschancen von Männern verbessern. Jedenfalls sollte man aufhören, Vorurteile über kommunikationsunwillige Männer weiter zu verbreiten.

Männer wussten zwar insgesamt weniger über Gesundheitsbelange als Frauen, waren aber trotzdem häufig gut informiert

Hoffmanns Auswertung von 150 unveröffentlichten Lebensgeschichten von Männern und Frauen aller Schichten aus dem ganzen 20. Jahrhundert wartet mit einem weiteren erstaunlichen Ergebnis auf: Man schrieb in diesen Autobiographien den Frauen für Gesundheitsfragen nicht unbedingt eine höhere Kompetenz zu als den Männern (Hoffmann, 2010, S. 331; vgl. allerdings McCray Beier, 2008, S. 71, 74, 77 zur überragenden Gesundheitskompetenz der Frauen in den Arbeiterfamilien). Das wird durch folgenden Befund bestätigt: Fragt man danach, wer sich im Krankheitsfall selbst helfen konnte, dann kommt in den Lebenserzählungen ein praktisch ausgeglichener Geschlechterproporz heraus (Hoffmann, 2010, S. 330). Männer konnten sich also sehr wohl selbst helfen. Das setzt selbstverständlich voraus, dass sie über Krankheiten und mögliche Therapien Bescheid wussten.

Gesundheitswissen war übrigens noch bis in die 1950er Jahre stärker bei Arbeitern, in der Unterschicht und auf dem Land verbreitet. Das sind die Schichten und Gegenden, in denen man den Arzt noch seltener in Anspruch nahm. In den Städten förderte allerdings seit 1870 eine große Gesundheitsbewegung die Verbreitung von medizinischen Kenntnissen bei den Laien zusätzlich. In den naturheilkundlichen Gesundheitsvereinen lernten hunderttausende Männer Weiteres über gesundheitsförderliches Verhalten, verschiedene Heilmethoden oder auch Heilpflanzen. Männer stellten noch bis weit in das 20. Jahrhundert hinein die Mehrheit der Mitglieder solcher Gesundheitsvereine: Dort nutzte man die frische Luft und die Sonne zur Erholung und Körperertüchtigung. Man befasste sich mit einer besseren Ernährung, Kleidung und Gesundheitsvorsorge.

Das Interesse an einer gesunden Lebensführung ist also nicht neu, sondern viele Männer (und Frauen) versuchten, sie bereits vor 1900 zu praktizieren. Man mag die Benachteiligung der Frauen im Vereinswesen bedauern, die sich auch bei den Gesundheitsvereinen auswirkte. Aber das schafft nicht das Faktum aus der Welt, dass sich Männer hier Kompetenzen und Praktiken zum Thema Gesundheit aneigneten. Sie waren also nicht so körper- und gesundheitsfern, wie das allenthalben dargestellt wird.

Ein den Körper schonendes Verhalten von Männern ist weiter verbreitet, als man annimmt

Die Idee, Männer betrachteten ihren Körper als Maschine, die zu funktionieren habe, wird von Gesundheitswissenschaftlern stark betont. Sie schreiben dann von einem »instrumentellen Körperverhältnis« (Bongers, 1986). Ich frage mich, was das eigentlich genau bedeuten soll: Haben denn Frauen, die eher Medikamente gegen Schmerzen einnehmen, ein anderes Verhältnis zu ihrem Körper als Männer, die bei Problemen eher zum Alkohol greifen?

Ist das häufigere Reden von Frauen über Körperbeschwerden nicht auch eine Instrumentalisierung des Körpers – möglicherweise, um damit Aufmerksamkeit zu gewinnen? Ist die stärkere Sensibilität für Körpersignale, die Frauen attestiert wird, wirklich immer so viel angemessener als die Tendenz von Männern, Befindlichkeitsstörungen weniger ernst zu nehmen? Sind die jungen Männer, die nur wegen Sportverletzungen zum Arzt gehen, gemeint? Aber warum sollten sie sonst dorthin gehen, schließlich informiert sie niemand über das erhöhte Hodenkrebsrisiko der Zwanzigjährigen.

Natürlich ist es richtig, dass Männer auch bei der Berufsarbeit manchmal sorglos mit Risiken umgehen oder sich sogar durch Alkoholkonsum zusätzlich gefährden (Hoffmann, 2010, S. 255 ff.). Daneben gab und gibt es aber auch andere, ausgeglichenere Verhaltensweisen, die zu wenig beachtet werden, Männer sich mittlerweile aber mehrheitlich zuschreiben (Nideröst, 2007, S. 36–38). Greifen wir also die Kritik am »instrumentellen Körperverhältnis« der Männer auf und sehen uns an, was sie zur Erhaltung ihres Körpers taten und tun.

So findet sich im Brief eines jungen Seemanns, Paul Mewes, an seinen Bruder folgender Hinweis: Man habe auf dem Schiff »Bremen« viel gesoffen und sich glänzend amüsiert. Er schreibt allerdings 1864 weiter: »Ich bin ungern von der ›Bremen‹ abgegangen, aber ich sah selbst ein, du musst weg, denn sonst kommt man noch unter den Leierkasten. Die Sauferei und der Unsinn mit den Passagieren an Bord war[en] zu schlimm« (zit. nach Schweig, 2009, S. 136). Das ist ein etwa 20-Jähriger, der gegenüber seinem älteren Bruder zunächst mit seiner Trinkfestigkeit renommiert. Dann kehrt er aber – in diesen jungen Jahren – seinen vernünftigen Entschluss heraus, die Gefahrenzone zu verlassen und seine Gesundheit zu schützen. Ältere Arbeiter in Industrie und Bergbau bestätigten übrigens oft die Jüngeren, mit dem Alkohol sehr vorsichtig zu sein. Es gab also auch in der eher risikofreudigen Altersgruppe der unter 25-Jährigen durchaus gesundheitsbewusste junge Männer, die ihren Körper zu schonen wussten und entsprechend handelten.

Ergänzend möchte ich den Arbeiterführer Karl Kautsky als frühen Zeugen für die heute so gern zitierte Work-Life-Balance vorstellen. Den Sachverhalt kann man auch ganz einfach auf Deutsch ausdrücken: Es geht um den Ausgleich von Arbeitsbelastung und Lebensfreude. Als gut 40-Jähriger begründete Kautsky 1898, dass er die Redaktionsarbeit an der Zeitschrift »Neue Zeit« nicht weiter leisten könne, folgendermaßen: »Ich kann nicht alles bewältigen, was ich leisten soll. Entweder ich gehe kaputt oder ich vernachlässige die eine oder andere meiner Aufgaben. Soll ich die Redaktion erst dann aufgeben, wenn ich zusammenbreche oder wenn sie miserabel geworden ist?« (zit. nach Schweig, 2009, S. 147). Kautsky war damals nota bene gesund – er verhielt sich also seinem Körper (und seiner Familie) gegenüber verantwortungsbewusst und vorausschauend. Ganz ähnlich lehnte auch der Jurist E. von Bodenhausen 1917 eine Stelle mit der Begründung ab, seine Gesundheit sei dafür zu schwach (zit. nach Schweig, 2009, S. 148).

Es gibt sie also durchaus, die gesundheitsbewussten Männer, die ihren Körper nicht unsinnig überfordern, sondern schützen und sogar vorbeugend schonen. Dementsprechend sollte man nicht immer das Risikoverhalten pubertierender Jungen oder aufgeregter Jungautofahrer als *das* Verhalten *aller* Männer ausgeben – ebenso wenig wie früher das Simulieren von Krankheiten im Krieg oder Selbstverstümmelungen (vgl. Hoffmann, 2010, S. 290 ff.). Es wäre in der öffentlichen Diskussion sehr viel nützlicher, danach zu fragen, was Männer von einem vernünftigen Verhältnis zu ihrem Körper abhält. Dann kommt man schnell auf die gesellschaftlichen Rahmenbedingungen, zum Beispiel Arbeitsverhältnisse mit überhöhten Anforderungen und ungesundem Stress. Hat man das festgestellt, kann man nicht mehr ausschließlich über individuelles Verhalten sprechen, wie das im neoliberalen Diskurs so gern und ausschließlich geschieht.

Kommen wir noch mal auf die Männer in Familien zurück:

Männer engagierten sich durchaus bewusst für Gesundheitsbelange in Partnerschaft und Familie

Schweigs Analyse von über 7600 Briefen von Männern zeigt, dass Männer die Zuständigkeit für die Krankenpflege in den Familien in der Zeit von 1800 bis 1950 eher den Frauen zuschrieben (Schweig, 2009, S. 50 f.). Das hinderte sie aber nicht, sich für

Gesundheitsbelange der Familie sehr zu interessieren und sich bei Bedarf auch praktisch zu engagieren. Hoffmann fand anhand der Lebenserzählungen von Männern und Frauen für das ganze 20. Jahrhundert sogar heraus, dass Männer in den Familien nur wenig seltener mit Krankenhilfe erwähnt werden als die Frauen (Hoffmann, 2010, S. 333). Allerdings kann das damit zusammenhängen, dass es bei Frauen als selbstverständlicher galt und deshalb nicht angesprochen wird. Jedenfalls engagierten sich Männer mehr in diesem Feld, als man oft unterstellt. Sehen wir uns ein konkretes Beispiel an.

Der Indologe Paul Deussen (1845–1914) berichtet zu den 1880er Jahren in seiner Autobiographie über seine Kinder: »Schon während der Weihnachtszeit hatte Erika angefangen zu husten; wiederholt konsultierte *ich* den Arzt, ohne dass er der Sache Bedeutung beimaß. Als ich aber am 27. Januar vom Kaiserdiner zurückkehrte, kam mir das Kindermädchen Emma mit der Vermutung entgegen, dass bei Erika, wie sie glaube, der Keuchhusten im Anzuge sei. Diese Nachricht erfüllte mich mit schwerer Sorge, nicht so sehr für Erika, denn ein vierjähriges Kind überwindet den Keuchhusten leicht, umso mehr aber für den drei Monate alten Wolfgang. Sofort trennte ich beide Kinder, quartierte Erika am nächsten Tage bei meiner Schwester in der Waißstraße ein, aber es war schon zu spät, auch Wolfgang fing an zu husten; in diesem Alter aber bedeutet der Keuchhusten eine Lebensgefahr, da das Kind leicht ersticken kann, auch bei sorgfältigster Überwachung. Diese konnten wir der Amme Christine, einem ungebildeten, übrigens aber treuen Meiereimädchen, nicht anvertrauen. Ich beschloss in Gemeinschaft mit meiner Frau das Kind die Nächte durch selbst zu bewachen, und wir haben dies den ganzen Monat Februar, einen der schwersten meines Lebens, durchgeführt. Bis 2 Uhr nachts hatte ich das Kind in meinem Zimmer, las neben ihm sitzend teils Rigveda, teils den Faust […] und wenn ein Hustenanfall kam, ich zählte in der schlimmsten Zeit deren nicht weniger als neunzehn in einer Nacht, sprang ich zu, richtete das Kind auf, klopfte ihm den Rücken und war gerührt durch den dankbaren Blick, den es mir zuwarf.

Um 2 Uhr schob ich Wolfgang zu meiner Frau hinüber, weckte sie und übergab ihr die Wache für den Rest der Nacht, während ich selbst schlafen ging« (Deussen, 1922/2004, S. 19191 (entspr. S. 316 f. des Originals).

Hier hat offenbar der Vater die Kontakte mit dem Arzt, er trifft sogar die Entscheidungen über die Gesundheitsversorgung der Kinder und kümmert sich besonders um den Säugling, angeblich eine Domäne der Mütter. Die sog.»neuen Väter« müssen also nicht erst vom Familienministerium erfunden werden, sondern es gab sie schon vor 130 Jahren (vgl. Opitz, 2002a; 2002b, S. 154 ff.). Deshalb wäre es wichtiger, danach zufragen, was Vätern ein solches Engagement erlaubt (so auch Gesterkamp, 2010). Im Beispielfall waren es die flexiblen Arbeitszeiten des angehenden Professors. Entsprechende Rahmenbedingungen wären auch in anderen Berufsfeldern herzustellen; immerhin existieren in Deutschland schon bezahlte Tage für die Betreuung kranker Kinder als Krankenkassenleistung. Aber die Erfahrungen von Männern mit den Personalabteilungen, die – statt der Frauen, von denen man das erwartet – solche Tage in Anspruch nehmen wollten, sind noch nicht sehr ermutigend. (Döge u. Behnke, 2005). Die Vereinbarkeit von Beruf und Familie ist als Thema in Bezug auf Männer in der Gesellschaft der Bundesrepublik noch nicht richtig angekommen (s. aber Meuser, 2007).

Es ließen sich noch weitere Beispiele für ein Verhalten von Männern anführen, das die Gesundheitsverhältnisse des 19. und 20. Jahrhunderts in einem neuen Licht erscheinen ließe. Man denke nur an die Tatsache, dass Verhütung bis ca. 1900 praktisch fast ausschließlich durch den Coitus interruptus versucht wurde, da alle anderen Methoden zu unsicher oder für die Mehrheit der Bevölkerung viel zu teuer waren (Jütte, 2003, S. 220 f.). Verhütung ist also ein weiteres Feld, das nicht schon »immer Frauensache« war – sondern erst im 20. Jahrhundert dazu geworden ist. Und es überrascht auch, wie hoch der Anteil arbeitsloser Männer war, die sich in den 1920er Jahren schon an der Hausarbeit beteiligten: Es waren 14-mal mehr, als diejenigen, die sich dabei nicht engagierten! (Bourke, 1994, S. 83).

Aber sicher kommen Zweifel bei so vielen positiven Beispielen des Verhaltens von Männern auf. Vielleicht könnte man einwenden, das seien doch alles nur Einzelfälle. Dagegen habe ich schon auf die breite Quellenbasis hingewiesen: Es wurden tausende von

Briefen und 150 Selbstzeugnisse, beide aus allen Gesellschaftsschichten, ausgewertet. Der Einwand, es handele sich nur um
Männer aus den Mittel- und Oberschichten bzw. den privilegierten
Bildungsmilieus verfängt also nicht. Ich habe ihn schon durch die
Hinweise auf Arbeiter ausgeräumt. Wir müssen jedenfalls davon
ausgehen, dass der Befund des Historikers wesentlich positiver ist,
als es die aktuellen Ergebnisse der Gesundheitswissenschaften zu
den Männern sind.

Bilanz und Perspektiven

Diese Einzelbeispiele sollten keineswegs den üblichen Historiker-
eindruck erzeugen, es gebe nichts Neues unter der Sonne. Vielmehr
beruhen diese Aussagen über früheres Verhalten von Männern gegenüber ihrem Körper, ihrer Gesundheit, Krankheit, Arbeit, Partnerschaft und Familie auf massiven Quellenbefunden. Wir haben
zwar nur wenige Bausteine für eine historische Gesundheitsstatis-
tik, die sich mit aktuellen Erhebungen vergleichen lassen könnte.
Auch die quantitativen Ergebnisse zeigen aber deutlich, wie stark
sich die Verhältnisse in den letzten 200 Jahren verändert haben.
  Sieht man sich das Verhalten von Männern früherer Generationen genauer an, dann ist man gezwungen, die gängige Schwarz-
Weiß-Brille abzulegen. »Konkurrenz, Karriere und Kollaps« war
1999 ein glänzender Buchtitel zur Politisierung des Themenfeldes
»Männergesundheit«, heutzutage taugt es zur Beschreibung des
Verhaltens von Männern immer weniger (Bründel u. Hurrelmann,
1999). Sein aufrüttelnder Gestus steht eher in Gefahr, negative
Männerbilder zu bestätigen, als positive Anknüpfungspunkte he-
rauszustellen.
  Historisch ist unbestreitbar, dass die »Territorien« von Gesundheit und Krankheit, Psyche und Arznei nie so eindeutig weiblich
markiert waren, wie es eine oberflächliche Ideengeschichte erscheinen lässt. Diese wiederholte oft nur die Platzzuweisungen an
Frauen, die viele Ärzte und Hygieniker anstrebten. Demgegenüber
war die Aufgabenverteilung unserer Vorfahren schon im 19. Jahrhundert ausgeglichener.

Man wird deshalb zu einem angemessen Männerbild nur dann vorankommen, wenn man die recht unterschiedlichen Weisen, wie Männer mit ihrem Körper, ihrer Arbeit, ihrer Partnerin (oder ihrem Partner) und Kindern umgehen, differenzierter betrachtet. Es zeigen sich im Ergebnis dann eine Reihe von recht unterschiedlichen Gesundheitslebensstilen, für die die Unterscheidung anhand des biologischen Geschlechts nur eine unter mehreren wichtigen Merkmalen ist (Hoffmann, 2010, S. 404 ff.). Bei den Workaholics fanden und finden sich nämlich sehr wohl Frauen, die in Bürotätigkeiten mittlerweile genauso viel rauchen wie Männer (Emslie, Hunt u. Macintyre, 2002). Bei den Bonvivants, die fröhlich jenseits aller Gesundheitspropaganda leben, zechen und es sich gut gehen lassen, finden wir keineswegs nur Männer. (Notgedrungene) Nihilisten, die glauben, nichts für ihre Gesundheit tun zu müssen oder zu können, gibt es immer weniger. Wichtig ist an alledem, dass die Zugehörigkeit zu den Unterschichten für ein wenig gesundheitsförderliches Verhalten immer ausschlaggebender wird. Das gilt auch für den Stil »harter Männlichkeit«, mit dem die betroffenen Jugendlichen Frustrationen in Schule und auf dem Arbeitsmarkt ausgleichen wollen.

Damit kommen erneut die gesellschaftlichen Verhältnisse ins Spiel. Es wird im derzeitigen Diskurs gern und fast ausschließlich über das Verhalten von Personen geredet. Das ist natürlich sinnvoll, wenn man Individuen psychologisch oder medizinisch behandeln muss. Es greift für den politischen Diskurs aber zu kurz: Familienbeziehungen sind zum Beispiel sehr stark durch die Aufgabenverteilung in der Arbeitswelt mitgeprägt – und da hatten wir es seit der Industrialisierung mit einer immer stärkeren Durchsetzung des Haupt- oder Alleinernährermodells zu tun. Das ändert sich – bei den Paaren mit Kindern – wegen der überwiegenden Halbtagstätigkeit von Müttern weiterhin nur langsam. Die Kombination von Halbtagsarbeit und Familie ist außerdem nach mehreren statistischen Erhebungen bei solchen Paaren für die Frauen sogar gesundheitsförderlicher als reine Hausarbeit! Allerdings besteht weiterer Forschungsbedarf mit feineren Indikatoren (Resch, 2002, bes. S. 405). Jedenfalls ist vor diesem Hintergrund die Ermöglichung von mehr Teilzeitarbeit für Männer durchaus auch gesundheitspolitisch sinnvoll. Die zu isolierte Betrachtung der Vaterrolle in der öffentlichen Debatte greift zu kurz. Der Ausgleich zwischen Beruf, Partnerschaft, Familie und Freizeit müsste auch für Männer stärker in den Blick genommen werden (Gesterkamp, 2010; Petri, 2004, S. 139, 142, 144).

Jedenfalls sollte man in der öffentlichen Diskussion endlich die notwendigen Differenzierungen zwischen den recht unterschiedlichen Verhaltensweisen von Männern zur Kenntnis nehmen: So wird etwa argumentiert, die Männer seien gewalttätig, statt dass man sich auf bestimmte Altersgruppen und Männer aus spezifischen Milieus bezieht. Weiterhin verweigern nicht die Männer generell eine Auseinandersetzung mit ihren persönlichen Problemen, sondern ein Teil der Männer, den man genauer definieren muss, verhält sich unter bestimmten Bedingungen so.

Demnach war schon die Formulierung meines Beitragstitels tendenziös: Es geht nicht um »Hoffnungen für den ›neuen Mann‹«. Vielmehr sollten Männer endlich aufhören, sich immer einreden zu lassen, sie seien ein hoffnungsloser Fall. Die Anzeichen für Wandel in der Gegenwart sind vielfältig. So halten zwei Drittel der Männer »Gleichstellung der Geschlechter« nach der letzten SINUS-Studie für wichtig (Wippermann u.a. 2009, bes. S. 24, 33, 36.). Bereits ein Drittel wünscht sich ein vollständig egalitäres Geschlechterarrangement für ihre Partnerschaft und Familie. Der Blick in die Geschichte der letzten 200 Jahre bietet vielfältige Anknüpfungspunkte für bessere Leitbilder von Männlichkeit und für Männer. Die sollte man auch für die Zukunft im Kopf behalten.

Literatur

Blessing, B. (2009). Geschlechtsspezifischer Arzneimittelkonsum 1700–2000. Pilotstudie. Manuskript, Regensburg.

Bongers, D. (1986). Das Körperselbstbild von Männern. In E. Brähler (Hrsg.), Körpererleben – Ein subjektiver Ausdruck von Leib und Seele. Beiträge zur psychosomatischen Medizin (S. 137–146). Berlin u. a.: Springer.

Borutta, M., Verheyen, N. (Hrsg.) (2010). Die Präsenz der Gefühle. Männlichkeit und Emotion in der Moderne. Bielefeld: Transcript.

Bourke, J. (1994). Working-class cultures in Britain, 1890–1960: Gender, class and ethnicity. London: Routledge.

Bruhn, M. (2007). Krankheitsbilder. Künstler in der Frühen Neuzeit berichten über ihren Zustand. In M. Dinges (Hrsg.), Krankheit in Briefen im deutschen und französischen Sprachraum. 17.–21. Jahrhundert (S. 79–94). Stuttgart: Steiner.

Bründel, H., Hurrelmann, K. (1999). Konkurrenz, Karriere, Kollaps. Männerforschung und der Abschied vom Mythos Mann. Stuttgart: Kohlhammer.

Carter, T. (2005). Anthrax in Kidderminster 1900–1914. PhD Birmingham.

Deussen, P. (1922). Mein Leben, Leipzig. In O. Simons (Hrsg.) (2004), Deutsche Autobiographien 1690–1930. Arbeiter, Gelehrte, Ingenieure, Künstler, Politiker, Schriftsteller. Berlin: Digitale Bibliothek.

Dinges, M. (Hrsg.) (1998). Hausväter, Priester, Kastraten. Zur Konstruktion von Männlichkeit in Spätmittelalter und Früher Neuzeit. Göttingen: Vandenhoeck & Ruprecht.

Dinges, M. (2002). Männergesundheit in Deutschland: Historische Aspekte. In: G. Jacobi (Hrsg.), Praxis der Männergesundheit (S. 24–33). Stuttgart: Thieme.

Dinges, M. (Hrsg.) (2005). Männer – Macht – Körper. Hegemoniale Männlichkeiten vom Mittelalter bis heute. Frankfurt a. M.: Campus Verlag.

Dinges, M. (2007). Immer schon 60 % Frauen in den Arztpraxen? Zur geschlechtsspezifischen Inanspruchnahme des medizinischen Angebotes (1600–2000). In M. Dinges (Hrsg.), Männlichkeit und Gesundheit im historischen Wandel ca. 1800–ca. 2000 (S. 295–322). Stuttgart: Steiner.

Dinges, M. (2008). Veränderungen der Männergesundheit als Krisenindikator? Deutschland 1850–2006. L'Homme. Zeitschrift für feministische Geschichtswissenschaft 19, S. 107–123.

Dinges, M. (2009). Männer, die beratungsresistenten Gesundheitsidioten? Blickpunkt Der Mann. Wissenschaftliches Journal für Männergesundheit, 7, 1, 19–23 (http://www.kup.at/kup/pdf/7681.pdf).

Dinges, M. (2010). Bewegung, Gesundheit und Geschlecht. Normative Diskurse und Praktiken im 18. und 19. Jahrhundert (unveröffentl. Manuskript zur ersten Tagung des Networks »Body techniques in the Early Modern Period« in Berlin, Januar).

Dinges, M. (2011). Rauchen: gesundheitsgefährdend – und typisch »männlich«? Zum historischen Wandel geschlechtsspezifischer Zuschreibungen. In M. Lücke (Hrsg.), Heldentaten – Didaktische Aspekte der Geschichte der Männlichkeiten, Hamburg (im Druck).

Döge, P., Behnke, C. (2005). Auch Männer haben ein Vereinbarkeitsproblem: Ansätze zur Unterstützung familienorientierter Männer auf betrieblicher Ebene. Berlin.

Ellerkamp, M. (1991). Industriearbeit, Krankheit und Geschlecht. Zu den Kosten der Industrialisierung: Bremer Textilarbeiterinnen 1870–1914. Göttingen: Vandenhoeck & Ruprecht.

Emslie, C., Hunt, K., Macintyre S. (2002). How similar are the smoking and drinking habits of men and women in non-manual jobs? European Journal of Public Health 12, 22–28.

Frank, J. P. (1780). System einer vollständigen medicinischen Polizey, Band 2: Von der außerehelichen Zeugung, dem geflissentlichen Mißgebähren. Mannheim.

Frank, W. (2008). »Hart müssen wir hier draußen sein«. Soldatische Männlichkeit im Vernichtungskrieg 1941–1944. Geschichte und Gesellschaft, 34, 5–40.

Gesterkamp, Th. (2010). Die neuen Väter zwischen Kind und Karriere. Opladen: Barbara Budrich.

Goltermann, S. (2009). Die Gesellschaft der Überlebenden: Deutsche Kriegsheimkehrer und ihre Gewalterfahrungen im Zweiten Weltkrieg. München: DVA.

Hämmerle, C. (2005). Zur Relevanz des Conell'schen Konzepts hegemonialer Männlichkeit für Militär und Männlichkeit in der Habsburgermonarchie (1868–1914/1918). In M. Dinges (Hrsg.), Männer – Macht – Körper. Hegemoniale Männlichkeiten vom Mittelalter bis heute (S. 103–122). Frankfurt a. M.: Campus.

Hanisch, E. (2005). Männlichkeiten. Eine andere Geschichte des 20. Jahrhunderts. Wien: Böhlau.

Hofer, H.-G. (2003). Nervenschwäche und Krieg. Modernitätskritik und Krisenbewältigung in der österreichischen Psychiatrie (1880–1920). Wien u. a.: Böhlau.

Hoffmann, S. (2010). Gesunder Alltag im 20. Jahrhundert? Geschlechterspezifische Diskurse und gesundheitsrelevante Verhaltensstile in deutschsprachigen Ländern. Stuttgart: Steiner.

Jütte, R. (2003). Lust ohne Last. Geschichte der Empfängnisverhütung von der Antike bis zur Gegenwart. München: Beck.

Labouvie, E. (2010). Himmelskörper – Menschenkörper – Frauenkörper. Die Ordnung des Kosmos und die Verortung der Geschlechter in den Wissenschaften des 16.–19. Jahrhunderts. Historische Anthropologie 18, S. 1–24.

Lengwiler, M. (2000). Zwischen Klinik und Kaserne. Die Geschichte der Militärpsychiatrie in Deutschland und der Schweiz 1870–1914. Zürich: Chronos.

Lengwiler, M. (2007). Männliches Risikoverhalten und sozialstaatliche Risikoprofile. Berufskrankheiten des Bergbaus in der schweizerischen Unfallversicherung (1930–1970). In M. Dinges (Hrsg.), Männlichkeit und Gesundheit im historischen Wandel ca. 1800 – ca. 2000 (S. 259–276). Stuttgart: Steiner.

McCray Beier, L. (2008). For Their Own Good. The Transformation of English Working-class Health Culture, 1880–1970: Columbus: Ohio State University Press.

McIvor, A., Johnston, R. (Eds.) (2007). Miner's lung: A history of dust disease in British coal mining. Aldershot: Ashgate.

Meuser, M. (2007). Vereinbarkeit von Beruf und Familie – ein Problem für Männer? Familie und Lebenslaufplanung bei Männern. In E. Barlösius, D. Schiek (Hrsg.), Demographisierung des Gesellschaftlichen. Analysen und Debatten zur demographischen Zukunft Deutschlands (S. 135–150). Wiesbaden: VS-Verlag.

Nideröst, S. (2007). Männer, Körper und Gesundheit. Somatische Kultur und soziale Milieus bei Männern. Bern: Huber.

Opitz, C. (2002a). Wandel der Vaterrolle in der Aufklärung? In C. Opitz (Hrsg.), Aufklärung der Geschlechter, Revolution der Geschlechterordnung (S. 21–38). Münster: Waxmann.

Opitz, C. (2002b), Pflicht-Gefühl. Zur Codierung von Mutterliebe zwischen Renaissance und Aufklärung. Querelles. Jahrbuch für Frauenforschung, S. 154–170.

Osses, D. (Hrsg.) (2010). HELDEN. Von der Sehnsucht nach dem Besonderen. Austellungskatalog. Essen.

Petri, H. (2004). Väter sind anders. Die Bedeutung der Vaterrolle für den Mann. Stuttgart: Kreuz-Verlag.

Petri, H. (2006). Das Drama der Vaterentbehrung. Freiburg: Herder.

Resch, M. (2002). Der Einfluss von Familien- und Erwerbsarbeit auf die Gesundheit. In K. Hurrelmann, P. Kolip (Hrsg.) (2002). Geschlecht, Gesundheit und Krankheit. Männer und Frauen im Vergleich (S. 403–418). Bern: Huber.

Romann, C. Y. (2001). Die Rezeptsammlung der Apotheke Brunner von Diessenhofen. Eine Schweizer Sammlung aus dem 19. Jahrhundert, ihr Umfeld und die Praxis der Arzneimitteltherapie. Dietikon: Juris.

Schinkel, E. (Hrsg.) (2010). Die Helden-Maschine. Zur Tradition und Aktualität von Helden-Bildern. Essen: LWL-Industriemuseum.

Schmale, W. (2003). Geschichte der Männlichkeit in Europa. Wien: Böhlau.

Schmidt, J. (2000). »Sich hart machen, wenn es gilt«. Männlichkeitskonzeptionen in Illustrierten der Weimarer Republik. Münster: Lit-Verlag.

Schweig, N. (2009). Gesundheitsverhalten von Männern. Gesundheit und Krankheit in Briefen 1800–1950. Stuttgart: Steiner.

Spode, H. (2007). Männersache: Alkohol, Geschlecht und Gesundheit unter besonderer Berücksichtigung des deutschen Kaiserreichs. Ein Beitrag zur Natur-Kultur-Debatte. In M. Dinges (Hrsg.), Männlichkeit und Gesundheit im historischen Wandel ca. 1800 – ca. 2000 (S. 191–210). Stuttgart: Steiner.

Stephan, C. (2000). Das Schweigen der Männer. In: Kursbuch »Die Väter« 140 (S. 105–114). Berlin: Rowohlt.

Stolberg, M. (2003). A woman down to her bones. The anatomy of sexual differences in the sixteenth and early seventeenth centuries. ISIS 94, 274–299.

Stumm, I. (1995). Gesundheit, Arbeit und Geschlecht im Kaiserreich am Beispiel der Krankenstatistik der Leipziger Ortskrankenkasse 1887–1905. Frankfurt a. M.: P. Lang.

Weiniger, O. (1903). Geschlecht und Charakter. Wien: Braumüller.

Wippermann, C., Calmbach, M., Wippermann, K. (2009). Männer: Rolle vorwärts, Rolle rückwärts? Identitäten und Verhalten von traditionellen, modernen und postmodernen Männern. Opladen: Barbara Budrich.

Zulehner, P. M., Volz, R. (2009). Männer in Bewegung: zehn Jahre Männerentwicklung in Deutschland. Ein Forschungsprojekt der Gemeinschaft der Katholischen Männer. Deutschlands und der Männerarbeit der Evangelischen Kirche in Deutschland. Baden-Baden: Nomos.

Die Autorinnen und Autoren

Gerhard Amendt, Prof. Dr., Professor für Soziologie, Gründer des Instituts für Geschlechter- und Generationenforschung der Universität Bremen. Autor zahlreicher Bücher und Aufsätze zum Arrangement der Geschlechter.

Elmar Brähler, Prof. Dr., Leiter der Abteilung für Medizinische Psychologie und Medizinische Soziologie der Universität Leipzig.

Martin Dinges, Prof. Dr., Professor für Neuere Geschichte an der Universität Mannheim, stellv. Leiter des Instituts für Geschichte der Medizin der Robert-Bosch-Stiftung, Stuttgart.

Matthias Franz, Prof. Dr., Universitätsprofessor für Psychosomatische Medizin und Psychotherapie an der Universität Düsseldorf. Stellv. Direktor des Klinischen Instituts für Psychosomatische Medizin und Psychotherapie am Universitätsklinikum Düsseldorf.

Karl Grammer, Prof. Dr., außerordentlicher Professor im Department of Anthropology an der Universität Wien, Leiter der dortigen Arbeitsgruppe »Human Behavior Research«.

Mathias Hirsch, Dr., Facharzt für Psychiatrie und Facharzt für psychotherapeutische Medizin, Psychoanalytiker, Gruppenanalytiker, Ehrenmitglied des Psychoanalytischen Seminars Vorarlberg, Lehrbeauftragter der Universität Hamburg, Institut für Psychotherapie; eigene psychoanalytische Praxis in Düsseldorf.

Walter Hollstein, Prof. Dr. phil., Soziologe und Männerforscher.

Iris Holzleitner, Mag. Dr., wissenschaftliche Mitarbeiterin und Lektorin am Department für Anthropologie, Universität Wien.

Klaus Hurrelmann, Prof. Dr., Professor für Public Health and Education an der Hertie School of Governance in Berlin.

André Karger, Facharzt für Psychosomatische Medizin, Psychiatrie und Psychotherapie, Psychoonkologe (WPO), Psychoanalytiker (DGPT), Oberarzt am Klinischen Institut für Psychosomatische Medizin und Psychotherapie der Universität Düsseldorf.

Rainer Krause, Prof. Dr., International University for Psychoanalysis Berlin, Lehranalytiker in eigener Praxis.

Elisabeth Oberzaucher, Mag. Dr., wissenschaftliche Mitarbeiterin am Department für Anthropologie, Lektorin an der Universität Wien.

Lena Spangenberg, Diplom-Psychologin, wissenschaftliche Mitarbeiterin in der Abteilung für Medizinische Psychologie und Medizinische Soziologie der Universität Leipzig.

Gerald Hüther
**Männer – Das schwache
Geschlecht und sein Gehirn**
2009. 142 Seiten, kartoniert
ISBN 978-3-525-40420-1

Wie wird ein Mann ein Mann? Oder etwas präziser: Wie wird aus dem, was ein Mann werden könnte, schließlich das, wofür sich der Betreffende aufgrund seines Geschlechts hält? Diese Frage beschäftigt den Biologen, Hirnforscher und Bestsellerautor Gerald Hüther in seinem neuen Buch. Die wichtigste Erkenntnis der Hirnforschung lautet: Das menschliche Gehirn ist weitaus formbarer, in seiner inneren Struktur und Organisation anpassungsfähiger, als bisher gedacht. Auch das von Männern. Die Nervenzellen und Netzwerke verknüpfen sich so, wie man sie benutzt. Das gilt vor allem für all das, was man mit besonderer Begeisterung in seinem Leben tut. Was aber ist es, wofür sich schon kleine Jungs, später halbstarke Jugendliche und schließlich die erwachsenen Vertreter des männlichen Geschlechts so ganz besonders begeistern? Und weshalb tun sie das? Warum hat für viele oft gerade das so große Bedeutung, was den Mädchen und Frauen ziemlich schnuppe ist?

Männer sind von anderen Motiven geleitet und benutzen deshalb ihr Gehirn auf andere Weise – und damit bekommen sie zwangsläufig auch ein anderes Gehirn. Wenn es Männern gelänge, sich nicht an Wettbewerb und Konkurrenz auszurichten, sondern die in ihnen angelegten Potenziale zu entfalten, fände eine Transformation auf dem Weg zur Mannwerdung statt. Dann gäbe es kein schwaches Geschlecht mehr.

Vandenhoeck & Ruprecht

Geschlecht und Identität

V&R

Udo Rauchfleisch
Schwule, Lesben, Bisexuelle
Lebensweisen, Vorurteile, Einsichten
4., neu bearbeitete Auflage 2011.
264 Seiten, kartoniert
ISBN 978-3-525-40415-7

Rauchfleisch analysiert nicht nur Entwicklung, Leben und Emotionen von Schwulen, Lesben und Bisexuellen, sondern auch das Entstehen von Vorurteilen und Diskrimierungen in Gesellschaft, Psychoanalyse und auch Kirche.

Udo Rauchfleisch
Transsexualität – Transidentität
Begutachtung, Begleitung, Therapie
2., erweiterte Auflage 2009.
200 Seiten, kartoniert
ISBN 978-3-525-46260-7

»Das Buch kann allen, die beruflich mit transsexuellen Menschen arbeiten, empfohlen werden, und es wird dazu beitragen, Transsexuellen primär als Menschen zu begegnen.«
Urs Hepp, *Schweizer Archiv für Neurologie und Psychiatrie*

Tim Kurt Wiesendanger
Das Kind im schwulen Mann
In seelischen Krisen zum wahren Selbst finden
2010. 154 Seiten, kartoniert
ISBN 978-3-525-40163-7

Tim Kurt Wiesendanger zeigt Wege auf, wie schwule Männer ihre verdrängten seelischen Verletzungen aus Kindheit und Jugend aufarbeiten und gestärkt aus Krisen hervorgehen können.

Walter Hollstein
Männerdämmerung
Von Tätern, Opfern, Schurken und Helden
1999. 140 Seiten, kartoniert
ISBN 978-3-525-01454-7

Walter Hollstein macht in diesem Buch deutlich, wie die überkommenen Bilder von Männlichkeit in unserer Zeit entleert wurden, und er zeigt, was männliche Identität für sich bewahren, wie sie sich anreichern und vollständig werden kann. – Männlichkeit mit Zukunft.

Christiane Burbach / Peter Döge (Hg.)
Gender Mainstreaming
Lernprozesse in wissenschaftlichen, kirchlichen und politischen Organisationen
2006. 227 Seiten mit 2 Abb. und zahlreichen Tab., kartoniert
ISBN 978-3-525-60425-0

Das Buch gibt handlungsorientierte Einblicke in Umsetzungsprozesse von Gender Mainstreaming in unterschiedlichen staatlichen, nicht-staatlichen und kirchlichen Einrichtungen.

Vandenhoeck & Ruprecht